体育与健康

Physical Education and Health

主　编　叶晓阳

副主编　吴祖会　赵付领

参　编（以姓氏笔画为序）

乔晓琳　苏　畅　吴其伟　张雅珍
陈　萍　陈龙龙　陈丽凤　林应锦
翁慧婷　黄书涛　缪仕晖

审　订　陈上越

厦门大学出版社　国家一级出版社
XIAMEN UNIVERSITY PRESS　全国百佳图书出版单位

扫码获取本书资源

图书在版编目(CIP)数据

体育与健康 / 叶晓阳主编. -- 厦门 : 厦门大学出版社，2022.10(2024.8 重印)

ISBN 978-7-5615-6797-5

Ⅰ. ①体… Ⅱ. ①叶… Ⅲ. ①体育-高等学校-教材②健康教育-高等学校-教材 Ⅳ. ①G807.4

中国版本图书馆CIP数据核字(2018)第026718号

责任编辑 林 鸣
封面设计 李夏凌
技术编辑 许克华

出版发行 厦门大学出版社
社 址 厦门市软件园二期望海路 39 号
邮政编码 361008
总 机 0592-2181111 0592-2181406(传真)
营销中心 0592-2184458 0592-2181365
网 址 http://www.xmupress.com
邮 箱 xmup@xmupress.com
印 刷 厦门集大印刷有限公司

开本 787 mm×1 092 mm 1/16
印张 21
字数 445 千字
版次 2022 年 10 月第 1 版
印次 2024 年 8 月第 3 次印刷
定价 38.00 元

厦门大学出版社
微信二维码

厦门大学出版社
微博二维码

前　言

《中共中央 国务院关于加强青少年体育增强青少年体质的意见》提出：增强青少年体质、促进青少年健康成长，是关系国家和民族未来的大事。广大青少年身心健康、体魄强健、意志坚强、充满活力，是一个民族旺盛生命力的体现，是社会文明进步的标志，是国家综合实力的体现。党的二十大报告指出，要“加快建设高质量教育体系，发展素质教育”，“加强青少年体育工作”。高校是培养人才的摇篮，鼓励学生参加体育锻炼，磨炼坚强意志，培养良好品德，是促进大学生全面发展的重要途径。在体育锻炼中对大学生进行爱国主义和集体主义教育，对大学生思想品德的形成有着不可替代的重要作用。

本教材依据《高等学校体育工作基本标准》和《全国普通高等学校体育课程教学指导纲要》文件精神，总结高校体育教学改革经验，结合高等学校体育工作实际情况编写而成。在编写理念上，力求突出高等院校学生的心理、生理特点，以适应学生身心健康素质为目标，注重培养学生健康意识与行为，促进学生身体、心理、社会适应能力和整体健康水平的提高。本教材紧跟体育教育发展趋势，注重理论与实践的结合，内容充实，图文并茂，结合视频资源，融科学性、知识性和实用性于一体，把身体锻炼、运动文化学习和体育能力培养有机地结合起来，易于学生进一步掌握体育科学知识与运动技术、技能，从而提高学生的整体素质。

在教材内容选择上将体质健康理论与运动技术技能及我国民族传统体育项目结合起来，分为上、中、下三篇。上篇为理论篇，主要介绍体育运动的原则与功能及体育锻炼对人体健康的影响和户外运动知识；中篇为运动技术、技能篇，主要介绍各项体育技术技能理论知识在运动实践中的运用；下篇为体育赛事篇，主要介绍体坛赛事及体坛名人，以利于更多的体育爱好者和学生增进对各项运动赛事的了解。我们力求体现教材的先进性、科学性、系统性、思想性，突出“健康第一”的教育指导思想和“以身体练习为主”的课程特点，使之具备指导性和可读性。

在教材编写过程中得到同行和专家的指导，同时参考和引用了有关专家、学者的最新研究成果，在此谨向他们表示诚挚的谢意。由于编者水平有限，书中疏漏之处在所难免，恳请各位专家、同行、读者批评指正。

《体育与健康》编写组

2023 年 8 月

目　录

上篇　理论篇

中篇　运动技术、技能篇

下篇 体育赛事篇

上篇 理论篇

第一章 体育概述

第一节 体育的概念

体育有广义与狭义之分，广义的体育指体育运动，即以身体与智力活动为基本手段，根据人体生长发育、技能形成和技能提高等规律，达到促进全面发育，提高身体素质和全面教育水平，增强体质与提高运动能力，改善生活方式与提高生活质量的一种有意识、有目的、有组织的社会活动。狭义的体育指体育锻炼，即有计划、有组织，反复进行的身体活动，其目的是增强体质和提高健康水平，属于身体活动的一种。身体活动是身体在骨骼肌收缩下保持身体移动和持续消耗能量的过程。

在人类发展史上，体育作为一种积极的人类行为和特殊的社会文化现象，一直伴随着社会文化的进步而发展，并对人类的进化和社会的发展起到了巨大的促进作用。健康的生活方式可以预防“文明病”的发生、发展，而体育运动作为健康生活方式的重要内容，对人类健康始终起着独特的支撑作用，是维护人们身心健康最有效、最有益的办法。以健康的生活方式去对抗周围那些不利于健康的因素，是维护身体健康的一种很好的方法。

在社会发展中，身心健康不仅是现代社会生活的重要内容，而且是提高社会生产力、保证人类健康发展和正常生命活动的需要。体育作为一种独特的社会文化现象古已有之，古希腊与古代中国，都有人类关于体育活动的记载。它是人类在漫长的生活和生产过程中所产生的一种独特的，以身体运动来表达的社会文化现象。它以特有的魅力丰富着人类社会的日常生活。体育发展到现在，已经进入和改变着越来越多人的生活，成为人们生活方式的一个重要组成部分。当代体育与社会经济、政治和人们的日常生活产生着越来越密切的联系，改变和影响着社会生活的许多方面。1978 年联合国教科文组织颁布的《体育运动国际宪章》中明确指出，体育是一种人权，体育是提高生活质量的手段，体育能培养人类的价值观念。这说明体育对人类的生存和发展具有重要的影响。

在体育运动中，由于运动的目的不同，体育可分为竞技性体育、健身性体育和康复性体育（如图 1-1、图 1-2、图 1-3）。

（1）竞技性体育：以取得良好运动成绩为主要目的的竞技运动。

（2）健身性体育：以锻炼身体、预防疾病为主要目的的健身性运动。

（3）康复性体育：以治疗慢性疾病或身体残障康复为主要目的的康复性运动。

图 1-1　竞技性体育

图 1-2　健身性体育

图 1-3　康复性体育

第二节　体育的功能

体育的功能产生于体育的本质和社会的需要，并从促进社会物质文明和精神文明中表现出来。体育的功能可归纳为教育、健身、娱乐、经济、军事等五个方面。

一、教育功能

体育的教育功能是其最本质的功能。从原始社会出现的萌芽体育开始，体育一直是作为教育手段而流传于世的。在古希腊哲学家亚里士多德的教育思想中，体育、德育、智育是互相联系的。智力的健全依赖于身体的健全。因此体育应先于智育。今天，世界任何一个国家或地区均强调德、智、体的全面教育。尽管教学内容存在差异，但体育却是教育不可缺少的组成部分。体育教育在传授生活技能、教导社会规范、培养竞争意识、提高适应能力等方面发挥了巨大的作用。随着现代社会的发展，现代体育并不仅仅局限在学校体育，在竞技体育和社会体育中也均显示出体育的教育功能。例如竞技体育的训练本身就是教育的过程，其竞赛的过程更具有广泛的教育意义，通过竞赛培养国人的爱国主义热情，顽强拼搏、无私奉献的精神；在社会体育中，学习健身、娱乐、保健等技能都含有教育的因素，能者为师是这一活动类型的典型教育因素。现代体育教育已不仅是促进生长发育、增强体质、锻炼身体、提高素质、掌握技能，还重在培养终身从事体育锻炼的兴趣和习惯，以改善生活方式，提高生活质量，适应现代社会发展的需要。

二、健身功能

人类在很早以前就已认识到，通过身体直接参与体育活动，不仅可以改变自身的生理功能，还可以改变自身的心理状态。经过研究者的大量科学实验证明，体育运动可以促进有机体的生长发育，改善各器官系统的机能，培养良好的心理素质，从而增进健康（生理和心理的健康），增强体质，防治疾病，提高有机体的工作效率。

三、娱乐功能

由于体育具有游戏性、大众性、艺术性、惊险性，能满足社会不同人的各种需要，起到丰富社会文化生活、愉悦人们身心的作用，故它具有娱乐功能。体育的娱乐功能体现在两个方面：一是观赏（观赏也是一种参与），二是直接参与活动。随着运动技艺日益向高、尖、新、难的方向发展，运动员在时间与空间、健与美、韵律与节奏等方面使之巧妙地结合起来，使人们在观看比赛时，犹如欣赏优美的舞蹈、线条明快的雕塑、光线谐和的摄影艺术品，使人得到美的享受。正因为体育有如此的魅力，所以常常吸引广大观众，锁住频道“聚焦”于电视机前，甚至吸引广大体育爱好者（如球迷）身临其境观看比赛，运动员每一个精彩的动作或失误，均会引出观众的欢呼雀跃与叹息，人们的心被紧紧地牵动着。人们直接参与活动，特别是自己喜爱和擅长的运动项目，能够在完成各种复杂练习的过程中，在征服自然障碍的斗争中，体验到一种非常美妙的快感。这种心理状态可以激发人的自尊心、自信心、自豪感，满足人们与同伴交往、合作的需要。人们参与到不同的运动项目中均会有不同的感情体验。

四、经济功能

体育的经济功能是近期被认识和开发的社会功能，由体育与经济的相互促进作用所决定。实践证明，伴随着体育社会化、娱乐化和终身化程度的不断提高，为满足体育人口不断扩大的需要，各种运动器材、体育场地设施、体育用品的批量生产、建设和供应，乃至体育健身、体育娱乐和体育旅游业都在迅速发展，已在国民经济中逐渐形成一个庞大的体育产业体系。竞技体育和商品经济的联系更为密切。比如，一场精彩的体育比赛可以吸引成千上万的观众，并可直接获取门票收入。一些大型运动会，除可带动旅游、商业、交通、电信和新闻出版等行业发展外，还可以通过出售电视转播权，发行彩票、邮票、纪念币，收取广告费，印刷宣传品等途径，从中得到相当可观的经济效益。随着商品经济浪潮的猛烈冲击，即使是奥林匹克运动会亦难免卷入其中，表现出鲜明的商业化倾向。

五、军事功能

体育军事功能的存在，主要是战争和训练士兵的需要。从史前时代部落间为争夺土地和血亲复仇引起的暴力冲突，到原始社会末期以掠夺财产为目的的奴隶战争，武器的不断演进，不仅为以后的健身活动提供了广泛的运动器材，也促进人们积极从事军事操练和与之有关的身体训练。进入封建社会之后，统治者为争夺领土引起的频繁战争，使体育和军事的结合变得愈加紧密。随着资本主义的发展，西方体育经过"文艺复兴"时期和宗教改革运动后，开始竭力主张将跑、跳、投掷、摔跤等活动引入学校，要求学生掌握未来军事生活所必需的一些基本技能。在这期间，特别是欧洲教育改革后的传统体操，更以它极具实用价值的体育形式风靡欧洲，因为这种身体活动对培养动作技能，使行动一致，以及掌握当时流行的线性作战方法极为有利。随着尖端武器的发展和部队机动性的提高，以及新战略战术的运用，士兵更需要在短时间内掌握复杂的军事技能，并最大限度动员人的精神和身体能力。因此，在全面进行体育训练的同时，掌握部分体现军事实效的体育项目，如游泳、爬山、攀岩、滑雪、划船、摔跤、格斗、骑马、拳击及队列操练等，已经成为军事训练所必需的内容，专门为军事服务的军事体育就应运而生了。

第二章　健康概述

第一节　健康的概念

健康是一个综合的概念。人们对健康的认识，是主体反映健康现实，在意识中创造理想化健康模型的思维活动的成果，与实际的健康活动相对应。在人类获取健康和与疾病作斗争的历史发展过程中，随着医学科学的发展和人类健康需求的不断提高，人类对健康的认识不断地发生改变，健康的定义也不断更新。

一、传统健康的概念

18 世纪中叶以前，人们在给健康下定义时，往往以疾病为参考，常以“是否有病”作为唯一的标准，有病为不健康，无病为健康。人们普遍认为健康是在人们的生命活动中没有疾病时的状态。

二、现代健康的概念

20 世纪初，由于社会的发展和医学的进步，以及人类对健康需求的不断提高，健康的概念亦逐步趋向完善。

随着健康概念的不断演化，可以看出现代健康的概念体现了人的自然属性和社会属性，既包含了作为生物机体的人的生理健康，又置入了作为完整的高级生命复合体的人所特有的心理及社会两方面的内容，把健康看成是人类拥有的一种基本权利及体现人类社会价值的最重要标志。

进入 21 世纪以来，随着医学的空前发展和科技的巨大进步，人们相继发现和阐明许多疾病的成因和机理，对疾病的防治和对健康的认识有了很大的提高，并逐渐形成了现代的健康观。即人们认为理想健康不是身体没有疾病，而是心理健全和身体强壮的完美结合，是一个人的身心、社会方面的综合反应。人们对健康的需求既要保持整体（或全面）健康，提高生活质量；又要维持终身健康，增强健康期望寿命，延年益寿。

三、理想健康的概念

现代健康已经将健康的内涵大大地扩展，突破了传统健康观和近代健康观的范畴。学者们为了进一步强化健康的本质和彻底改变传统健康评估体系，指出了一个促进健康的终极目标——理想健康（optimal health）或健全健康（robust health）。

理想健康是指个体致力于维持健康状态，并充分发挥自己最大潜力，以达到“身心合一”的整体完美（total well-being）状态。理想健康就是强调人们要想获得健康的终极目标，除了要摆脱疾病的威胁以外，还要积极地改善自身的社会、心理、教育、运动和营养状态，使其真正获得生理、心理、社会和道德“四维”健康，并享有完美的生活。

美国的理想健康称为“全人健康”。“全人健康”是指持续而用心来维持健康并达到康宁状态的最高境界，它包括七个范畴，即身体、情绪、心理、社会、环境、职业和精神，并将之整合为有品质的生命。

理想健康或全人健康的生活需要有良好的生活规划来改变行为以达到促进健康、提高生活品质、延长寿命及幸福安宁的境界。所以，理想健康具有多元化的层面内容，与其说它丰富了健康的本质，倒不如说是强调了获得健康的途径。

第二节　现代健康观的基本特征

随着人们对健康的认识逐步深化，健康的基本特征表现在以下三个方面。

一、健康的多维性

传统的健康观认为，健康只有两个维度，而世界卫生组织提出的健康的基本维度有四个，即生理、心理、社会适应能力和道德。每个维度相互区别，既可单独测量各维度，也可综合测量各维度组合成的综合状态。实际应用时，并非每项研究都可以把这些内容包括进去，要根据研究目的与用途、测量对象的可接受性等因素确定测量的内容。例如《国家学生体质健康标准》的测试，其目的是测量学生的生理健康状况，不包含心理、社会适应及道德方面的内容。

二、健康与疾病的相对性

健康与疾病是相对的，两者实质上不存在绝对的界线。病人本身也包含有健康的成分，而健康人也同时含有疾病的因素。因此绝对的健康是不存在的，绝对的疾病就意味着死亡。人一旦死亡，疾病与健康就失去了存在的客体。两者其实都处于同一个个体的动态过程，良好的健康状态在一端，严重的疾病在另一端，每个人在健康与疾病状况之间都占有一个位置，随着时间的推移，机体不断地变化着。亚健康状态就是介于健康与疾病之间的一种状态。

三、健康的连续性

从良好的健康状态到最差的健康状态或死亡是个连续变化的谱级。在传统健康观思想的指导时期，对健康状态转化的评价侧重于疾病向病前状态（亚健康状态）的变化，而忽视了病前状态向健康状态方向进一步发展的变化；对健康状态的评价侧重于负向特质，如伤病、疾病征兆、传统医治等，却忽视了健康的正向特质，如健康知识、预防疾病、促进健康等。

实际上每个维度都有相应的谱级。健康的多维性和连续性可以用（表 2-1）健康状态的多维分类系统表示。表 2-1 有三个维度，即心理方面、身体方面和社会方面。每个维度又有三个水平，这样可形成 3×3×3=27 种状态。这 27 种状态从好到坏排列成一个连续变化的频谱。

表 2-1 健康状态的多维分类系统

心理方面	身体方面	社会方面
健康	健康	健康
亚健康	亚健康	亚健康
不健康	不健康	不健康

第三节 现代健康的分类

根据不同角度对健康的看法，健康分类的方法也有所不同，常见的方法有以下几种。

一、根据健康的定义分类

根据健康的定义可将健康分为生理健康、心理健康、社会适应健康和道德健康。

（一）生理健康

生理健康又称躯体健康或身体健康，是指人体各器官组织结构完好和功能正常，否则就不能称为健康。生理健康具有相对性，人体通常不断地通过各种机制调节各种器官和组织的功能，以适应并保持与外环境之间的平衡。由于外环境的变化，机体的内环境与外环境的平衡是相对的。目前人们认为的生理健康只是限于利用当代科技手段对人体进行观察和测定，如果未发现异常即认为生理健康。

（二）心理健康

心理健康又称精神健康，是指人的心理处于完好状态。这种心理上的完好状态主要有三方面的含义：

1. 正确认识自我

过高估计自己，过分夸耀自己，过度自信，工作没有弹性，办事不留后路，一旦受挫，便会引起心理障碍；反之，过低估计自己，缺乏自尊心、自信心，胆小怕事，缺乏事业的成就感，缺乏责任感，也会引起心理障碍。这些都是心理不健康的表现。

2. 正确认识环境

正确认识环境是指个人对过去的、现在的及将要发生的一切时间和事物要有客观的认识。

3. 及时适应环境

及时适应环境是指自己的心理与环境相协调和平衡的过程，要求人们主动控制自我，改造环境与适应环境。由于人能够通过自我控制和改造环境，使自己与环境的关系完美无缺，所以通常仅把需要进行治疗的人称为病人。

就生理健康与心理健康的关系而言，生理健康是心理健康的基础，而心理健康是生理健康的必要条件。没有心理健康，生理健康就没有保证。生理活动和心理活动是相互联系、相互影响的。心理活动对人体各器官、各系统的活动有重要的作用，与人们的正常生活及发病原因、症状和康复密切相关。健康的心理既有防病、抗病的能力，又给治疗和康复以积极的影响。只有身心健康的人，才是完美的健康人，也只有身心健康的人，才能具备良好的适应环境的能力。

（三）社会适应健康

社会适应健康是人们参与生活活动时的完好状态，它包括三方面的含义：

第一，每个人的能力应在上述系统内得到充分的发挥；

第二，作为健康人应有效扮演与其身份相适应的角色；

第三，每个人的行为与社会规范相一致。

（四）道德健康

现代社会人们在复杂变化的社会关系中活动，各种行为随时都可能受到自身道德意识的批判。当一个人能够克服内心矛盾，作出合理的抉择并加以执行时，就会感到心安理得，否则就会产生不安或内疚。在影响健康的众多因素中，人们还面临着外在的客观挑战与内在的主观挑战之间的有效平衡，当长期不能达到平衡状态时，人的道德信念和道德行为将产生矛盾，造成内心紧张。这样的人即使躯体健康，仍不能称为健康。

二、根据健康状况评估分类

根据健康状况评估可将健康分为第一状态、第二状态和第三状态。

健康状态评估是通过分析、研究个体和人群的健康水平及其发展变化，探讨个体和人群存在的主要健康问题，筛选影响人体的健康水平及其发展变化的主要因素，评估各种健康计划、方案、措施的效果。通过对健康状况评估的综合判断将健康分为第一状态（健康状态）、第二状态（疾病状态）和第三状态（亚健康状态）。

目前最常用的一种健康评估法是MDI健康评估方法。MDI健康评估满分是100分，85分以上为第一状态（健康状态），70分以下为第二状态（疾病状态），70～85分之间为第三状态（亚健康状态）。

三、亚健康状态

亚健康有广义和狭义之分。广义的亚健康是指健康与疾病之间的灰色状态、第三状态、潜病状态、次健康状态、病前状态。狭义的亚健康是指慢性疲劳综合征和代谢疾病的早期生理、生化等方面的改变（潜在病理改变），无临床症状，或症状感觉轻微；或有明显的自觉症状，却没有客观的理化指标改变；或有一些轻微早期生理改变（如血糖、血脂、血黏度），已有潜在的病理信息，但不够诊断标准，是人们在身心、情感等方面处于健康与疾病之间的健康低质量状态及其体验。

（一）亚健康状态的范畴

（1）无自觉症状或症状轻微，但已有潜在病理信息者。

（2）亚临床的带菌者、带病毒者、带原虫等其他病原体者。

（3）已有免疫状态改变者，如过敏体质、免疫机能低下。

（4）不合理膳食、缺少运动所致的肥胖。

（5）长期大量吸烟、酗酒者。

（6）轻度或临界的代谢异常：离子、血脂、血黏度、尿酸、纤维蛋白原、氧自由基、半胱氨酸等血液成分改变，高胰岛素血症、糖耐量异常等。

（7）慢性疲劳综合征。

（8）心理障碍、情绪障碍、神经质、神经症、心身失调。

（9）信息过剩综合征。

（10）疾病治愈恢复期的虚弱状态。

（11）生理性衰老。

（12）隐性遗传疾病。

（13）情感的、行为的、道德的、社会适应能力的亚健康状态。

（14）生物节律的脆弱期：更年期、经前期、老年期等。

（二）亚健康产生的原因

据世界卫生组织界定，人类的健康和长寿40%依靠遗传因素和客观条件，其中15%为遗传因素、10%为社会因素、8%为医疗条件、7%为气候条件，而60%则靠自己建立的生活方式和心理行为习惯。亚健康产生的原因有：

（1）不良生活方式和行为习惯的影响。

（2）社会心理因素的影响。

（3）环境因素的影响。

（4）生物学因素的影响。

世界卫生组织的一项全球调查结果显示，全世界真正健康者仅占5%，找医生诊治疾病者约占20%，剩下的75%都属于亚健康者。

第四节　健康行为的结构

一、健康行为的三维结构

我国学者郑希付提出了包括生理、心理和社会三个方面的健康行为三维结构模型（图2-1）。

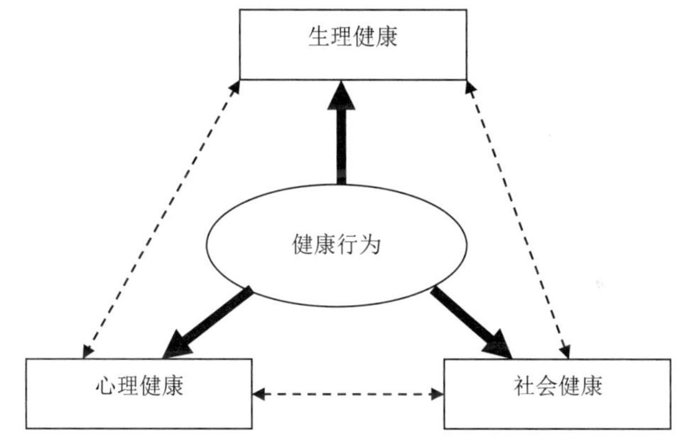

图2-1　健康行为的三维结构

资料来源：郑希付.健康心理学[M].上海：华东师范大学出版社，2003.

（一）生理健康

生理健康主要有以下几个方面的内容：①一般身体特点，包括身高、体重、外貌等。②感觉器官特点，包括视觉、听觉、嗅觉、味觉和皮肤感觉等。③神经系统特点，包括神经系统的强度、速度和平衡水平。④对疾病的敏感性。敏感性越强，感染疾病的可能性就越大，其生理机能就越差。⑤身体机能状态的稳定性。各种生理机能的稳定性是人的生理健康的重要指标，要保持这些器官的机能稳定，就必须通过相应的行为方式发挥其作用，特别是在成人以后，保持这种稳定性就更加重要。

（二）心理健康

心理健康的主要内容包括以下一些方面：①智力健康，有正常的认识事物和分析事物的能力，有作出判断、解决问题的能力；②情绪健康，有识别他人情绪的能力，有合理表达自己情绪的能力，有情绪的调控能力等；③精神健康，有积极的健康价值观，有乐观的人生观，有自己的信仰。

（三）社会健康

社会健康内容包括：完成社会角色的能力、社会交往能力、合作能力等。

二、生理健康、心理健康和社会健康三者之间的关系

概括而言，健康行为的结构实际上是身体、心理、社会之间的关系。就三者关系而言，生理健康是基础，是首先要达到的健康目标。虽然生理健康还没有准确的科学定义，但人们通常把生理健康推断成有以下几种特点的表现：

食得快：食得快并不是狼吞虎咽，而是吃饭时不挑食，不偏食，没有难以下咽的感觉。

便得快：能很快排泄大小便，且感觉轻松自如，便后没有疲劳感，说明胃肠肾功能良好。

睡得快：晚间定时有自然睡意，上床后能很快入睡，而且睡得深；醒后头脑清醒，精神饱满。睡得快说明中枢神经系统的兴奋、抑制功能协调，且内脏无病理信息干扰。

走得快：诸多病变导致身体衰弱先从下肢开始。人患有一些内脏疾病时，下肢常有沉重之感；心情焦虑、精神抑郁或心理状况欠佳时，往往感到四肢乏力。走得快说明精力充沛，身体状况良好。

在此基础上，心理健康和社会健康是健康的核心成分。世界卫生组织制定的健康定义中提出了全面健康的三要素：无躯体疾病、无心理疾病、具有社会适应能力。这一定义促使人们树立健康的新观念。那么，一个人怎样才算是心理健康呢？目前，较为普遍的观点认为心理健康是能够充分发挥个人的最大潜能，以及妥善处理和适应人与人之间、人与社会环境之间的相互关系。具体地说，它包括两层含义：其一，无心理疾病；其二，能积极调节自己的心态，顺应环境并有效地、富有建设性地发展完善个人生活。“无心理疾病”是心理健康的最基本条件。人的心理怎样才是健康，以什么作为健康的标志，这是一个非常复杂的问题。因为心理健康和不健康之间不像躯体的生理活动，如脉搏、血压等，有一个明确的界限。目前，美国心理学家马斯洛等提出的10条正常人的健康标准，受到人们的普遍重视和引用，被认为是健康心理的“标准”，它包括：①有足够的自我安全感；②能充分地了解自己，并能对自己的能力适当地评价；③生活理想切合实际；④不脱离周围现实环境；⑤能保持人格的完全和谐；⑥具有从经验中学习的能力；⑦能保持良好的人际关系；⑧能适度地发泄情绪和控制情绪；⑨在符合集体要求的前提下，能较好地发挥个性；⑩在不违背社会规范的前提下，能恰当满足个人的基本要求。

参照上述心理健康的一般标准，结合我国学生的心理特征及社会角色，认为学生心理健康的标准可概括为以下几方面：

（1）具有相对稳定的人生观和生活信念。表现为正常的行为和意志，能够将自己的愿望、信念同行动统一起来，并保持与环境的相对协调性。心理健康的学生具有统

一的社会态度、合理的社会情感及协调的社会行为；能够准确地根据社会角色需要对行为作出选择与判断；乐于学习，性格开朗，对生活充满信心与希望。

（2）正常的智力水平也是健康心理的基本要素之一。具有与年龄阶段相适应的智力水平是学生进行正常学习和生活的最起码条件。学生拥有正常的智力，才能胜任繁重的学习任务。培养较强的自信心和自我认识能力，从而避免由于智力低导致的心理压力或可能出现的自卑心理与挫折感。

（3）乐于与人交往，能认可别人存在的重要性和作用。心理健康的学生能融于集体中，在与人相处时，积极的态度（如友善、同情、信任）总是多于消极的态度（如猜疑、嫉妒、敌视），因而在社会生活中有较强的适应能力和较充分的安全感。一个心理不健康的学生，总是与周围人格格不入，远离集体。

（4）一个心理健康的学生，应能够体验到自己存在的价值，既能了解自己又能接受自己，对自己的能力、性格和优点能作出恰当、客观的评价，对自己不会提出苛刻、非分的期望与要求；同时，努力发展自身的潜能，对自己无法补救的缺陷，也能安然处之。一个心理不健康的人缺乏自知之明，由于目标定得不切实际，而易过高或过低估计自己，总是将自己陷于自傲、自卑的漩涡中，心理无法平衡。

（5）能适度地控制自己的喜怒哀乐和生活规律，不随意地放纵自己的心情。在应激状态，情绪稳定的学生身心处在协调、有效的控制之中，中枢神经的兴奋与抑制保持平衡、稳定。心理健康的学生心胸开阔，情绪稳定，热爱生活，对未来充满希望，较少出现情绪波动。

（6）顽强的意志在行动上表现为果断、坚决，有较强的抗挫折能力，能够较好地控制自己的情绪及欲望，有较强的满足延宕能力。意志坚定的学生自主能力较强，不过分依赖于别人，面对挫折和困难能够调整自己的心态，采取合理、积极的解决办法。爱因斯坦曾说过："优秀的性格和钢铁般的意志比智慧和博学更为重要。"智力上的成就很大程度上依赖于性格上的伟大，这一点往往超出人们通常的认识。意志越坚强的人，其心境一般都是比较健康的。

（7）心理健康的学生能面对现实、接受现实，并能主动适应现实、改造现实；对周围事物和环境能作出客观的认识评价，并能与现实环境保持良好的接触；对生活、学习和工作中的各种困难和挑战都能妥善处理。心理不健康的学生往往以幻想代替现实，不敢面对现实，没有足够的勇气接受现实的挑战；总是抱怨自己"生不逢时"或责备社会环境对自己不公平而怨天尤人，无法适应现实生活。

（8）心理健康的人对于社会刺激拥有正常的心理反应能力，反应敏捷但不过于敏感，反应迟缓并非没有反应。异常的心理反应一般表现为异常兴奋或异常冷漠。

生理健康、心理健康和社会健康三者之间是相互作用的，生理健康水平影响到心理健康和社会健康，如疾病状态影响到人的情绪，同时也会影响其人际关系，甚至影响其社会角色和社会地位等。心理健康同时也影响人的生理健康和社会健康，引发身心疾病的原因之一就是人的情绪和心理状态，这是心理影响生理的典型表现；同时心理健康水平必然影响其人际关系，影响其交往的层次。社会健康影响生理健康和心理健康，交往是人的需要，缺少交往或剥夺交往，人不仅会表现出突出的生理异常，也会表现出典型的心理异常。现代社会人的孤独和疏离、现代人的紧张节奏等是造成现代人出现心血管系统疾病的重要原因，是造成现代人“情绪障碍”的重要原因。

第三章　体育对人体健康的影响

健康是人类生存和发展的一个基本要素，没有健康就一事无成，健康既属于个人，也属于社会。体育锻炼可以使人体新陈代谢旺盛，增强各器官、系统的机能，从而达到增强体质、延年益寿的目的。随着社会的发展，人们的生活水平不断提高，思想观念也随之转变，愈来愈注重生活生命的质量，健康就是人们不懈追求的起码目标，它是高质量生活的根本保证和基本内涵。现代人正以自己的行动创造幸福生活和美好未来，健康就是前提，健康就是保证，健康就是重要的组成部分。

第一节　体育运动对消化系统的影响

消化系统属于内脏。内脏有狭义与广义之分：广义的内脏指除皮肤、骨骼、关节、肌肉以外的人体其他部分；狭义的内脏指有管道与外界相通的器官系统，包括消化、呼吸、泌尿、生殖四个系统。

消化系统由消化管与消化腺组成。

消化管包括口腔、咽、食管、胃、小肠和大肠。

消化腺包括唾液腺、肝、胰及分布于消化管壁内的胃腺、小肠腺等。

消化系统的功能是摄取并消化食物，吸收养料，排出食物残渣。

人体通过消化系统的活动获取各种营养物质，为体育运动的完成提供必要的能量，而体育运动也对消化系统产生一定的影响，影响的大小和性质一般与体育运动项目和运动量有关。只有科学地进行体育运动才能对消化系统产生良好的影响。

一、体育运动对消化系统的影响

实践证明长期适量的体育运动对机体消化系统产生良好的影响。

（1）提高胃肠的消化和吸收。经常参加体育运动，体内物质能量消耗较多，运动后必须靠加强消化、吸收补充。这时消化腺分泌消化液增多，消化管的蠕动加强。因此提高了胃肠的消化和吸收功能。

（2）增强食欲，提高消化能力。运动时，由于呼吸加深加快，膈肌大幅度的升降活动及腹肌的收缩和舒张活动，对胃肠起到按摩作用，消化系统的血液循环得到改善，胃肠的消化能力得到提高。

（3）提高对消化管疾病的预防。体育运动可加速肠道运送，减少肠黏膜与致癌物的接触，从而降低大肠癌的发病率；通过促进胆囊运动，影响胰岛素、缩胆囊素的分泌，减少胆石症的发生。同时体育运动可使结肠动力增加、胃肠道机械撞击增多，以及腹肌收缩致结肠压力增加，这些均可减少便秘的发生。因此，适量的体育运动对消化管疾病具有潜在的益处。

二、过度运动对消化系统的影响

作为一种应激原，剧烈、过量或违背体育卫生要求的体育运动也会对消化系统产生不良的影响。

第一，会导致胃黏膜出血和糜烂。运动疲劳可使胃排空延迟，剧烈运动使胃黏膜缺血，胃黏膜分泌减少而破坏胃黏膜的防御机能，因此导致胃黏膜出血和糜烂。

第二，会造成胃肠道菌群结构稳态失衡。在人体进行竭力性耐力运动项目（如中长跑、骑自行车、踢足球和游泳）时，常见恶心、呕吐、反胃、腹痛、腹泻和便血等运动性胃肠综合征的表现，虽然目前还不能确定其原因，但认为存在大强度运动导致胃肠道血流量急剧减少，胃排空减慢，胃肠受到强烈机械震荡损伤等因素。研究者认为这与剧烈运动导致胃肠道菌群结构稳态失衡有关。

第二节　体育运动对呼吸系统的影响

一、体育运动对呼吸系统的有益影响

长期坚持科学合理的体育运动，对呼吸系统的结构和功能都有良好的影响。

（1）呼吸器官的构造和机能发生变化。经常参与体育运动的人骨性胸廓发达，呼吸肌也发达，因此胸围增大。

（2）增强呼吸肌力量。运动时，机体消耗大量的氧气和养料，同时也产生较多的二氧化碳。因此必须加强呼吸运动，这样可以增强呼吸肌的力量。有实验表明，让受试者吹水银柱，运动员能使水银柱升高 100 ～ 200 mm，而一般人只能使水银柱升高 60 ～ 100 mm。

（3）增大肺活量、通气量。一般人肺活量平均值，男性为 3500 mL，女性为 2500 mL，而经常参加体育运动的人可达到 5000 mL 以上。

（4）加大呼吸差。呼吸差即深吸气时与深呼气时的胸围大小之差，一般人只有 5 ～ 7 cm，运动员则有 7 ～ 11 cm。

（5）加强静态呼吸深度。呼吸深度是指每一呼吸周期中吸入或呼出的气量，一般人只有 400 ～ 500 mL，运动员达到 500 ～ 700 mL。

（6）安静时呼吸频率降低。一般人每分钟呼吸 12 ～ 18 次，运动员每分钟呼吸 8 ～ 12 次。运动后，能较快恢复到正常呼吸速率。

（7）肺泡血管数目增加。经常参与体育运动，肺的通气量增大，促进了肺的良好发育，使肺泡血管数目增加，交换气体功能增强，每次呼吸更有效，并且组织对氧的利用率能力得到提高，能够适应和满足运动对呼吸系统的要求。

体育运动对呼吸系统的影响是多方面的，科学适宜的运动对呼吸系统是有益的。

二、运动时的合理呼吸方法

运动，尤其是剧烈的跑步运动，最感难受的是呼吸困难。常用的较为合理的呼吸方法有以下几种。

第一，以口代鼻或口鼻并用。为减少呼吸道阻力，运动时人们常以口代鼻或以口鼻并用的方法进行呼吸，意义在于：①减少肺通气阻力，增加通气量；②减少呼吸肌为克服阻力而增加的额外负担，推迟疲劳出现；③暴露布满血管的口腔潮湿面，增加散热途径。

第二，节制呼吸频率，加大呼吸深度，提高肺泡通气量。肺泡通气量是呼吸深度与呼吸频率的乘积，单位时间内呼吸频率和呼吸深度的增加，都可以增加肺泡通气量。但运动中呼吸肌较为疲劳，加快呼吸频率，增加了肌肉负担，不利于运动成绩的提高。所以应以加大呼吸深度为主来提高肺泡弹力球。

第三，呼吸方法适应于技术动作变换的需要。周期性运动项目，宜采用富有节奏的混合性呼吸。长跑时宜采取 2 ～ 4 个单步一吸，2 ～ 4 个单步一呼的呼吸方法。400 m以内的赛跑，采用憋气与断续性急骤呼吸相结合，每憋气 2 ～ 12 个单步或更多，做一次 1 s内完成的急骤深呼吸。非周期性项目的呼吸，以人体的关节运动的解剖学特征与技术动作的结构特点为转移。原则是完成两臂前屈、外展、外旋、扩胸、提肩或展体时吸气。与之相反的动作时呼气。先完成动作，再考虑呼吸。

第四，合理运用憋气。憋气可反射性引起肌张力加强，为有关的运动环节创造最有效的收缩条件。但憋气压迫胸腔，胸腔内压力上升，压迫与心相连的大静脉，血液回流困难，心排血量减少。憋气结束，出现反射性深呼吸，胸腔内压骤减，回流超过正常的 19%，心肌过度收缩，血压骤升，对心力贮备差的人，如少年、中老年人十分不利。合理憋气，主要是憋气前吸气不要太深。

第三节　体育运动对泌尿系统的影响

一、剧烈运动时的影响

人体在剧烈运动时，肾血管收缩，引起肾脏缺血、缺氧，使肾小球滤过膜通透性增加，造成大分子的蛋白质、血细胞被滤过，形成运动性蛋白尿或运动性血尿。

二、动物实验显示

第一，大强度运动时，滤过膜结构发生改变，使肾小球通透性加大，部分肾小管上皮细胞的超微结构发生变化，导致重吸收功能障碍。电子显微镜下肾小体毛细血管扩张、充血；内皮吞饮小泡增多，呈蜂窝状，内皮小孔间距和孔径改变；基膜总宽度减小。

第二，大强度运动时，肾小管上皮细胞内部分线粒体凝聚、肿胀、空泡化，部分内质网扩张，次级溶酶体增多。

第四节 体育运动对心血管系统的影响

经常从事体育运动是心脏健康的必由之路，对心血管系统的形态结构产生不同程度的影响。有规律的体育运动，使肌肉得到更多的血液供应，以补充消耗的O_2和营养物质，同时运输更多的CO_2和代谢产物，从而加大心脏的工作量。因此，经常从事体育运动，可以减慢静息时和运动时的心率，减少心脏的工作时间，增强心脏功能，保持冠状动脉血流畅通；可以更好地供给心肌所需要的营养，使心脏病的危险率减少。

一、对心脏的影响

第一，出现运动员心脏——功能性心脏增大（一般人 300 g，运动员 400 ～ 500 g）。具体表现为：心腔扩大，心肌纤维增粗，心壁增厚，收缩力增强。造成这一现象的原因：体育运动时，肌肉活动加强，心脏工作量加大，血液供应和新陈代谢加强，产生适应性反应，引起心脏增大，可增强心脏的工作能力。

第二，心脏容量增大。具体表现为：安静时脉搏频率低，一般活动脉搏频率升高少，紧张活动升高很多，活动后恢复快，说明有良好的储备力量。出现这一现象的原因：体育活动使心肌纤维伸展性较长，心脏容量增加，心肌收缩有力，所以使心脏每搏输出量和每分输出量增加。

二、对血管的影响

第一，体育锻炼可以增加血管壁的弹性。随着年龄的增加，人的血管壁的弹性逐渐下降，可诱发高血压等退行性疾病，通过体育运动可增加血管壁的弹性，预防或缓解退行性高血压症状。这对人健康的远期效果来说是十分有益的。

第二，体育运动可以促使大量毛细血管开放。体育运动以此加快血液与组织液的交换，加快新陈代谢的水平，增强机体能量物质的供应和代谢物质的排出能力。

第三，体育运动可以显著降低血脂含量（胆固醇、b-蛋白质、三酰甘油等）、改变血脂质量，有效地防治冠心病、高血压和动脉粥样硬化等疾病。

第四，体育运动还可以使安静时脉搏舒缓和血压降低。

第五节　体育运动对神经系统的影响

体育运动是发展和保持神经系统功能的有效手段。经常从事体育运动，对神经系统的形态、功能会产生不同程度的影响。体育运动时，一定要科学地安排好运动负荷，这对于保证神经系统的功能正常和预防运动中神经系统的损伤有重要作用。

一、体育锻炼能促进神经系统的良好发育

第一，动物实验的研究证明：每天运动的幼鼠，大脑神经细胞的发育明显好于不运动的幼鼠，其细胞体大且分支较多，大脑的重量及大脑皮质的厚度均超过不运动的幼鼠。

第二，经常进行左右手臂屈伸练习能加速大脑对侧半球语言区的成熟，肢体肌肉运动有助于大脑神经细胞的生长发育。

二、体育锻炼能提高神经系统的功能

第一，体育锻炼可使运动分析器官的敏感度提高，如球类运动员对球的感觉，体操运动员对器械的感觉，游泳运动员对水的感觉等。

第二，经常参加体育锻炼，可以促进神经系统功能的改善和发展，增强兴奋与抑制过程，提高神经活动的均衡性与灵活性，有利于大脑皮层神经细胞工作能力的提高和智力的发展。

第三，经常参加体育锻炼有利于神经系统的功能提高。体育锻炼能改善神经系统的调节功能，提高神经系统对人体活动时错综复杂的变化的判断能力，并及时做出协调、准确、迅速的反应。

此外，运动对神经系统的良好影响，主要在于它是一种积极的休息。当经过较长时间的脑力劳动感到疲劳时，参加短时间体育运动，可以转移大脑皮层的兴奋中心，使原来高度兴奋的神经细胞得到良好的休息，同时又补充了氧气和营养物质。而脑组织所需氧气和营养物质的供给又完全依赖于血液循环、呼吸和消化系统，体育锻炼在很大程度上改善了这些系统的功能，提高了它们的工作效率，从而促进脑血液循环，改善脑组织的氧气和营养物质供应，使脑组织的工作效率有了显著提高。

神经系统在机体其他系统的配合下，构成了神经—体液调节系统，它是人体全自动控制系统的中枢，主要负责维持人体的稳定状态。

第四，经常参加体育运动可以使神经—体液调节系统得到锻炼和加强。中枢神经系统对兴奋和抑制的调节能力更趋完善，从而进一步活跃全身各个系统和器官的功能，使它们的活动更加协调，工作效率提高，对外界刺激的反应迅速、灵敏，以适应外界

环境的变化并增强抵抗各种疾病因素的能力。

第五，经常参加体育锻炼可以改善和提高神经系统的反应能力。其表现为思维敏捷，调控身体运动更准确协调。神经系统的主导部分大脑虽然只占人体重的 2%，但是其所需要的氧气是由心脏总血流量的 20% 来供应，比肌肉工作时的所需血流量还要多。进行锻炼时，特别是到大自然中去锻炼，可以改善神经系统，尤其是大脑的供血、供氧情况。一方面可以使中枢神经系统及其主导部分大脑皮层的兴奋性增强，抑制加深，抑制兴奋更加集中，改善神经过程的均衡性和灵活性，提高大脑皮层的分析、综合能力，以保证机体对外界不断变化的环境有更强的适应性。另一方面，体育锻炼可以改善和提高中枢神经系统对身体内部各器官、组织的调节能力，使各器官、组织的活动更加灵活、协调，机体的工作能力得到提高。

第六，经常参加体育锻炼能有效地消除脑细胞的疲劳，提高学习和工作效率。神经系统由神经细胞所构成，其活动是依靠神经细胞的兴奋、抑制过程不断相互转化、相互平衡来实现的。例如，我们看书学习是由有关思维和记忆的大脑皮质细胞在接受外界刺激（书籍）下引起兴奋来完成的。那么在一定的强度下，经过一段时间就会随着细胞本身的能量消耗和长时间处于兴奋状态而产生疲劳。如出现头昏脑涨、看书效率降低等现象。出现这种现象，实际上就表明相应的细胞需要休息才能消除疲劳、恢复机能。

第四章　体育锻炼的原则与方法

第一节　体育锻炼的原则

体育锻炼原则是体育运动过程中客观规律的反映，是人们在长期从事体育运动中成功经验的总结和概括，是每个参加体育锻炼的人必须遵循的准则。

体育锻炼原则对锻炼者掌握体育锻炼知识、技能，培养锻炼兴趣，选择符合自身条件的运动项目和锻炼内容，正确使用科学方法进行锻炼具有指导作用。

体育锻炼原则有自觉积极性原则、讲求实效原则、持之以恒原则、循序渐进原则、全面性原则、适宜运动负荷原则。

一、自觉积极性原则

自觉积极性原则指体育锻炼者有明确的健身目标，充分认识体育锻炼的价值，自觉积极地从事体育锻炼活动。体育锻炼是一个自我锻炼、自我完善，并需要克服自身惰性，战胜各种困难的过程。同时，还要有一定的作息制度作保证，把体育锻炼当作生活中不可缺少的一部分，才能奏效。自觉地参加体育锻炼，能使大脑处于适宜的兴奋状态，由于神经中枢处于最佳的工作状态，肌体糖原增多，体力充沛，动作协调，加快了学习掌握动作技术条件反射的形成过程，从而提高体育锻炼的效果。因此，体育锻炼在人们健身、健美和延年益寿方面显得尤为重要。为此锻炼者必须做到：

第一，明确“生命在于运动”的科学道理，树立正确的锻炼目标，把体育锻炼当作是日常学习和生活的需要，激发锻炼的主动性，从而调动锻炼的积极性。

第二，培养兴趣。兴趣是人们认识事物和从事活动的倾向，当一个人对一项体育活动产生兴趣时，就会对这项体育活动表现出极大的主动性和自觉性，做到身心融为一体。

第三，选择符合自身条件和兴趣的运动项目，正确使用科学方法进行锻炼，培养终身体育意识。

二、讲求实效原则

讲求实效原则是指参加体育锻炼者，应根据自己的实际情况，选择体育锻炼的内容、方法和手段，合理安排运动负荷。

体育锻炼必须根据个人的性别、年龄、职业、健康状况，锻炼的爱好、要求和原有的体育基础，以及生活条件、季节特点等实际情况出发，决定行之有效的运动项目，锻炼内容、方法，运动负荷、强度，练习次数等，按科学方法进行锻炼，以取得最佳的锻炼效果。为此锻炼者必须做到：

第一，根据自己的职业特点、身体健康状况，制订一套适用可行的锻炼计划或运动处方，计划或处方应当严谨，执行应当严格，并注意阶段性的调整。

第二，选择锻炼内容时，要注意它的健身价值。体育锻炼时要选择有针对性的锻炼内容与方法，不要追求动作的形式，以及在力所不及的情况下去从事高难度技术动作的训练，而应选择简便易行、锻炼价值大、效果好的身体练习作为身体锻炼的主要内容。

第三，安排运动负荷时，以锻炼者能承受和克服的难度，一般以自我感觉舒适和不影响正常学习、工作和生活为准。但在锻炼中要克服怕苦、怕累和怕羞等思想障碍。

三、持之以恒原则

持之以恒原则是指体育锻炼必须经常性进行，使之成为日常生活中的重要内容，坚持进行长期的、不间断的锻炼。

众所周知“生命在于运动，运动贵在坚持”，体育锻炼对人体各器官系统给予刺激，每次刺激都会促进体内异化作用的加强，继而得到同化作用的加强，加快体内物质的合成，从而使肌体内部的物质得以补充、增加和积累。这种积累使机体结构和机能产生新的适应，体质就会不断增强，动作技能形成的条件反射也会不断得到强化。因此，体育锻炼贵在坚持，不能设想在短时间内取得显著效果，必须长久积累。为此锻炼者必须做到：

第一，建立个人的锻炼常规，合理安排锻炼间隔，确定锻炼次数与锻炼时间。体育锻炼的效果并非一劳永逸，如果锻炼间隔的时间长，锻炼的效果就不明显。因此，每次锻炼的安排间隔要合理。锻炼要有长期计划、短期安排，计划安排要根据锻炼者身体适应运动负荷的能力来制订。

一般情况下，轻微的运动和中强度的锻炼，安排间隔要短，最佳效果为天天练，隔日锻炼也有效果；强度大的运动安排的次数可少些。

第二，强化锻炼意识，把体育锻炼列为日常生活内容，定期保证有一定的体育锻炼时间，逐步养成习惯，使体育锻炼成为生活的重要组成部分。

第三，根据个人能力所及，确立一个能够实现的体育锻炼目标（不宜太高），制订一个切实可行的锻炼计划（能长期坚持）。

四、循序渐进原则

循序渐进原则是指体育锻炼必须遵循人体自然发展、机体适应的基本规律，从不同的主客观实际出发，合理安排运动负荷，在渐进的基础上提高锻炼水平。在体育锻炼过程中，运动负荷的大小直接影响人体机能的变化，负荷是否适宜，对锻炼效果的好坏起很大的作用。运动负荷的大小因人、因时而异。即便是同一个人，在不同的机能状态、不同的时间，人体对负荷的承受能力也不尽相同。因此，进行体育锻炼时应循序渐进，运动量安排应从小到大，技术动作应由易到难、由简到繁，逐步提高锻炼水平。为此锻炼者必须做到：

第一，体育锻炼力戒急于求成，必须根据锻炼者自身的实际情况确定运动负荷的大小，做到量力而行，尤其要注意锻炼后疲劳感的适度。

第二，运动负荷应由小到大，逐步提高。开始从事体育锻炼或中断体育锻炼后恢复锻炼时，强度宜小，时间宜短，密度适宜。

第三，注意提高人体已经适应的运动负荷，使体能保持不断增强的趋势。一般应在逐步提高“量”的基础上，再逐渐增大运动强度，使之适应感到胜任的愉快，然后做相应的调整。随时加强自我监督，密切注意身体机能的不良反应。

第四，锻炼开始时，重视准备活动；锻炼结束后，做好放松整理活动。

第五，缺乏一定体育锻炼基础的人，或中断体育锻炼过久的人，不宜参加紧张激烈的比赛活动。

五、全面性原则

全面性原则是指运用各种身体练习和手段，通过锻炼使身体形态、机能，身体素质及心理素质等方面得到全面协调的发展。人体是一个有机的整体，各机体之间既互相联系又互相制约。身体某一机能的提高，直接影响全身各系统机能的普遍提高，同时还会促进身体某方面机能的大幅度提高。体育活动与人体各器官、系统都有着直接的内在联系。“勤体育则强筋骨，强筋骨则体质可变，弱可转强，身心可以并完。”

按照“用进废退”的规律，体育锻炼能促进人体新陈代谢的提高，使身体各系统、组织、器官和谐发展，达到身体相对的完善和完美。因此，锻炼者既要重视身体锻炼，又要重视精神锻炼，这样才能收到良好的效果。为此锻炼者必须做到：

第一，身心的全面发展，要从适应社会、环境、抵御疾病的能力，改善机体形态、提高机体功能，陶冶情操、愉快心理、丰富文化生活等方面着眼。

第二，体育锻炼的内容、方法要尽可能考虑身体的全面发展，一般以一些功效大、兴趣较浓的运动项目为主，以其他项目为辅进行全面锻炼。

第三，注意全身的活动，不要限于局部。

第四，在全面锻炼的基础上，有目的、有意识地加强专业实用性的体育锻炼。

六、适宜运动负荷原则

适宜运动负荷原则是指根据每个锻炼者的实际情况，合理地确定其运动负荷和强度。

适宜生理负荷是指在体育锻炼时的运动强度，锻炼持续的时间及锻炼的频率。适宜运动负荷能收到良好的锻炼效果。运动负荷不足或过大不仅不能获得理想的锻炼效果，还可能损害健康。

锻炼效果的大小，很大程度上取决于运动刺激的强度，弱的刺激不能引起机体机能的变化，过强的刺激，有害于健康，只有适宜的负荷和强度，才能有利于能量的恢复和超量补偿。适宜的负荷是相对的、可变的、渐进的、有节奏的，要根据锻炼者个体的具体情况而确定。为此锻炼者必须做到：

第一，锻炼要量力而行，遵循客观规律和注意自我感觉。要把自我感觉和生理测定相结合，使锻炼具有针对性。

第二，要根据年龄、性别、气候、劳动强度、营养、睡眠、兴趣等综合因素，合理安排运动负荷和运动的间歇。

第三，逐步增加运动负荷，并进行医务监督，使得机能能力不断提高。

确定运动负荷标准的方法较多，脉搏是掌握运动负荷比较实用的方法。常用的方法有：

（1）长沃南氏测定法：一个接近极限运动负荷的脉搏次数减去安静时的脉搏次数，乘以 70%，再加上安静时脉搏次数。这是对身体影响最好（获最大摄氧量和心排血量）的运动负荷，即（近极限心率 - 安静时心率）×70% + 安静心率 = 最佳运动负荷（次/min）。

（2）以脉搏 150 次/min 以下（平均是 130 次/min）的超常态运动负荷为指标，谋求提高有氧代谢能力。

（3）以脉搏 180 次/min 减去锻炼者的年龄，作为锻炼时的每分钟平均脉搏数。

坚持体育锻炼，能同时达到健身、健心、健美的效果，提高机体的工作能力。科学地贯彻体育锻炼原则有益于大学生身心的全面发展。体育锻炼中，所有的锻炼原则都是互相联系、互为补充的。在实际锻炼中应认真贯彻，必能取得实际效果。

总之，以上各项原则是相互联系的，在实际运用中，不可顾此失彼。

第二节　体育锻炼的方法

体育锻炼方法是指根据人体发展规律，运用各种身体练习和自然因素，以培育身体的途径和方式。体育锻炼方法是贯彻体育运动的原则，达到体育锻炼目的的桥梁。

体育锻炼的方法、手段很多，内容也很丰富，形式也很灵活。运用体育锻炼方法，应从实际出发，灵活运用，防止形式主义。

一、常用体育锻炼方法

体育锻炼中广泛采用的方法主要有如下几种。

（一）重复锻炼法

重复锻炼法，是指按一定的负荷标准，重复进行某项练习，以获得健身效果的途径。

重复的次数和时间是决定健身的关键。过量会导致疲劳积累，不及则于健康无益。确定和调节重复的次数和时间应考虑项目特点，如健身跑、太极拳、广播操等就不同于踢足球、篮球。

重复锻炼要注意克服厌倦情绪，防止机械呆板。每次重复都应达到运动负荷的有效价值范围，身体反应超过上限时，可减少重复或暂行，不足时应予增加和变换。

（二）循环锻炼法

循环锻炼法是一种把各种类型的动作，具有不同练习效果的手段，组成锻炼项目，按一定的顺序、循环往复进行锻炼的方法。

循环法所布置的各个练习点，内容要慎重搭配，动作应是已经掌握的、简单易行的，并应规定好练习的次数、规格和要求。由于各练习的动作器械不同，花样翻新，交替进行，可激发兴趣、减轻疲劳、提高密度，有显著的健身效果。

（三）变换锻炼法

变换锻炼法是指在锻炼过程中，采取变换环境、变换条件、变换要求等，以提高锻炼效果的一种锻炼方法。

采用变换锻炼法，可以有效地调节生理负荷，提高锻炼情绪，强化锻炼的意向，克服疲劳和厌倦情绪。

变换锻炼法，常用各种辅助性、诱导性和转移性练习，并应注重颜色、乐曲、日光、空气和水的利用。

（四）间歇锻炼法

间歇锻炼法是指重复锻炼之间的合理休整。它是一种提高锻炼效果的常用锻炼法。

间歇锻炼法间歇时间的长短，主要以负荷的有效价值范围为准。一般来说，负荷超过上限时，间歇时间应长些，以防止负荷继续上升，造成体力消耗过量；负荷在下限时，可连续进行，间歇时间应短，密度应大，后次锻炼应在前次锻炼的效果未减退时进行，倘若间歇过长，在效果消失后再进行，就失去意义了。

二、发展身体素质的锻炼方法

身体素质是人体活动的一种能力，是指人体在运动、劳动与生活中所表现出来的力量、速度、耐力、灵敏及柔韧性等机能能力，它是一个人体质水平的重要标志。发展身体素质的锻炼方法主要有以下几种。

（一）发展力量素质的方法

力量素质是指肌肉紧张或收缩时所表现出来的一种能力。力量素质是身体素质的基础。发展力量素质应根据目的的不同采取不同的方法。按肌肉收缩的性质，力量可分为静力性力量和动力性力量两种。静力性力量肌肉做等长收缩，肢体不产生明显的位移；动力性力量肌肉做等张收缩或拉长，肢体产生明显位移，或推动运动器械进行运动。按肌肉表现出的力量与本人体重的关系，可分为绝对力量与相对力量。绝对力量与体重无关，而相对力量则为每公斤体重表现出的力量。按力量表现的形式分为速度力量和力量耐力。速度力量是表现肌肉快速用力的能力，又称爆发力；力量耐力是指人体持续重复克服阻力的能力。

由于存在力量类别的不同，因此发展力量素质的方法也有所不同。静力性力量练习，对提高肌肉的绝对力量有明显效果，其具体方法有：①身体处于特定的位置，用最大力量的一半做等长收缩，坚持 5 ～ 10 s，重复 5 ～ 10 次，每天（或隔日）练习一次。②慢速做举重物或做负重蹲起。做静力性力量练习时要注意间歇时肌肉放松。

动力性力量练习方法有：①用本人最大负荷量的 60% ～ 70%（中等强度），每组练习 5 ～ 10 次，练习 4 ～ 6 组，每组间歇 2 ～ 5 min。这种练习对发展速度力量比较有效。②用本人的 50% 负荷（小强度）快速完成练习，每组 20 ～ 30 次，每组间歇 1 ～ 2 min。这种练习对发展爆发力效果比较好。

发展力量素质应注意：①静力性和动力性练习要相结合，不要片面发展。②力量练习的间隔一般为隔日。③力量练习时要注意运用正确的呼吸方法。④练习前要做好准备活动，练习后要做调整性或放松练习。

（二）发展耐力素质的方法

耐力素质是指有机体长时间工作克服疲劳及疲劳后快速恢复的能力。按运动的外在表现，耐力可分为速度耐力、力量耐力、一般耐力；按所影响的器官分为心血管耐力和肌肉耐力等；按能量供应特点分为有氧耐力和无氧耐力等。练习时，应强调意志品质、呼吸深度和呼吸方法。

1. 发展有氧耐力的方法

发展有氧耐力主要是提高心肺功能。整个锻炼过程以有氧代谢为主，运动时间要求在 15 min 以上（至少为 5 min），1 ～ 2 小时为佳。一般采用 2 ～ 4 min 的连续练习，或 5 ～ 20 min 跑和 2 ～ 20 min 间歇跑（跑 1 min 间歇 1 min，跑 2 min 间歇 2 min，直到跑完 5 min 为一组）；或采用较长距离的跑，跳绳、球类、骑自行车、溜冰、划船等。

2. 发展无氧耐力的方法

有氧代谢结合无氧代谢的练习，一般是中等强度和中等以上强度的练习。无氧耐力是指在缺氧情况下，进行肌肉活动的能力。提高无氧耐力的方法主要是采用短时间高强度的练习。强度为 75%，心率在 170 ～ 180 次 /min，一般采用短距离跑、游泳、打篮球等较为剧烈的比赛和时间短、强度大的运动。

发展耐力素质应注意以下问题：

（1）发展耐力的练习，应注意掌握从适当的运动负荷开始，使练习的运动负荷与耐力素质的提高相适应。练习遵循渐进原则。

（2）耐力练习既艰苦又枯燥，应采用多种方法和手段，同时注意意志品质的训练和培养。

（3）发展耐力素质，要求机体供氧充分。因此应掌握正确的呼吸方法，应根据具体情况将无氧耐力练习与有氧耐力练习相结合。

（三）发展速度素质的方法

速度素质是指人体在单位时间内移动的距离和快速做某一运动的能力。速度可分为反应速度、动作速度、移动速度。各种速度素质练习，都应在体力充沛、精力饱满的情况下进行。

1. 反应速度

反应速度是指人体对外界各种刺激反应的快慢。提高反应速度可采用各种突发信号让练习者做出相应反应，如起跑、突停、停跳、转身等。

2. 动作速度

动作速度是指人体完成某一动作和成套动作时间的快慢。减小练习难度法（顺风跑、下坡跑等）、加大难度法（跳高前的负重跳等）和时限法（按一定节拍或跟随别人较快的节奏等，以改变自己的动作节奏或速度），是常用的发展动作速度的方法。

3. 移动速度

移动速度是指人体在单位时间内位移的距离。一般是在很短的时间反复快速地进行练习，如快速跑、加快动作频率和发展下肢爆发力量。

（四）发展灵敏素质的方法

灵敏是指在外界条件多变的情况下，人体迅速、准确、灵活、协调地改变身体位置的能力。它是人体各种活动技能和运动素质在运动中的综合表现。发展灵敏素质的方法有在跑跳中迅速、准确、协调地完成各种动作、各种综合练习、各种变换方向的追逐性游戏及球类活动等。

（五）发展柔韧素质的方法

柔韧素质是指人体关节活动的幅度，肌肉、肌腱、韧带等软组织的伸展能力。一般采用静力性拉长肌肉和结缔组织的方法发展柔韧素质成效较快。静力性练习要求保持 8 ～ 10 s，重复 8 ～ 10 次，如压、搬、劈、蹦、体前屈、转体、绕环等动作，并以感到酸、胀、痛为限。控制在 5 ～ 30 次之间的动力性拉伸练习（踢腿、摆腿、甩腰等），这些都是发展柔韧素质的方法。

发展柔韧素质应将静力与动力、主动与被动练习相结合，坚持细水长流，勿用力过猛。

三、简易健身锻炼方法

健身方法是为了达到增强体质、增进健康、调节感情、丰富课余文化生活等体育活动目的，而选择运用的各种途径、办法等。根据大学生的年龄特点和学校进行体育锻炼所能提供的条件，可选择如下方式进行健身锻炼。

（一）早操健身法

人在睡眠时，整个大脑处于“抑制”状态，身体各器官的活动降低到很低水平，如新陈代谢下降、呼吸减慢、心搏减慢、血压降低、肌肉松弛等。早晨起床后，尤其是爱睡懒觉的人，常常感到朦胧、全身没劲、精神不振作，这时大脑的抑制状态还没有完全消除，全身各个器官的机能活动还处于较低的水平，不能马上投入紧张的学习。特别是晚上“开夜车”睡得晚时，这种状态就更明显。要想尽快摆脱这种精神不振的状态，也就是尽快使大脑由抑制过渡到兴奋状态，起床后做做早操是一种很好的办法。做早操，能使大脑神经细胞很快进入兴奋状态，身体各部分的机能也能很快提高，又可以呼吸到新鲜空气，有助于振作精神，从而为新的一天学习或工作准备良好的身体条件。早操健身锻炼应该根据个人体质状况及生活习惯，注意运动量的控制，一般而言，大学生要进行一个上午的紧张学习，早操的锻炼不宜过激，应适度控制运动量。

（二）走步健身法

人们很久以前就认识到，走步锻炼有益身心健康。我国有句流传已久的谚语是“饭后百步走，活到九十九”。国外也有许多关于走步锻炼法的论述，一位美国体育专家曾说过：“作为一种户外活动，走路在锻炼身体方面的作用完全可以同剧烈的运动媲美。”走步、散步不仅能锻炼身体，而且有助于活跃思维。柴可夫斯基说：“我大部分乐思是在我每天散步时涌现的。”走步健身法分为普通散步法和快速步行法两种：普通散步法，每小时走3～4 km，每分钟走60～90步，每次散步30～60 min，这种散步方法适用于保健；快速步行法每小时步行5～7 km，每分钟90～120步，每次步行30～60 min。

（三）跑步健身法

跑步健身法是最简单的有氧运动之一，能够促进机体大量摄取氧气，最有效地增强心肺机能。新西兰的一些俱乐部取名为“为生命而跑”“为预防梗死而跑”。有些国家的科学家还建立了“要为健康而跑”的专门委员会，跑步已成为世界性运动。研究结果证明，慢跑吸进体内的氧气大幅度增加，比坐着时要多10～12倍，肺通气量增加10倍。由于吸入体内的氧气增加，体内新陈代谢更加旺盛，从而有效地提高了健康水平。作为有氧代谢的慢跑，强度不宜太大，心率应掌握在每分钟120～140次之间，运动持续时间在30 min左右为宜。

（四）韵律操健身法

韵律操以操为体、以舞为形，融体育与艺术为一体，集健与美于一身，深受大学生们的喜爱，尤其契合女生对美的爱好和追求心理。在音乐的旋律中，做着姿态优美的动作，是发展协调动作最自然，也是最有效的方法之一。人们置身于旋律活动中，能激发人的精神力量和体力。这种锻炼不仅能达到强身健体的目的，还能使人得到美的陶冶和享受，消除学习时紧张而产生的疲劳。采用韵律操健身法，一般可在早晨、傍晚时进行。做韵律操时，首先要做 3 ～ 5 分钟的热身运动，主要使身体四肢和躯干的关节和肌肉伸展开，如果气温较低，还应做些慢跑活动。总之，要使身体暖和后，再开始在音乐的旋律中做各种动作，动作幅度应由小到大。

（五）课间 10 分钟健身法

学校里每节课之间都有 10 分钟的休息时间，这是学校生活制度中一项合理的安排。因为在上课时，学生的注意力十分集中，神经系统处于高度兴奋状态，但兴奋一定时间以后，神经细胞本身就自然地转入抑制，降低了接受能力，并削弱了神经细胞的工作能力，表现为注意力不集中，理解力、思考力降低。在课间 10 分钟里，要在教室外或通风较好的地方，适当地做一些散步、踢踢腿、伸伸腰等比较缓和的动作。这种活动性的休息能起到缓解疲劳的作用，从而让学生在下一节课上能有较充沛的精力去学习。

第三节　制订运动处方的原则与内容

一、运动处方的概念

运动处方是以增强体质、促进健康、发展身体、提高综合体能水平为目的，而系统性地制订运动计划和实施的方法。运动处方类似于医生给病人开的医药处方，是教练员或医生给进行体育锻炼的人或准备接受体疗的病人，按其年龄、性别、心肺和运动器官的功能，运动经历和健康状况等特点，用处方的形式，规定适当的运动内容和运动负荷。

运动处方的种类很多，通常分为竞技训练运动处方、健身运动处方和临床治疗运动处方三类。竞技训练运动处方，面向运动员，用以提高专项素质和运动成绩为主要目的；健身运动处方，针对健康普通人群，用以提高健康体能、预防疾病为主要目的；临床治疗运动处方，以治疗慢性疾病或身体残障，促进身体康复为主要目的。

制订运动处方时，要进行系统的体格检查，了解身体健康状况。健康检查和体力测定，就是检查是否有病，是否适合于运动，是否适宜参与某些项目的活动。体力测定是确定运动处方的运动项目、强度、持续时间和次数的前提条件，有了体力测定若干数据，才能确定运动处方中的运动负荷。根据运动处方的要求经过一段时间或一个周期锻炼之后，又可通过健康检查和体力测定得到反馈信息，以便及时调整处方的内容和练习的强度、数量，评定运动效果，并为制订下一阶段或周期的运动处方提供依据。因此，可以说运动处方是一个通过身体检查后，根据每个人的年龄、性别、运动经历等健康状况，确定锻炼方法和运动负荷的锻炼计划。一个好的运动处方既要体现总的锻炼原则，又要根据每个人的具体状况做一些调整，其目的就是要使每个人都能达到自己的锻炼目标。

二、制订运动处方的原则

众所周知，制订运动处方之前，首先要对身体进行系统的检查和诊断，然后根据身体检查和诊断的情况，开出处方，最后按照处方进行实际锻炼。经过一个阶段的锻炼后，再进行身体检查和诊断，并根据检查和评定锻炼的效果，重新修订运动处方，使之更符合锻炼的实际要求。如此循环往复，不断提高身体锻炼的水平，达到增强体质的目的。制订运动处方必须遵循以下三个原则。

（一）安全有效性原则

制订运动处方，首先必须考虑的是安全，其次是锻炼的有效性。为了保证安全，除了解病史、家族史和医学检查外，制订运动处方必须达到改善心血管和呼吸功能的有效强度。其上限是安全范围，下限是有效范围。

处方主要由运动种类、运动强度、运动时间和运动次数四要素组成。身体条件差的人（体弱、慢性病患者）受运动条件的限制多一些，制订运动处方时必须严格规定运动内容。身体条件好的人，自由度比较大，运动内容也广泛得多。例如，体弱者以散步、太极拳及功率自行车为主要运动内容，而对身体健康的青壮年来说，几乎所有的运动形式都可以是处方的内容。

（二）区别对待原则

由于每个人的基本情况和身体条件不尽相同，所以不可能有适应各种情况和不同人群的运动处方。若中老年和年轻人用同一种运动处方，中老年人很可能完成不了，甚至会出现一些危险，而对年轻人来说，则可能锻炼效果不明显，起不到运动处方的作用。因此，制订运动处方内容必须根据每个人的具体情况，因人而异，区别对待。

（三）动态调整原则

一般书刊上介绍的运动处方，是一种原则性的介绍，应该说有一定的适应面，但并非所有的人都适应。即使是运动医学专家根据检查结果制订的运动处方，也不适合于一个人的任何情况。对于初定的运动处方，要经过运动实践及多次调整后，才能成为符合自身条件的有效运动处方。

为了保证运动处方的安全和有效，起到增进健康、防病治病的目的，在制订运动处方时应遵循安全有效性原则、区别对待原则和动态调整原则。为了保证运动处方的安全有效，制订者要了解锻炼者的病史与家族史状况，不断调整、修改锻炼处方，以便更接近符合个人的身体情况，使其得到好的锻炼效果。

三、制订运动处方的内容

（一）锻炼的目的

依据锻炼者的性别、年龄、职业、爱好和身体健康状况的不同，锻炼目的主要有强身保健、防治疾病、健美减肥、消遣娱乐、提高运动成绩等。

（二）运动项目

运动项目主要是根据锻炼者的锻炼目的及其需要来确定。为了健身或改善心血管及代谢系统的功能，防治冠心病、肥胖症、动脉粥样硬化等疾病，可进行耐力项目练习（有氧训练），如健身走、健身跑、骑自行车、游泳、登山、上下楼梯、跳绳等。为了增强锻炼者肌肉力量，促进肌肉发达，身体健美，可选用举重、双杠等项目。为了调节情绪、消除疲劳、防治高血压和神经衰弱等，可选择太极拳、气功、散步、放松操、保健按摩等。为了治疗某些疾病或进行功能训练，可选择医疗体操，如肺气肿、支气管炎应做专门的呼吸体操，内脏下垂者应做腹肌锻炼；脊柱畸形、扁平足应做矫正体操。

（三）运动强度

运动强度对运动效果与安全有直接的影响，适宜的运动强度是执行运动处方的主要措施之一，这是保证达到锻炼效果，预防发生意外事故所必需规定的。运动时常用计脉搏跳动的次数来掌握运动强度（测 10 s脉搏次数，再乘以 6，为 1 min脉搏次数），心率标准则根据年龄特点而有所不同。运动最佳心率的参照值为：男 31 ～ 40 岁（女 26 ～ 35 岁），140 ～ 150 次/min；男 41 ～ 50 岁（女 36 ～ 45 岁），130 ～ 140 次/min；男 51 ～ 60 岁（女 46 ～ 55 岁），120 ～ 130 次/min；男 60 岁以上（女 55 岁以上），100 ～ 120 次/min。

反映运动强度的生理指标可分为 3 级，即大强度：心率最高达 125 ～ 150 次/min；中强度：心率达 120 ～ 124 次/min；小强度：心率达 100 次/min以下。在运动处方中应规定运动中应达到而不应超过的心率指标，其标准应根据锻炼者的实际情况而有所不同。

（四）运动持续时间

耐力性运动（有氧练习）可进行 15 ～ 60 min，其中达到适宜心率的时间应该在 5 ～ 10 min以上；医疗体操持续的时间视具体情况而定。运动中应常有短暂的休息；计算运动负荷时要注意运动的密度，并扣除休息的时间。运动强度和运动持续时间决定其运动负荷，运动负荷确定后，运动强度大时练习持续时间应相应缩短。采用同样的运动负荷时，年轻和体质好的人宜选择大强度、持续时间短的练习，体弱者应选择强度小而持续时间较长的练习。

（五）运动次数

最好每天都安排锻炼，这样可调节每天的生活节奏。也可以安排每周 3 ～ 4 次练习，即隔日锻炼1次。不论采用哪种方式，都应该注意：负荷量较大时，休息间隔要长一些，反之则可以短一些。总之，以上次锻炼的疲劳消除后，再进行下一次锻炼为宜。

（六）注意事项及微调整

由于个人的身体条件千差万别，因此不可能预先准备好适应各种场合的处方。接受运动处方的人，应按处方锻炼，在实行过程中可能出现不适合自己条件的地方，可以自己进行微调，以求适合自己的条件。在执行处方的过程中，应注意以下几方面的情况：①避免进行禁忌的运动项目和某些易发生危险的动作；②运动中自我观察指标及出现指标异常时应停止运动；③每次锻炼前后都要做好充分的准备活动和整理活动。

四、简易运动处方的制订

运动处方中的锻炼方式大体分为有氧代谢为主的一般耐力性运动和力量性运动。有氧运动对增强呼吸系统摄氧的能力、输送氧的能力，以及组织的有氧代谢利用氧的能力都有显著的作用，从而增强全身的耐力水平和体力。此外有氧运动可将血液中、细胞内蓄积的脂质作为能源消耗掉，达到减肥，改善高血脂的目的，并且可以很好地利用糖原，改善糖尿病。

力量性运动锻炼则主要用于骨骼系统和神经系统等有肌肉力量减弱、神经麻痹或关节功能障碍的人群，以及要求通过力量锻炼达到肌肉发达、健美的人群。前者主要以恢复肌肉力量和肢体活动功能为主，后者主要为发展自己的肌肉力量、增粗肌肉纤维而达到健美的锻炼目的。

如果为了达到放松精神、消除疲劳等目的，则可采用慢跑、太极拳和保健按摩等运动锻炼方式。

（一）步行运动处方

走路不仅简便易行，而且是一种十分有效的有氧锻炼方法和延年益寿的最佳途径。步行的优点在于任何人在任何时间和地点都可以进行，而且动作柔和、不易受伤。特别适合身体肥胖、体弱、患慢性疾病的人和中老年人作为锻炼的方法和手段。步行的唯一不足是比较花费时间，一般要花上慢跑的2倍时间，才能获得与慢跑同样的健身效果。

步行锻炼的基本要求有以下几点：

（1）步行锻炼一般安排在清晨、睡觉前、饭后半小时或自己方便的时候。地点宜选择小路、河边、海岸、公园、林荫道等环境清幽、空气新鲜的地方。

（2）为提高步行的健身效果，要注意基本姿势和动作要领，即身体放松，抬头，眼看前方，挺胸稍收腹，两臂前后自然摆动，身体重心落在脚掌前部，配合脚步节奏自然呼吸。

（3）步行的形式不同，对增进健康的效果也不一样。例如，在步行中穿插上、下坡，必然增加运动的强度，而上、下坡步行不仅对呼吸循环系统有益，同时可增强腰部和腿部力量。在松软的沙地、沙滩和草地上步行也有同样的作用，年轻人为了增加锻炼效果，也可肩负一定重量的背包，这样锻炼效果会更好一些。

慢步行的速度与步行的时间，决定运动强度和运动量的大小。步行的形式可慢可快，也可快慢交替。不管如何组合，要达到健身效果，每次锻炼至少需要 20 min的持续运动，这样才能对身体各器官产生刺激，获得运动效果。

（二）慢跑运动处方

慢跑又称健身跑。自从 1947 年德国学者阿肯提出“长、慢、远”的现代健康跑步方法以来，慢跑活动被列为有益健康、抗病延年的手段，被人们视为“有氧代谢之王”而风行全球。慢跑有别于一般的中长跑，它是一种轻松自如，不至于气喘吁吁的跑步；它的运动强度大于步行，是一种中等强度的运动。从运动医学观点看，慢跑比较安全并节省时间，健身效果好，见效快，运动负荷易于控制，不会发生较大的运动损伤等，适用于各种健康人群和有一定运动基础的慢性病患者。慢跑的锻炼方法一般可采用走跑交替、间歇健身跑和短程健身跑。走跑交替法适合于初参加锻炼的人，一般是走 1 min，跑 1 min，交替进行，每隔 1 ～ 2 周增加运动量。间歇健身跑，是慢跑和行走相交替的一种过渡性练习，适合于老年和体弱者，一般从跑 30 s，行走 30 ～ 60 s开始，逐渐增加跑步时间，以提高心脏功能，反复进行 10 ～ 20 次，总时间在 12 ～ 30 min，以后每周根据体力提高情况再增加量，每日或隔日进行一次。短程健身跑可从 50 m开始逐渐增至 100 m、200 m、400 m、600 m……速度一般为 30 ～ 40 s跑 100 m，每 3 ～ 7 天增量一次。

健身跑锻炼有以下基本要求：

（1）刚开始参加健身跑时可走跑交替锻炼，即先走后跑。一般是走 3 min，跑 3 min，交替进行，每隔 1 ～ 2 周逐渐增加运动量。

（2）慢跑虽然说是比较完全的运动项目，但个别人由于跑步动作不合理，使下肢关节受力较大，容易引起膝关节疼痛，发生某些运动损伤。

（3）为了避免发生运动损伤，掌握跑步的技术要领是很重要的。正确的跑步姿势是，上体正直或稍前倾，颈部肌肉放松，两眼平视。两臂摆动时，肩部放松下沉，肘关节处自然弯曲成 90°，两手半握拳，轻松自然地前后摆动。

（4）下肢动作要求蹬地腿的后蹬与摆动腿的摆动协调一致。摆动腿的脚落地，尽可能做到本脚掌着地，同时注意脚掌落地后的缓冲。跑的过程中要求动作轻松自然、重心平稳、节奏性强、肌肉用力和放松的交替能力好。

（5）进行健身跑时掌握好呼吸节奏是十分重要的。所谓呼吸节奏就是呼吸有规律地与步频配合好。一般采用“两步一吸、两步一呼，三步一吸、三步一呼”的呼吸方法。掌握好呼吸的节奏，跑起来就会感觉轻松自如多了。

（三）游泳运动处方

游泳是一项全身运动，不论用哪种姿势游泳，人的肢体都要不停地进行运动，促使身体各部分关节和肌肉得到良好的锻炼。经常游泳不仅能使身材匀称，富于曲线美，而且能提高肌肉的力量，刚柔适中。同时游泳对提高内脏器官特别是血液循环系统和呼吸系统的功能，有积极的促进作用。

此外，游泳场的水温一般低于人体温度，水的导热性又比空气快 28 倍，它使游泳时人体热量散发很快，也使人体的体温调节功能发生一系列变化，机体会加强产热过程，以补充身体失去的热量，抵抗冷水的刺激。所以在同样的时间、强度下运动，水中要比陆地上消耗能量大，若肥胖者每天游泳 30 min，在不增加饮食的情况下，就会收到良好的减肥效果。

游泳锻炼的基本要求如下：

（1）进行游泳锻炼，首先必须比较熟练地掌握游泳基本技术。技术不熟练时应在浅水区进行练习，不可随便去深水区，以防溺水。

（2）下水前必须做一些热身活动，如慢跑、徒手体操及活动全身各关节等，以适应水池中的温度，不可什么准备活动都不做就跳水或下水游泳。

（3）由于陆地上与水中有一定的温差，所以在水中不可停留太长时间。若在水中出现抽筋的情况要会自救，尽可能拉长抽筋的肌群，同时向救护人员求救，以防不测。

（4）游泳时尽可能保持匀速的节奏，也可采用各种泳姿交替的方式，以利于全面发展身体不同部位的肌群。上岸后，要用毛巾迅速擦干身体，然后做一些轻松活动，来加强身体产热的过程，以防感冒。

（四）骑自行车运动处方

自行车代步是融娱乐和健身为一体的高效率健身健美方法，它能提高心肺功能，锻炼下肢肌力和增强全身耐力。

骑自行车的强度一般应控制在适宜心率的范围内，其上限 =（220－年龄）×90%，下限 =（220－年龄）×60%。初骑自行车锻炼者应每分钟蹬 60 次，同散步节奏。对于消遣型骑车者来说，蹬速在每分钟 75 ～ 100 次最合适。计算蹬速一般只需要记下 15 s 内一条腿蹬的圈数即可。一般理想蹬速是 15 s 蹬 22 次或 23 次，相当于每分钟蹬 90 次。

骑自行车的能量消耗很大，依运动量（强度）而不同。骑自行车人人都会，但要获得理想的锻炼效果，则必须遵循科学的指导。

（五）有氧运动项目综合运动处方

所谓综合运动处方，是指不局限于某一个运动项目，而是把自己喜欢的、能够参加的体育项目组织起来，因地、适时地进行锻炼。它既可以提高锻炼兴趣，又可达到良好的锻炼效果。有氧运动的项目很多，如步行、游泳、骑自行车、跳绳、划船、健美操及各种球类运动等。如果只采用单一的形式进行锻炼，对青年人来说难免容易产生枯燥乏味的感觉，造成计划无法落实。而采用综合性运动处方，则有很大的优势，也易于坚持，如夏季气温高，跑步出汗太多，可以采用游泳运动，冬天不能游泳则可以健身跑或骑车，遇上天气不好不宜在户外运动时，则可以爬楼梯和跳健美操等。

综合运动项目锻炼，比较适合年轻人，它可以全面地发展人的力量、速度、耐力、灵敏及柔韧等综合素质，而这些素质的发展和提高又为人体健康打下良好的基础。

综合运动项目锻炼的基本要求如下：

（1）采用多种运动项目进行锻炼，首先要根据自身状况及体育基础，选择一些适合自己的并有兴趣的运动项目，同时要掌握这些项目的基本要领和方法，以便运动时比较轻松自如，又能收到实效。

（2）球类运动项目游戏性和趣味性较高，同时又具有一定的竞争性，特别是与同伴一起运动时，不易控制运动负荷和运动强度。因此，采用球类作为运动项目时应注意主观感觉，当自己感觉疲劳时要及时进行调整，以免造成运动损伤。

（3）如果前一次球类活动运动负荷较大，这次是健身跑，可以进行负荷调整，将跑的速度和距离适当减慢，时间缩短，这样有利于身体的积极恢复。

（4）每次运动或锻炼前一定要做好充分的准备活动，以克服身体的生理惰性。锻炼结束后要做一些整理活动，使身体尽快恢复到安静时状态。

（5）锻炼一定要保证经常性，中断锻炼后再锻炼起点要适当降低。健康重在锻炼，锻炼贵在坚持，不是特殊情况，一般不要停止锻炼。

第四节　体育锻炼的自我监督

自我监督是运动员和体育锻炼者在参加体育锻炼的过程中，对自己的身体健康和功能状况经常进行观察的一种方法。自我监督的内容包括自我感觉和客观检查两部分。

一、自我感觉

（一）精神状态

经常锻炼的健康人，总是精神饱满、精力充沛、心情愉快。但运动量过度或患病时，就会精神不振，身体疲倦和情绪易激动。

（二）锻炼心情

一个人在锻炼前心情愉快，有迫切参加锻炼的愿望，这是健康的表现，反之，如无疾病、情绪刺激等其他干扰因素，对锻炼缺乏兴趣和热情，态度冷漠，甚至厌烦时，则可能是运动量安排不当的表现，或是过度疲劳的早期征象。

（三）不良感觉

体育锻炼后，由于肌体受到刺激，一般都会产生一些肌肉酸痛、四肢乏力的现象。若运动量安排适宜，这些现象在适当休息后就会消失，属于正常现象。在休息和营养都能得到保证的情况下，上述现象仍持续较长时间不能消除，则可能是疲劳过度的表现。此外，有时在运动时或运动后，还会出现头痛、头晕、恶心、气喘、胸闷和上腹部疼痛等不良感觉。其原因大多与体育锻炼的内容、方法及运动量安排不当有关。

（四）睡眠

睡眠对消除锻炼后的疲劳具有重要意义。正常的睡眠表现为入睡快、睡得深、早起觉得身体轻松。经常锻炼者若出现入睡难、失眠、惊梦、早起浑身乏力等现象，则应检查锻炼的方法和运动量是否适宜。

（五）食欲

经常参加体育锻炼的人，机体的物质代谢旺盛，故食欲一般较好。但锻炼结束即进食或吃过多的零食则可能引起食欲下降。在正常情况下，若出现食欲不佳，并伴有口渴，就可能与过度疲劳和健康状况不良有关。

二、客观检查

（一）脉搏

脉搏是指动脉血管壁随心脏的舒缩而发生的有规律的搏动，脉搏的快慢在一定程度上可以反映人体心脏的功能状况。在正常情况下，脉搏频率和心跳频率是一致的，所以实际锻炼中常用测量脉率来代替心率的测量。

脉搏除受性别、年龄、体温等因素的影响外，还与锻炼者的锻炼水平和运动量的大小有关。经常从事体育锻炼的人，安静时的脉率较低，与不经常锻炼者做等量负荷时，脉率的上升幅度较小。健康成年人安静时的心率平均为 75 次/s。

清晨起床前，静卧的脉率称为基础心率。在正常情况下，每个人的晨脉保持相对稳定，若每天早晨的安静脉搏保持不变或有规律地下降，则说明运动量适宜，功能反应良好；若运动后，每天早晨的基础脉率持续上升，则说明功能反应不良，如无疾病等原因，则可能与近期运动量过大、过度有关。

（二）体重

体重是人体发育发展的重要指标，可以反映人体营养状况和消化吸收的情况，大学生的体重基本上是向上增加的。刚开始参加体育锻炼的人，体重的变化有一定的规律：一般在锻炼初期，由于体内储存的脂肪的消耗，体重可下降 2 ～ 3 kg，经过一段时间的锻炼，随着肌肉组织等逐步发达，体重可有所增加。营养不良及患慢性消耗性疾病时，由于体内脂肪、肌蛋白被大量消耗，可造成体重持续下降。另外，因为夏天天气炎热，饮食、睡眠受影响，体重略微下降是正常的。

第五章　户外运动

第一节　户外运动概述

一、户外运动的概念

户外运动是指走出家门的运动，其以自然环境为场地，带有探险性质或体验探险性质的体育活动项目群。一般情况下我们所指的户外运动只是狭义的户外运动，如登山、露营、穿越、攀岩、蹦极、漂流、冲浪、滑翔、攀冰、定向运动、远足、滑雪、潜水、滑草、高山速降、骑自行车、越野山地车、热气球、溯流、拓展、飞行滑索等运动。

二、户外运动的分类

按照户外运动开展的自然场地，可将户外运动划分为山地户外运动、海岛户外运动、荒漠户外运动、高原户外运动和人工建筑户外运动。

从体育竞技角度区分户外运动，可分为以下四大类：山地运动，如登山、攀岩、攀冰、山地（定点）徒步越野、岩降、器械越野、滑雪等；峡谷运动，如溯溪、溪降、搭绳渡河、山洞漂流等；野外生存，如露营、生存技能、自救互救、救援等；荒漠运动，如荒漠定位与定向、畜力越野、非动力机械越野、徒步越野、信号与联络等。

三、户外运动项目介绍

（一）徒步穿越

徒步穿越是户外运动的一种主要形式，是指在一定区域内主要依靠徒步行走，完成由起点到终点的里程，其间可能会经历山岭、丛林、沙漠、雪原、溪流、峡谷等地貌的一种户外活动。徒步穿越对参与者的野外综合技能要求较高，它集登山、攀岩、漂流、溯溪、野外生存于一体，一般要求穿越人员必须具备良好的体能、稳定的心理素质和道德水准，以及乐于助人的团队精神。

（二）登山攀岩

攀岩运动是一项集智力、体力为一体的心智型体育运动。它是根据自己的能力选择线路攀登，是独特而令人兴奋刺激的经历，每一次感受都不相同。攀岩运动是一项智力与体力并重的运动，只有脑力与体力协调配合才能取得期望的理想成绩。它在攀登能力和技术动作方面要求很高，但攀岩运动不仅仅是一项富有冒险精神的专业运动员的体育项目，任何喜爱户外运动的人都可以去感受攀岩运动的魅力。它的技巧较易掌握，是大多数青少年朋友喜爱的极限运动之一。

（三）徒步渡河

徒步渡河是山地峡谷水上运动的基础。要掌握峡谷水上技术，首先应从徒步渡河开始练习。徒涉即徒步涉水，走溪谷时最重要的技术就是徒步涉水，它的难易与水流速度、山谷宽度、水深有密切的关系。当河水较深，徒涉渡河难以进行时，应该考虑运用游泳技术浮游过河。泅渡时，要按照要领整理着装，先解开领子上的纽扣，将鞋插在腰带内，拉紧背带。为防止兜水，应将上衣口袋和裤子口袋翻出。

（四）溯溪和溪降

溯溪和溪降原本都是登山技术的一部分，现演变为相对独立的户外运动。溯溪，是由峡谷溪流的下游向上游，克服地形上的各种障碍，穷水之源而登山之巅的一项探险活动。溯溪本是登山行进中的技术之一，由峡谷溪流的下游到上游，直至顶峰，称为完全溯溪。溪降指的是在悬崖处沿瀑布下降的运动。由于长期被瀑布冲刷的石头很滑，长满青苔，再加上溪水对下降者的冲击，会影响判断力，所以溪降比普通的岩壁下降更富变化，更有挑战性。溪降比较适合在南方的夏季玩，因为水比较大，而且气温较高。

（五）漂流

随着社会的进步、生活水平的提高，回归自然、挑战自我逐渐成为现代人普遍追求的时尚。漂流运动以其特有的运动形式，极强的参与性、挑战性及娱乐性，受到户外运动爱好者的喜爱，迅速在世界各地得到普及。近年来，随着我国经济的发展，国民收入的增加，商业性的江河漂流运动也逐渐兴起，并被国人所接受和喜爱。

（六）定向运动

定向运动又称“定向越野”“定向跑”“野外定向”“识图越野”等。它是一种参加者借助定向地图和指北针，按组织者规定的顺序和方式，自我选择行进路线并到达地图上所标示的地面检查点，以通过全程检查点用时较短者或在规定时间找到检查点得分较多者为胜的一种体育运动。其比赛的成败全在于个人的识图用图、野外定向和奔跑能力的强弱。因此适于各种年龄、性别的人参加。

四、户外运动的功能与规则

（一）户外运动的功能

户外休闲运动的兴起，使人们通过亲近自然、挑战自我的形式，还原人类生存的本质意义，对人的生理及心理健康有着极大的促进作用。

户外运动作为体育活动，对人体机能的发育发展及体质的增强有着极其重要的促进作用，反过来，开展户外运动也需要有一定的身体素质为物质条件。因此，户外运动与身体健康密不可分。心理健康是指个体在各种环境中能保持良好适应能力和效能的状态。一个人不仅是生物体，更是一个社会成员，而健康的心理是一个社会人适应社会的基本条件。体育心理学研究证明，各项体育运动都需要较高的自我控制能力、坚定的信心、勇敢果断和坚韧刚毅的意志性格等心理品质作为基础。因此，有针对性地进行运动锻炼，是纠正心理缺陷、培养健全人格的有效心理训练法。户外运动不仅有益于身体健康，对保护人们的心理健康更具有不可估量的作用。

（二）户外运动的规则

从事户外运动时必须遵循以下规则：

（1）时刻要有危险意识。户外运动初学者必须认真对待，从学会“害怕”开始，尊重生命。

（2）要储备个人体能。在户外一旦遇到恶劣的环境，身体里的潜在病症可能会被激发出来，后果不堪设想。

（3）要具备基本的、必要的救生和自救技能。户外运动绝对不能仅凭一腔热情，还要具备相关的知识，学会使用地图等定位工具。

（4）选择安全、专业的户外装备。户外运动是一项对装备有专业要求的运动，前期需投入一定经费，同时要选择适合自己的场地。如果不是专业的驴友，不要轻易尝试高山、悬崖等专业运动场地。

（5）建议新手尽量选择正规户外团体。专业户外俱乐部一般会有活动预案，具备完善的后勤保障和联络系统。相比之下，自发团体活动的盲目性和随意性很大，出现问题的概率会大大增加。

第二节　户外运动的基本准备

一、周密计划

（一）选择活动地点

1. 搜集信息资料

对于将去的地方，应该尽可能地掌握和了解更多的信息，准备一份详细的地图并认真地阅读，多读一些相关资料，尽可能多地了解比如河流的走向和流速，水的落差、速度及有无险滩，山的高度、坡度，植被的种类、特点与分布情况，气候条件、日夜温差与变化特点，以及何时天亮、何时天黑、月亮阴晴圆缺、何时潮起潮落、风力风向如何等情况。对于这些情况，了解得越多，在户外因地制宜地搭房、取火、野炊、采药和取水等技能才能得到更有效的发挥。

2. 明确活动目标

每次户外活动的目标都不一样，在出行之前要明确活动目标，只有在明确每次活动目标后，才能实现户外活动功能作用的最大化。没有目标的户外活动，首先在安全上存在隐患，其次活动本身也没有什么乐趣。因此，明确活动目标是在出行之前必须做的准备。

3. 明确活动内容

每一项户外运动的项目要达到的效果都是不一样的，活动内容就需要与参照活动地点收集的资料特点相匹配，在安全原则下，把风险控制在可承受的范围内。

（二）合理制订计划

制订计划的基本要求有三点。第一点，要保持头脑清醒，量力而行；思路清晰；任何环节都要做到心中有数。第二点，要清楚安排交通及线路问题、食宿问题、装备物资情况、医疗保障情况、行程经费及人员情况。第三点，要做好完备的书面计划，所有参与人员要有共同认知，活动要有备份方案、机动人员。

（三）树立安全意识

户外运动不可预测的因素很多，风险随时都有，危险随时可能发生，不可掉以轻心。在户外运动过程中，安全最为重要，树立安全防范意识，才能使安全得以保障。户外运动中意外受伤时有发生，出行之前务必充分准备。首先，要尽可能多地了解将要去的地方的有关信息，比如当地的气候、往返交通、食宿、山区道路及安全设施等情况。此外，最好找一张比较详细的地图，制订出自己的行程、路线、饮食休息地点及往返交通等计划。其次，学习户外安全急救与防范知识，以及户外用品的正确使用方法等。了解野外生存知识等均可以减少意外的发生。一旦发生意外，如果了解救护的基本常识，准确、充分地利用事发后最为关键的时间，正确及时地组织施救，不但可以减少损伤的程度，挽救生命，还能最大限度地保证出行目的的实现。

（四）保持良好心态

户外运动具有一定的危险性，参加者有时候可能会在突然间陷入十分危险的境地。然而，面对危险和困难，不仅需要各种生存的技巧，同时更需要有顽强的意志。学会控制自己的情绪，调节自己的心理，在任何情况下都保持一种良好的心态，是克服困难、走出险境的重要前提。风险可以化解，户外运动的风险并不可怕，关键在于是否有应对风险的思想准备和安全措施。要想快乐地参加户外活动，首先要做好充分的准备工作。这包括两个方面：一是做科学理智的户外运动实践者，必须遵循循序渐进的原则；二是加强自身的体能训练与经验积累，最大限度地防范风险。

二、身心准备

（一）体能准备

从事户外运动，首先要有健康的体魄和充沛的体能。有目的的锻炼和体能训练是非常重要的因素。所以，在决定进行户外运动之前，应制订一个详细的计划，做好充分的体能准备。参加户外运动，尤其是登山、高空运动等项目之前，有必要进行一次身体健康检查和体能测试，以便更好地了解自己的身体状况并制订相应的锻炼计划。即使是在熟悉的环境中进行有危险性的户外运动，也需要事先进行健康检查，如感冒之类的小病也不可疏忽大意。

（二）心理适应

户外运动作为一项艰苦的活动，是对意志和体力的考验。充分的装备及健康的身体是不可缺少的，同时参加户外运动做好心理准备也是必需的，因为在户外运动过程中一个重要的因素是将自己整个身心融入大自然，要真正享受到大自然的乐趣。因此，我们要努力提高自己的心理承受能力，集中精力克服客观存在的困难，在运动中陶冶和磨炼身心。

（三）装备购置

1. 背包

背包是户外最重要，也是最基础的装备之一。户外活动中，通常都需要携带大量物品，如帐篷、睡袋、衣物、食品等，这时一个专用的背包就可以发挥很大的功效。合适的背包能够最大限度地减轻旅行者在负重情况下的身体疲劳，同时一个舒适的背包也是旅途中最得力的助手。

2. 鞋袜

在户外环境中，人们需要面对不同的路况，有时是布满石头的山路，有时是终年积雪的雪山，有时是阴暗潮湿的幽径。在这些环境下，长时间的徒步会使你的双脚受到比平时大得多的压力，你的足踝会受到来自不同方向的冲击，你的脚掌会因为长时间不断地摩擦而起泡。为了使你的脚更加舒服，旅程更加顺畅，你需要一双合适的户外鞋。在户外运动中，户外袜无论从材质还是剪裁都有专门的设计，比如现在很多户外袜都加入可伸展尼龙或莱卡材料，这些合成材料使袜子可以很好地保持形状和紧缩性，袜子上的褶皱减小到最低。又如在袜底、袜尖、脚后跟等部位加入耐磨材料，可以延长户外袜的寿命。户外袜通过这些专门的设计，可以使户外运动者在长期的跋涉和恶劣的环境中，脚部得到良好的保护。

3. 睡袋

在一天的长途奔波之后，疲惫的旅行者需要一个舒适温暖的地方充分地休息。帐篷为大家提供了“房间”，而睡袋和防潮垫则是“被子”和“褥子”。合适的睡袋可以为户外爱好者提供良好、安全、温暖的睡眠条件。睡袋是户外露营的必需品，同时也可以在普通旅行中作为卧具使用。事实上，在户外露营时，帐篷可提供防风防雨的作用，而保暖是由睡袋来提供的。因此睡袋的选择十分重要，冷则无法入睡，伤害身体；热则代表睡袋较重，携带了多余重量。

4. 防潮垫

有过户外露营的人都知道，和睡袋一样，防潮垫也是户外露营的必备装备。防潮垫的作用在于防潮隔热，抵御来自地面的寒气，保证睡眠的质量，保护露营者的身体健康。防潮垫不仅可以减轻不平坦地面所造成的不舒适感，更重要的是可以隔绝地表冰冷的感觉。即使是在夏天，地球表面的温度还是比空气的温度要低很多，当我们的身体接触地面时，传导作用会将身体的热量带到地面，导致皮肤失去能量而产生冰冷的感觉。因此我们需要防潮垫来帮做好隔绝的工作，这样才不会因为损失能量而导致失温。

5. 户外服装

户外运动往往是在多变的天气下进行的，阳光、雨雪、狂风等都可能成为参与者的“敌人”。为了保护自己的身体不受伤害，圆满地完成计划，户外服装是不可或缺的装备。户外活动的内容形式很广泛，从一般的郊游、徒步旅行到登山、攀岩、越野、骑自行车及滑雪、溯溪、帆板等。为了适应这些户外运动形式，市场上出现了各种款式和类型的户外服装，如贴身紧凑的自行车服、排汗快干的内衣、滑雪专用的滑雪服等。户外衣服在功能性上满足了户外爱好者的专业要求，为户外运动的开展和参与者的人身安全提供了保障。在“三层着装”的原则之外，如夏季温度较高时，快干衬衫和快干裤是很多人户外活动的首选。快干是指衣服所选择的面料相较于棉、毛、羽绒等材质，可以更快速地将水分排出，从而保持衣物自身的干爽。在登山穿越、攀岩、溯溪等户外活动中，快干衣物是十分常见的衣物。

6. 帽子

在户外用品中，帽子是一般人比较容易忽略的东西。研究表明，头部的表面积虽不到整个人体体表面积的1/10，但人体所产生的热量却有一半左右是从头部散失的，尤其是在冬季，热量会大量从头部散失，从而可能造成身体的失温。所以环境越冷越应该注意户外运动中头部的保暖防寒。另外在丛林中行走，帽子可以有效地保护头部、面部、颈部不会因为落下的物件或树枝而受伤。烈日下，帽檐也能防止脸部、颈部晒伤。所以在户外，一定要戴上一顶帽子。

7. 帐篷

如果说睡袋和防潮垫是户外爱好者的被子和床，那么帐篷就是他们的“家”，一天的疲惫行程后，有一个舒适的“家”很是必要。在户外宿营中，帐篷提供了防风防寒的功能，同时还能防止昆虫和小动物的侵扰。早先人们经常风餐露宿或使用简陋的帆布搭建棚子居住，这样对身体的危害非常大，夜里的低温和露水会对你的身体造成伤害。

如果使用帐篷，这些不利的情况就会大大减少。

（四）生活器材

1. 炉具

（1）瓦斯炉。不论在构造上还是操作上，瓦斯炉可以说是目前最实用的炉子。随着技术的发展，瓦斯炉已经具有使用方便、构造简单、体积小、重量轻、不易发生故障等优点，因此瓦斯炉往往是初次户外运动者的首选。

（2）汽油炉。由于汽油的危险性高，故汽油炉的设计也比较坚实、复杂、强度高。

（3）酒精炉。也有人在户外使用日常的酒精炉，其优势在于价格低廉、安全性较高、原料易得。但是，由于液态酒精运输不方便、燃烧值低，现在已经很少有人使用。

2. 灯具

（1）手电筒。使用电池的手电筒是最为常见的照明工具，它是家居或旅行必备的灯具。轻巧、易得、价格低廉是手电筒的优点，有很多手电筒为了户外使用方便还特别用了加固材料，如有防水功能，这些优点都让手电筒比较适合于低强度的野外露营。但是行走途中需要手持装备，保持左右平衡，在营地需要用手做事情的时候，手电筒就不合适了。

（2）头灯。头灯是最为常用的户外灯具，它能在提供光源的同时解放双手，这一点对户外爱好者来说是非常重要的。在夜色中行进、搭建营地、炊事都需要使用双手，而且头灯戴的位置也正好在眼睛上方，光线刚好和视线同步，非常方便。

（3）营地灯。如果活动人数较多、营地较大时，营地灯就体现出了优势。头灯照亮的只是使用者面前的一小部分范围，而营地灯的范围则大许多，光线也明亮很多。当然这种灯体积较大也较笨重，因为它需要使用电池或燃料。使用电池的操作较方便，但使用时间较短。使用燃料（气罐、煤油、酒精或汽油）的操作比较麻烦，但往往光亮度高，使用时间长。

（4）小型瓦斯灯。大型的营地灯适用于人数较多的活动，如果人数不多，只是需要在帐篷内使用，可以选择小型的瓦斯灯，这种瓦斯灯体积较小、携带方便。瓦斯灯的照明强度高，十分适合小型团队。

3. 水具

（1）铝制运动水壶。此类水壶是专门为户外运动而设计的，其大多采用优质航空铝材制成，壶内有防腐涂层，价格适中，是目前应用较为广泛的一种水具。

（2）塑料水袋。塑料水袋价格较高，但随着人们收入的提高，对户外生活品质的要求也在逐步提高，越来越多的人开始使用此类水袋。

（3）塑料水壶。塑料水壶因质轻、价低、耐用等优点，成为户外活动中常用水具的一种。 高档塑料水壶主要使用两种材料来制作水瓶，分别是聚碳酸酯和高密度聚乙烯，其耐摔、耐热，灌装开水也没有问题，无塑料味。普通塑料水壶多用无毒的聚乙烯制成，价格低廉，耐摔、耐热，但是处理不好的话会残留有塑料味，做工也较为粗糙，不利于在大强度的运动中使用。

（4）水壶。它是早期户外活动时人们常常采用的水具，由于其设计为军用，结实，不怕磕碰，强度足够适应户外的恶劣环境，而且价格低廉，易于购得。但随着社会的发展，军用水壶渐显出其缺点：由于使用普通铝材，自重太大；外形固定，不利于装包；做工粗糙，内壁无任何防腐处理。

（5）保暖壶。在寒冷的情况下，尤其在冬季和高寒地区，热水对于身体十分有益，而行进中不可能随时用炉具烧水，所以保温水壶也是户外运动常用到的水具之一。保暖壶的原理类似于热水瓶，结构更加紧凑，一般为两层结构，两层中间为空气或真空，从而形成隔绝层，可以保证热量长时间不散失。由于其结构的原因，保暖壶一般比较重。

（6）压缩水桶。由塑料制成的压缩水桶，主要用于营地的水源储备。不用时，水桶可以压缩成一个圆形薄片，携带方便；使用时打开后即可成为一个水桶，常见容量有 5 L、7 L 等。如果团队人数较多，水源离宿营地较远，则可以考虑携带压缩水桶。

（7）净水器。净水器不是携带水的工具，而是将户外水源直接处理为饮用水的装置。野外的水源质量不定，很多达不到饮用水的标准，而净水器可以通过物理过滤和化学杀菌的方式，将水源净化。净化后的水可直接饮用，如果能够煮沸再饮则更好。净水器是户外处理水的较好装备，但是由于其较高的价格，使用面不广。

4. 刀具

（1）多用途刀具。此类刀具拥有多种功能，如主刀、开瓶器、钳子、木锯、镊子、螺丝刀等，有的能够达到数十种功能，在户外使用十分便利，其中最具代表性的莫过于瑞士军刀。此类多用途刀具更多意义上还是工具，刀只是这些工具中的一个主要功能，再附配以其他功能。

（2）野营砍刀。有一些大而重的刀具，其功能单一，主要用于野外丛林时开路或清理营地时砍伐植被。

（3）野营斧头。主要用于树木的砍伐和营地的清理，尤其在植被较多的南方，野营时常会需要砍伐树木来清理营地。斧头因其十分厚实，砍伐效果要优于刀具。当然其缺点是功能单一，且重量较大，携带不便。

5. 火种

（1）火柴。火柴是点火最便利的工具，也是户外最为常用的取火方式。普通火柴可以应付一般的野外条件。另外，为了应对多变的气候，我们还可以选择防风火柴、防水火柴、高山火柴等。在急救包中，也往往放置一些火柴，以便满足紧急情况下的救助需要。

（2）打火机。很多人使用Zippo打火机，其不同于普通的打火机是它使用丁烷等作为燃料。Zippo使用的是从石油中提炼出来的特制液体燃料，可以提供较有保障性的火种来源。加上Zippo有着坚硬的外壳和良好的防风设计，所以在中等强度的户外运动中是较好的火种（注意：在冬季和雪山等恶劣天气条件下，不推荐使用Zippo）。

（3）炉头。炉头一般都带有电打火装置，使用很方便，但需要注意的是，在低温情况下，如在冬季雪地、高海拔地区，电打火装置可能失灵。所以炉头不能作为唯一的取火方式。

6. 登山杖

（1）普通登山杖。普通登山杖都是由 3 节杖杆组成，可以收起，方便携带。使用时可根据使用者的身高、臂长来调节长短。

（2）两用登山杖。两用登山杖的握把顶端有一个旋钮，旋开之后里面的螺丝刚好成为一个简易平台。安装上相机，登山杖就可以成为一个简易的独脚架。

（3）登山拐杖。其握把设计成拐杖的样子，其他部分和普通登山杖类似，这样的设计可以在满足基本功能的前提下，适应一些人的使用习惯。

（五）导航器材

指北针是登山、穿越不可缺少的工具，它的基本功能是利用地球磁场作用，指示北方方位，同时配合地图寻找相对位置后，使使用者了解自己身处的位置。专业性指北针除了确定方位，还有测定距离、水平、坡度（俯仰角度）、高度、行军速度及测绘简单地图等功能。善于利用指北针的定向技术，再配合正确的地图指引，可以让你在迷路的情况下，找出自己所在的位置和正确的行进方向，以便安全脱离困境。在钥匙扣、手表、刀具上经常会看到一些小型、简易的指北针，此类指北针通常没有底板，不能放在地图上使用。它们的功能只是能够方便、快速地指出北方的大概方向，但是精确度有限，且无法准确地指出其余方向。基本型指北针则适合初学者和仅需要基本功能的户外活动者使用，其结构简单，价格比较便宜，且拥有指北针应具备的基本功能，但是缺少一些使用上的便利性和辅助功能，例如可调式偏角线和瞄准镜之类。

第三节　户外运动的生存技能

一、觅食取水

（一）采食野生植物

可食野生植物，包括可食的野果、野菜、藻类、地衣、蘑菇等。对可食野生植物的识别是野外生存知识的主要内容，有着重要的实用意义。我国地域广大，寒、温、热三带气候俱全，而大部分是属于温暖地带，适合于各种植物的生长，其中能食用的植物就有 2000 种左右。野生植物的营养价值很高，含有多种维生素。采食野生植物的最大问题是如何鉴别有毒与无毒。有一个最简单的办法，将采集到的植物割开一个口子，放进一小撮盐，然后仔细观察这个口子是否变色，通常变色的植物不能食用。

（二）寻找水源

运用感官，因地制宜，根据动物、昆虫的活动情况，直接从植物中取水，或根据气候及地面干湿情况，植物生长情况等方式都可以寻找到水源，当然这要有一定的经验积累。一般来说，除泉水和井水（地下深水井）可直接饮用外，不管是河水、湖水、溪水、雪水、雨水、露水，还是通过渗透、过滤、沉淀而得到的水，都应进行消毒处理后再饮用。在万不得已的情况下，海水、植物和人尿也可以作为应急解渴的一种方式。

二、选址露营

（一）野营的“三大纪律八项注意”

1. 三大纪律

帐篷要依次搭建；建好野外厕所；带走你的垃圾。

2. 八项注意

尽量在坚硬、平坦的地上搭帐篷；不要在河岸和干涸的河床上扎营；帐篷的入口要背风；要远离有滚石的山坡；为避免下雨时帐篷被淹，应在篷顶边线正下方挖一条排水沟；帐篷四角要用大石头压住；帐篷内应保持空气流通，在帐篷内做饭要防止着火；临睡前要检查是否熄灭了所有火苗，帐篷是否固定结实了。

（二）营地的选址

营地理想的地点应该是平坦的地面，可以防风防雨，山洪淹不到的高处，那里也不会受到落石和雪崩的威胁。排水的性能也十分重要，尤其是在可能有倾盆大雨来临时更是如此，不但应该避免选择低洼地带，而且完全平整的地面也应该避免。注意不要选择死水塘边、茂密的草地中和任何可能有积水的地方，这正是蚊子滋生的地方。在有风的坏天气里，应该尽可能地把帐篷搭在矮灌木丛中或大石头堆中。在暴风雨来临时，首先要考虑的不是舒适与否的问题，而是选择的地点能否保证帐篷的安全，在大风中平坦的地势并不是好的选择。

（三）生火野炊

搭建野炊灶是野营中很重要的一项技能，是野炊的基础和必备条件。通常搭建野炊灶时，要充分利用当地的地形、地物及所能寻找到的燃料来进行修建。现在，野营时人们可以携带汽油炉、煤气炉等现代化设备，但在不具备这些条件时，则需搭建简易、实用的炉灶，用以烧水、煮饭、烧烤等。

三、环境生存

（一）明确方向

如果你戴的是有指针的手表，并且走时准确，可以利用手表确定方向。将手表的时针指向太阳，则时针与 12 点之间的夹角平分线就是正南。如果当时正好是 12 点，夹角为 0°，则 12 点就是南方。如果你的手表没有指针，可以用来掌握正午的时刻，在中午，物体阴影的方向就是北方。有时野外的一些植物和植物生长的特征也是良好的方向标志，在北半球，植物大部分的花朵、叶子都朝向南方，根据这个特点，可以大致确定方向。观星也可以定向，我国位于北半球，如果夜空晴朗，在任何位置都可以看到北极星。要找北极星，先要找到 7 颗组成“勺子”形的北斗七星。用目光连接勺子顶的两颗星，并将连线的长度延长 4 倍就能找到那颗很亮的北极星，北极星位于北半球的正北。

（二）识别气象

如果发现在太阳周围出现了一个“大晕圈”，这是有雨的征兆；在月亮的周围出现了一个“小晕圈”，这是有大风的征兆；如果你还发现云团行走很快，并且逐渐有增多的趋势，这是有暴风雨的前兆；如果你看到了半山谷的云雾在快速上升，这是暴风雨将要来临的征兆。很多民间谚语也可以帮助人们识别气象，比如“朝霞不出门，晚霞行千里”“日落火烧云，明朝晒死人”“红云变黑云，必是大雨淋”“十雾九晴”“早上雾蒙蒙，中午晒得皮肉痛”“早雾晴，夜雾阴”等，这些谚语不仅易记，而且有科学的一面，可以用来作为你旅游途中识别天气的重要依据。观察动物也可预测天气，如燕子等在天空中飞行的高度较低，可能会有暴风雨要来临，因为在晴天里，燕子通常会在高空中捕食；如果在白天你看见兔子寻找食物或是松鼠贮存粮食，这也可以说明天气可能会变得很糟糕。又如蜘蛛张网天将晴。蜘蛛靠织网捕捉小飞虫为生，如果你看到蜘蛛忙忙碌碌地在网上添丝，这说明天气可能会转好。人们常说的“蜻蜓满天飞，风雨在眼前”“蚊子飞成球，风雨将临头”“蚊子骤然多，明日雨滂沱”等，都可以作为识别天气变化的依据。

四、危难生存

（一）求救营救

遇险时可根据自身的情况做以下操作：燃放三堆火焰是国际通行的求救信号，将火堆摆成三角形，每堆之间的间隔相等最为理想，如果燃料稀缺或自己伤势严重，或者由于饥饿，过度虚弱，凑不够三堆火焰，那么因陋就简点燃一堆也行。记住这几个单词：SOS（求救）、SEND（送出）、DOCTOR（医生）、HELP（帮助）、INJURY（受伤）、TRAPPED（发射）、LOST（迷失）、WATER（水）。当搜索飞机较近时，可用提示信号表达遇险者的意思。将一面旗子或一块色泽亮艳的布料系在木棒上，持棒运动时，在左侧长划，右侧短划，加大动作的幅度，做“8”字形运动。如隔得较近，可大声呼喊，三声短三声长，再三声短；间隔 1 分钟之后再重复。利用阳光和一个反射镜即可射出信号光。任何明亮的材料都可加以利用，如罐头盒盖、玻璃、一片金属钳片，有面镜子当然更加理想。当离开危险地时，一路上要不断留下指示标，这样做不仅可以让救援人员追寻而至，在自己希望返回时，也不致迷路——如果迷失了方向，找不着想走的路线，它就可以成为一个向导。

（二）自救

出门参加户外活动，生存和保护自身安全的必备物品是肯定要带的。除此之外，建议随身再带上一点报纸、高锰酸钾和保温毯。别小看这三样东西，它们的作用可非同一般，重量轻、体积小、携带方便，是你行囊中不可缺少的自救互救物品。报纸有保暖、防暑、消遣、点火、驱虫、夹板、纠正呼吸性碱中毒等作用；高锰酸钾可以生火、净化水、消炎、洗胃、做标记；而保温毯有保温、急救、反光的功能，还可以作为担架使用。

第四节 户外运动的应急处置

一、抽筋与扭伤

（一）抽筋

抽筋，是指肌肉强直性的收缩。户外活动会出现身体某部位的肌肉不自主地强力收缩，而且无法很快放松的现象，这就是抽筋。引起抽筋的原因有很多，例如运动前没有做充分的热身，肌肉使用过度产生疲乏，在较高的气温下运动，环境温度骤变，身体水分流失过多，电解质不平衡，运动姿势不正确，情绪过于紧张，身体不够放松，身体素质不好如缺钙、药物副作用，等等。

抽筋有以下几种处理办法：

（1）手指抽筋：先用力握拳，然后迅速用力张开，并向后压。如此反复动作至复原为止。

（2）手掌抽筋：两掌相合手指交叉，反转掌心向外，用力伸张；或是用另一手贴在抽筋的手掌上，用力压；或是握住四指用力后弯直至复原为止。

（3）上臂抽筋：握拳并尽量屈肘，使前臂紧贴上臂，然后用力伸直，并按摩抽筋部位。如此反复动作直至复原为止。

（4）足趾抽筋：用手握住抽筋的脚趾，向后拉，重复动作，直至复原为止。

（5）小腿抽筋：用手握住抽筋的脚趾，用力向后拉，另一手向下压住膝盖，使腿伸直，重复动作至复原为止。

（6）大腿抽筋：将大腿和膝盖弯曲至腹部前，双手环抱，再放开并将腿伸直，重复动作至复原为止。

户外运动前的热身及户外运动后的整理，要加强拉筋的动作。户外运动当中，补充水分的同时，也要补充钠及电解水，使体内钠钾平衡。适当而渐进的运动可以预防抽筋的发生。

（二）扭伤

扭伤一般表现为关节扭伤，常会伴随着肌腱组织撕裂或离位。伤员疼痛难忍，受伤部位肿胀，时间一长会出现青肿斑。扭伤的一般处理原则是让患者安定情绪，固定受伤部位，用冷湿布敷盖患处。颈部、腰部扭伤者在搬运时不可移动患部。扭伤常伴有关节脱臼或骨折，无论轻重，不要马上洗澡、按摩，必须立即送到医院治疗。另外，如果是脚踝扭伤，除立即冷敷外，还要用宽布条或布兜来固定；如果要继续走路的话，不要脱掉鞋，若脚肿穿不上鞋，可用脚踩穿着鞋固定好，到附近医院骨科就诊。

二、毒虫、毒蛇咬伤

（一）蜈蚣、千足虫咬伤

被蜈蚣、千足虫咬伤，应该立刻将冰块置于咬过的伤口用于止痛，并且用大量肥皂和水清洗，不要用酒精。若皮肤发生反应，局部可敷以皮质类固醇。眼部受伤者需立即淋洗，并应用皮质类固醇眼药水或软膏。

（二）蜜蜂科（蜜蜂、野蜂）和黄蜂科（马蜂、黄色胡蜂、蚂蚁）蜇伤

万一被蜂蜇伤，可采取以下措施：要镇静自若，千万不要惊慌奔跑，更不要随便扑打，以免吸引蜂群追逐而遭受多处蜇伤。必要时以衣物包裹头面部等暴露部位，就地趴下，等蜂群散去再行处理。查看被蜇处是否留有蜂刺：蜜蜂的刺易留在伤口内，被蜜蜂蜇伤后应立即拔除蜂刺；野蜂刺入后尾刺收回，所以伤口内无毒刺。蜂的种类不同，所含的毒液及处理方法亦不同。若被黄蜂蜇伤，伤处可涂以米醋、稀盐酸等弱酸性液体；若为蜜蜂蜇伤，则应涂以3%氨水、5%碳酸氢钠溶液或肥皂水等碱性液体，以中和蜂毒。伤口周围可擦以南通蛇药（季德胜蛇药）；或用紫金锭或六神丸等药研末湿敷患处；或因地制宜，选用中草药如鸭跖草、青苔、七叶一枝花、半边莲、蒲公英、紫花地丁、鲜马齿苋、野菊花、桑叶等鲜品捣烂外敷；或用大蒜、生姜、鲜茄子、韭菜等一同或单种捣烂敷患处。这些中草药都有解毒、止痛、消肿之功效。内服药物治疗，可用抗组胺类药物，例如氯苯那敏、苯海拉明等内服，有助于消除水肿、痒痛等轻度过敏反应。亦可用金银花50 g、生甘草10 g、绿豆适量煎汤饮用，其具有加速毒素排泄和解毒作用。如果被蜂多处蜇伤，或蜇伤后引起全身症状，或有较严重的过敏反应者，应立即送医院急救治疗，切不可麻痹大意。

（三）毒蛇咬伤

1. 毒蛇咬伤现场急救

被毒蛇咬伤后，在咬伤肢体近侧5～10 cm处用止血带或橡胶带等绑扎，以阻止静脉血和淋巴液回流，然后用手挤压伤口周围或口吸（口腔黏膜破溃者忌吸），将毒液排出体外。冲洗伤口。先用肥皂水和清水清洗周围皮肤，再用生理盐水、1%高锰酸钾或净水反复冲洗伤口。局部降温。先将伤肢浸于4～7 ℃的冷水中3～4小时，然后改用冰袋，可减少毒素吸收速度，降低毒素中酶的活力。排毒。被毒蛇咬伤在24小时

以内者，以牙痕为中心切开伤口成“＋”或“＋＋”形，使毒液流出，也可用吸奶器或拔火罐吸吮毒液。切口不宜过深，以免损伤血管。若有蛇牙残留宜立即取出。切开或吸吮应及早进行，否则效果不明显。药物治疗。常用的解毒抗毒药有上海蛇药、南通蛇药等，还可用半枝莲 60 g、白花蛇舌草 60 g、七叶一枝花 9 g、紫花地丁 60 g水煎内服外敷。还可用激素、利尿剂及支持疗法，对本病有辅助治疗作用。加强野外作业的防护，掌握毒蛇习性，尽量不要裸露腿足，必要时穿长筒靴，蛇伤即可避免。被毒蛇咬伤后切忌奔跑，宜就地包扎、吸吮、冲洗伤口后速到医院治疗。

2. 毒蛇咬伤的全身治疗

全身治疗最好与局部处理同时进行，以便尽早解毒，挽救生命。抗蛇毒血清，需先做过敏试验。如皮试阳性，可脱敏注射。早期大剂量应用肾上腺皮质激素。蛇药及某些中草药，如南通蛇药、群生蛇药、半枝莲、万年青等，有解毒功能，应尽早服用及外敷。首次口服量要大，一般是常用量的 2 倍，外敷是将药溶成糊状敷在伤口及其周围。对症支持疗法、抗生素防止感染等。

三、狗咬伤

被狗咬后立即挤压伤口排去带毒液的污血或用火罐拔毒，但绝不能用嘴去吸伤口处的污血。用 20% 的肥皂水或 1% 的新洁尔灭彻底清洗，再用清水洗净，用 2% ～ 3% 碘酒或 75% 酒精局部消毒。局部伤口原则上不缝合、不包扎、不涂软膏、不用粉剂以利伤口排毒，如伤及头面部，或伤口大且深，伤及大血管需要缝合包扎时，应以不妨碍引流，保证充分冲洗和消毒为前提，做抗血清处理后即可缝合。可同时使用破伤风抗毒素和其他抗感染处理以控制狂犬病以外的其他感染，但注射部位应与抗狂犬病毒血清和狂犬疫苗的注射部位错开。

狂犬疫苗注射原则上是接种越早效果越好。但是，超过 24 小时注射疫苗，只要在疫苗生效前，也就是疫苗刺激机体产生足够的免疫力之前人还没有发病，疫苗就可以发挥效用，对暴露已数日数月而由于种种原因一直未接种狂犬疫苗的人，只要能得到疫苗，也应与刚遭暴露者一样尽快给予补注射，争取抢在发病之前让疫苗起作用，这时，前一针或前两针的接种剂量应当加倍。

四、热昏厥、脱水、晒伤

（一）热昏厥

一旦发生热昏厥，应尽快将患者移至阴凉处躺下。若患者意识清醒，应让其慢慢喝一些凉开水。若患者大出汗，或抽筋、腹泻、呕吐，应在水中加盐饮用（每公升水加一茶匙盐）。若患者已失去意识，应让其卧姿躺下，充分休息直至症状减缓，再送至医院进行进一步救治。严重的热昏厥即热中风，有时候也称为中暑，属于一种紧急状况。中暑时必须立刻处理，即使病人可能无法合作。将病人扶到阴凉处，把包了冰块在凉水中浸过的毛巾敷到病人头部和身上，或是用蒸气冷却法（把水泼到病人身上、头上及不断吹风或扇动空气）以降温。等到体温降到 38 ℃左右，就不必再继续降温。不过，要继续观察病人的温度和一般状况，因为这种不稳定的温度会持续一段时间，体温有可能会再度升高，这时又需要再度为他降温。如果病人的呕吐反射能力和吞咽能力没有受损，可以给病人喝冰凉的流质。

（二）脱水

户外运动中脱水的预防主要有：提高对运动性脱水的耐受性。经过在各种环境下进行各种强度的运动和训练，可增强对运动性脱水的耐受性。进行补液，防止和纠正脱水。及时补液能使机体水分达到平衡。应根据运动情况和运动特点，在运动前、中、后补水补液。补液的原则是少量多次进行补充，同时还应适量补充无机盐。

（三）晒伤

晒伤最有效的预防方法是用衣物把暴露在外的皮肤包起来。由于衣物的织法和纤维各有不同，过滤紫外线的效果也是好坏互见，织法紧密的衣物效果较好，虽然穿起来比较热，有些衣服经过特别处理，有过滤阳光的效果。帽子应该有个宽帽缘，以保护你的后颈、脸部和耳朵。如果皮肤非暴露于外不可，防晒产品可以延长你在阳光下停留的时间而不被灼伤。这些包含太阳保护因子系数（防晒系数，SPF）的产品通常市面有售。所谓SPF，是一种估计延迟晒伤效果的指数。例如，如果某个产品标示出SPF40，应该可以让一个人在阳光下多晒 40 倍的时间，才会像一般人在正常曝晒后开始受到灼伤。

五、骨折与脱位

骨折和脱位是较严重的外伤，虽然发生率较低，但是一旦发生，有的因为疼痛剧烈和合并其他的并发症而易导致休克，而不正确的处理常会引起损伤的加重。在运动中的相互冲撞、蹬踏，跌倒时受到地面的反作用力等都可引起骨折和脱位的发生，一般上、下肢的骨折和脱位发生较多。

骨折和脱位发生的当时会出现受伤部位的疼痛、肿胀、畸形和关节功能丧失等症状。对于骨折、脱位判断明确或怀疑有骨折、脱位时均应在现场按骨折进行处理。

（一）止血

对有伤口出血的受伤者，首先应采取适当的方法止血，如用干净的布类或用无菌材料覆盖在伤口上，并稍加压包扎。对于上、下肢的骨折，如果有较大动脉的出血（出血急、量大，血色鲜红），可用胶皮管、毛巾或宽布条捆扎在伤口的近心端，但不可直接缠绕在患处，其间应垫以布片或棉花等软物，并放一卷垫物在动脉位置上，以加强效果，每隔 15 ～ 20 min要放松 15 s，放松时应在伤口上用敷料压迫止血。

注意不要冲洗出血的伤口；露在伤口外的骨端未经处理不可放回到伤口内，以免引起感染；应盖上干净的布类或无菌材料。

（二）就地固定受伤部位

及时固定可以避免伤骨或脱位端的移动，防止损伤加重并减轻疼痛，且有利于转运。因此不要勉强解脱受伤者的衣服，尽量避免不必要的搬动，制止受伤者做各种活动，如下肢骨折时不要搀扶其行走；如果受伤肢体肿胀严重，可剪开其衣服。

未经固定的伤员，在没有把握或条件不充分的情况下，对骨折、脱位造成的肢体弯曲、扭转或畸形不可勉强复位。可就地选用木棒、木板、毛巾、宽布条等物品，也可用受伤者的健侧肢体或躯干进行临时固定。固定的范围，一般应包括受伤肢体的上下两个关节，在固定物的两端、骨突处和空隙处要用软布或毛巾垫上，防止产生压迫性损伤。如果肢体明显畸形而妨碍固定时，可以将伤肢沿纵轴稍加牵引后固定。固定用的毛巾、宽布条应缚扎在受伤部位的上下段。上肢固定后，可用布条或衣物等悬挂于胸前，下肢固定后应与健侧捆缚在一起后再转运。

固定要牢靠，松紧度要适宜。过松则失去固定的作用，过紧则会压迫血管神经。因此，在固定四肢时，应露出指（趾）端，以观察血液循环的情况。如果指（趾）端出现苍白、青紫、发麻、发凉、疼痛时，应立即调整松紧度或重新固定。（图 5-1）

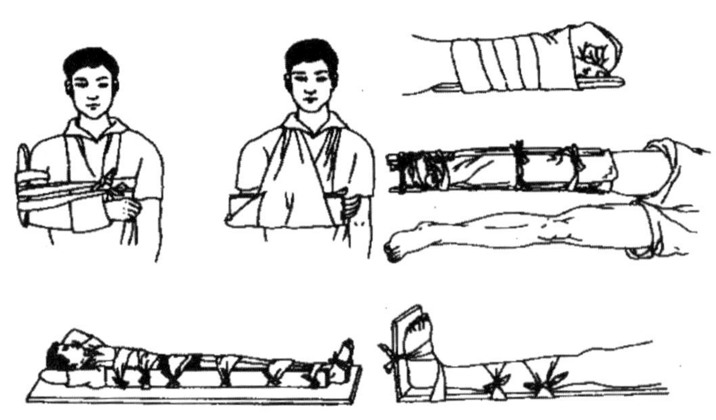

图 5-1　固定受伤部位

（三）正确地转运

包扎固定后，不要慌张地背起受伤者就往医院跑或采用一人抱头、一人抱腿的抬法，也不要让受伤者屈身侧卧等，防止受伤处错动摩擦引起疼痛和损伤周围的血管、神经及重要器官。

对已判断有脊椎骨折或疑有脊椎骨折的受伤者，不能随意搬动和进行不必要的检查；不论受伤者是仰卧还是俯卧，尽可能不要变动原来的位置；禁止用被单或软物抬运，以免加重错位，使脊椎进一步损伤。理想的方法是三人搬运法：三个人并排蹲着或跪在伤者一侧，用手分别托住其头、肩、背、臀部和下肢，使受伤者保持平卧姿势，然后三人同时抬起，步调一致地向前行进，将受伤者移送或轻轻放至硬板担架上。在送往医院途中，将受伤者四肢和躯干用布条固定在担架上，防止途中颠簸移动，增加受伤者的痛苦。疑有腰椎骨折时，如果受伤者处于仰卧位，可在腰下垫上沙袋或卷起的衣物；疑有颈椎骨折时，务必使头部固定于伤后位置，头颈两侧垫上沙袋或卷起的衣物，防止颈部屈伸或左右旋转。

发现或可疑骨折，现场人员首先要使受伤部位制动。用制式夹板或就地取材如木棍、竹片、树枝、手杖、报纸等做成的夹板进行骨折固定。如果这些条件均不具备，伤者自身身体也是良好的夹板。固定的目的是避免骨折处再次受损，减轻疼痛，减少出血，易于搬运。上夹板前，凡是和身体接触的地方要用棉花、软物垫好，避免进一步压迫，摩擦损伤。骨的凹凸处，四肢，躯干的凹凸处，因骨折造成的畸形处，一定要加够厚的棉织品软垫才能避免再度损伤。骨折固定绑扎时应将骨折处上下两个关节同时固定，才能限制骨折处的活动。所以，夹板长度要超过骨折处上下两个关节，只有大腿骨折时夹板的长度是从腋下至足跟，因为大腿肌肉丰厚，仅仅固定髋及膝关节，难以固定牢固。

骨折固定绑扎的顺序是应先固定骨折的近心端，再固定骨折的远心端，然后依次由上到下固定各关节处。下肢骨折和脊柱骨折要将两脚靠在一起，中间加厚垫，用“8”字包扎方法固定。绑扎松紧度以绑扎的带子上下能活动一厘米为宜。四肢固定要露出指（趾）尖，以便随时观察末梢血液循环状况。如果指（趾）尖苍白、发凉、发麻或发紫，说明固定太紧，要松开重新调整固定压力。

六、雷击、溺水

（一）雷击

如果你在旷野中被雷暴雨困住，应尽量找遮蔽的地方，帐篷并不是很好的保护所。帐篷的金属支柱很可能会导电，所以在帐篷里要远离这些支柱及湿的东西。不要去摸金属物品，例如冰斧、钩，也不要穿戴金属物件，例如冰爪。尽量不要站在高大的孤树残株旁边，或是山脊顶、瞭望高台上。不要站在伐木开垦出的空地中间，否则会成为附近最高的东西而变成避雷针。如果你正在森林地区内，在一丛丛小树或是矮树林间找个较低而干燥的地方，蜷曲着身体或是跪下来以遮护自己。蜷曲在你的背包上也可以让你多一层保护，以免闪电击中地面而传导给你。

（二）溺水

当有人溺水时，可以使用一根长竹竿或树枝，又或使用一条长绳并且把其依附在有浮力的物体上（例如救生圈、救生衣），然后把这些辅助物抛给溺水者，随后把溺水者救到岸上。不要使自己处于危险之中；不要随便跳进水里，除非你非常肯定这样做是安全的。如果你曾经接受过救生员培训，而你又非常肯定拯救溺水者不会对自己造成任何危害的话，那么你应该立即采取行动进行抢救。如果在拯救过程中，你发现受害者呼吸停止的话，那么你应该尽快想办法让其恢复呼吸。一般来说，如果情况紧急，在水里时就应该开始采取措施拯救溺水者，用人工呼吸法帮助其恢复呼吸。当溺水者被救上岸时，你应该继续为其人工呼吸，每隔几秒呼一次。必要时，可以在岸上进行心肺复苏急救——这是一种在紧急情况下(例如在电击或溺水中),当伤者的呼吸或心跳已经停止,救护人员对其进行急救的一种方法,具体来说,就是通过呼吸救助,为伤者的肺部提供氧气;通过按压胸口,帮助血液循环,直到伤者心跳及呼吸恢复正常为止。

七、腹泻、食物中毒、疟疾

(一)腹泻

如果不慎染上急性腹泻,就立刻采取治疗措施。可口服黄连素片、易蒙停胶囊等,如无随身携带的药物,也可以进行按摩治疗。方法是病人俯卧,两肘撑在床上,两掌托腮,用枕头或其他软物(约 20 cm厚)垫在靠膝盖的大腿下使腰部弯曲;施治者用两拇指按在第 2 腰椎棘突(棘突即脊梁骨上突起的,能用手触到或可看到的隆起骨)两侧以强力朝脚方向按压 2 分钟,如此重复一次即可止泻。另外,腹泻时要多喝水以补充水分。

(二)食物中毒

食物中毒的应急处置办法:如果发现较早,应采取催吐的方法将食物吐出来,可用手指或其他代用品触及咽喉部,直至中毒者吐出清水为止。或多喝盐水进行稀释。要尽量静卧休息,减少运动。洗胃。最方便的可用肥皂或浓茶水洗胃,也可用 2% 碳酸氢钠洗,此法亦能同时除去已到肠内的毒物,起到洗肠的作用。

在进行上述急救处理后,还应对症治疗,服用解毒剂。最简便的可吃生鸡蛋清,生牛奶或用大蒜捣汁冲服,其主要作用是吸附或中和生物碱、重金属和酸类等毒物。只要不吐或呕吐停止之后,可以吃点流质食物,像牛奶、藕粉一类食品。等症状好转、病情转轻时,不妨吃点稀粥、面片汤等,但须忌油腻,也不能吃辣椒、胡椒等。如果呕吐,就不要吃东西,可喝些茶水或淡盐水,以补充吐泻所失掉的水分,否则人会虚脱,陷入缺水的危险境地。病情严重时,可口服抗生素药物进行治疗。如果腹痛得厉害,应该先暂时保暖身体,躺下好好休息,用热水袋敷痛处,能缓解疼痛。发现病情加重、症状凶险,出现虚脱时,要迅速送医院治疗。

(三)疟疾

疟疾的治疗:疟疾患者一般采用磷酸氯喹加磷酸伯氨喹治疗,在第二年春季还要采用伯氨喹再进行一次抗复发治疗;非重症恶性疟患者可口服青蒿素类复方制剂,如双氢青蒿素哌喹片、青蒿琥酯/阿莫地喹片、复方磷酸萘酚喹片和复方青蒿素片等进行治疗;重症恶性疟患者应采用青蒿琥酯或蒿甲醚针剂进行抗疟治疗。

八、失温、冻伤

(一)失温

失温的治疗要由避免发散更多的体热开始,让病人不再暴露于寒冷中。将病人移出风吹和湿冷的地方，把湿的衣物脱去。如果是轻微的失温，穿上干衣物并且挡住风寒吹袭或许就已足够。如果病人的呕吐及吞咽能力无损，可以让他喝点流质，然后再吃一点有糖分的食物。失温应该持续治疗，直到病人恢复排尿为止。某些情况下，光靠这些措施并不能让病人恢复体温，或许需要某个队员以身体（必须是热的）直接接触，才能让他暖和过来。至于严重的失温，让病人“慢慢回暖”是很重要的。如果可能，应速将病人送到医院去回温。失温的病人必须小心搬移，以免无意间让大量的冷血从表皮的循环回流到心脏，这可能会导致另一个问题：心律失调。突然加温而休克也是另一种危险。如果当场进行回温措施势在必行，可将热水袋包在厚手套或是袜子里，然后放在病人的腋窝和鼠蹊处，因为这里的大血管最接近身体的表层。找一位身体温热的队员在睡袋（或是其他的干爽绝缘物件）中以体对体的方式直接接触病人。如果病人陷入半昏迷，不要喂他喝水。和中暑一样，严重失温的病人，即使核心器官的温度恢复正常后，还是必须时时观察，因为身体调节温度的机能可能会有一段时间并不稳定。

（二）冻伤

对付冻伤要从治疗失温开始。失温处理完之后，你应该评估一下，看看对局部采取回温措施是否恰当或必要，答案通常是否定的。如果冻伤的部位在解冻之后有可能在旅程中再度冻住，病人应该送往医院，让他在适当的医疗环境下回温。如果身体某个部位解冻之后又冻住，坏死的组织层很可能会扩散到再度冻住的那一层界限。如果队员的一双脚有冻伤，让这只脚保持冻住的情况是很重要的。因为一旦这只脚解了冻，病人就无法继续走路，必须由人抬着走。

中篇

运动技术、技能篇

第六章 田 径

第一节 田径运动概述

田径（track and field）或称田径运动，是径赛、田赛和全能比赛的统称。田径运动包括竞走、跑、跳跃、投掷，及由跑、跳跃、投掷的部分项目组成的全能运动，共计四十多项。以时间计算成绩的项目叫“径赛”；以高度或远度计算成绩的项目叫“田赛”；全能运动项目是以各单项成绩按田径运动评分表换算分数计算成绩。

一、田径运动的起源与发展概况

（一）田径运动的起源

田径运动是在社会发展中逐步产生和发展起来的。远在上古时代，人们为了获得生产资料，在和大自然及野兽的斗争中，不得不奔跑相当长的距离，跳过各种障碍，投掷石块和使用各种捕猎工具。在日常劳动生活中，人们不断重复这些动作，便形成了走、跑、跳跃、投掷的各种技能。随着社会的发展，人们有意识地把走、跑、跳跃、投掷作为练习和比赛形式，这便是田径运动的雏形。

公元前 776 年，在希腊奥林匹克村举行的第一届古代奥运会上只有一个项目——短距离赛跑，跑道为一条直道，长 192.27 m。直到公元前 708 年的第十届奥运会上，才正式列入了跳远、铁饼、标枪等田赛项目。公元前 490 年，传说希腊士兵菲利皮迪斯从马拉松城一直跑到雅典城，全程跨度约为 40 km，为的是报告希腊军队打败了波斯军队的喜讯。当跑到雅典时，菲利皮迪斯精疲力竭而死。为了纪念他，后人就创立了马拉松跑比赛。因为这些都是有组织的田径运动的开始，所以人们总是把田径运动的起源追溯到古代奥林匹克运动会。

（二）田径运动的发展概况

1. 世界田径运动发展概况

19 世纪中叶，英、美许多大学相继开展田径运动竞赛，随后发展到英美大学间的国际比赛。1894年6月，在法国教育家、国际体育活动家皮埃尔·德·顾拜旦的倡议下，在法国巴黎召开了国际体育会议，成立了国际奥林匹克委员会。1896年4月，在希腊雅典召开了以田径运动竞赛为主要内容并且只准男子参加的第一届现代奥林匹克运动会，这是现代田径运动开始的标志。现代奥林匹克运动会每四年举行一次，其中第六届、第十二届和第十三届因第一次与第二次世界大战未能举行。进入20世纪，田径运动在一些国家内部和国家间广泛开展起来。1912年7月17日，国际业余田径联合会（IAAF）成立，随后拟定了国际统一的田径竞赛项目和竞赛规则，负责审批世界纪录及组织国际大型田径比赛等相关事宜。1928年，在荷兰阿姆斯特丹举行的第九届奥运会上，首次将女子5个项目（包括100 m、800 m、4×100 m接力、跳高和铁饼）列为奥运会田径比赛项目。截至2022年，现代奥运会已经举办了32届。

2. 中国田径运动的发展概况

19世纪末，田径运动通过基督教的传教和办学活动由教会学校和青年会传入我国。1890年，上海圣约翰书院进行了第一次以田径项目为主的运动会。1949年前，我国举办过7次全国性运动会，其间还参加了第十届、第十一届和第十四届奥运会和第十届远东运动会。中华人民共和国成立以来到2022年3月止共举办了14届全运会。

（三）田径运动的分类

田径运动包括竞走、跑、跳跃、投掷，及由跑、跳跃、投掷的部分项目组成的全能运动，具体分类见表6-1、6-2、6-3、6-4。

表6-1 走、跑

<table>
<tr><th rowspan="3">项 目</th><th colspan="6">距 离</th></tr>
<tr><th colspan="2">成 年</th><th colspan="4">少 年</th></tr>
<tr><th>男子</th><th>女子</th><th>男子甲组</th><th>男子乙组</th><th>女子甲组</th><th>女子乙组</th></tr>
<tr><td rowspan="2">竞 走</td><td>20 km
田径场
公路</td><td rowspan="2"></td><td rowspan="2"></td><td rowspan="2"></td><td rowspan="2"></td><td rowspan="2"></td></tr>
<tr><td>50 km
公路</td></tr>
<tr><td>短距离跑</td><td>100 m
200 m
400 m</td><td>100 m
200 m
400 m</td><td rowspan="3">100 m
200 m
400 m
800 m
1500 m
3000 m</td><td rowspan="3">60 m
100 m
200 m
400 m
800 m</td><td rowspan="3">100 m
200 m
400 m
800 m
1500 m
3000 m</td><td rowspan="3">60 m
100 m
200 m
400 m
800 m</td></tr>
<tr><td>中距离跑</td><td>800 m
1500 m
3000 m</td><td>800 m
1500 m</td></tr>
<tr><td>长距离跑</td><td>5000 m
10000 m</td><td>3000 m</td></tr>
</table>

续表

项目	距离					
	成年		少年			
	男子	女子	男子甲组	男子乙组	女子甲组	女子乙组
跨栏跑	110 m栏 （1.067 m） 400 m栏 （0.914 m）	100 m栏 （0.84 m） 400 m栏 （0.762 m）	100 m栏 （0.914 m）	100 m栏 （0.914 m）	100 m栏 （0.84 m）	100 m栏 （0.762 m）
障碍跑	3000 m					
马拉松	42195 m	42195 m				
接力跑	4×100 m 4×400 m	4×100 m 4×400 m	4×100 m	4×100 m	4×100 m	4×100 m

表 6-2 跳 跃

项目	男子组	女子组	备注
高度	跳高	跳高	少年男、女甲组与成年男、女组项目相同
	撑竿跳高		
远度	跳远	跳远	
	三级跳远		

表 6-3 投 掷

项目	成年		少年			
	男子组	女子组	男子甲组	男子乙组	女子甲组	女子乙组
铅球	7.26 kg	4 kg	6 kg	5 kg	4 kg	3 kg
标枪	800 g	600 g	700 g	600 g	600 g	
铁饼	2 kg	1 kg	1.5 kg	1 kg	1 kg	
链球	7.26 kg					

表 6-4 全能运动

组别	项目		比赛和比赛顺序
成年男子	十项全能	第一天	100 m、跳远、推铅球、跳高、400 m
		第二天	110 m栏、掷铁饼、撑竿跳高、掷标枪、1500 m
成年女子	七项全能	第一天	100 m栏、推铅球、跳高、200 m
		第二天	跳远、掷标枪、800 m

续表

组 别	项 目		比赛和比赛顺序
少年男甲	五项全能	第一天 第二天	跳远、掷标枪、200 m 掷铁饼、1500 m
少年女甲	五项全能	第一天 第二天	100 m栏、推铅球、跳高 跳远、800 m
少年男乙	三项全能	第一天	100 m、推铅球、跳高
少年女乙		第一天	100 m、推铅球、跳高

二、田径运动的特征

（一）简易可行

参加田径运动没有什么条件限制，男女老少都可以，运动场地也没有特别限制，只要是平原、田野、草地等较宽且安全的地带就可以。基层田径比赛要从实际出发，因地制宜，“任何坚固、均质、可以承受跑鞋鞋钉的地面均可用于田径竞赛”。使用简易的场地器材和设备也可举行基层田径运动会。

（二）与生活密切相关

走、跑、跳、掷是人类生活的基本技能，是田径运动项目中最基本的运动形式。这些自然动作和技能与学习掌握田径运动各项技术有着十分密切的关系，自然动作的掌握，有助于正确地、较快地掌握田径运动技术。

（三）促进身心健康

田径运动中各单项和全能项目，对人体形态包括身体素质水平和心理机能等有不同的影响。运动员要从个人实际和特点出发，选择运动项目，掌握具有个人特点的先进、合理的运动技术，更有助于促进身心健康。

第二节 跑

在田径运动中，跑可以分为短跑、中长跑、长跑、越野跑、公路越野跑、公路接力赛跑、跨栏跑、障碍跑及马拉松跑等。虽各有其特点，但跑的基本技术原理是共通的。跑的全过程可分为起跑、起跑后的加速跑、途中跑、冲刺跑。跑的技术动作包括后蹬、摆腿、摆臂、上体姿势、落地等。

一、跑的练习内容

（一）跑的专门性练习

1. 小步跑

身体稍前倾，大腿抬起与水平线成 35° ～ 45° 角，膝关节放松，然后大腿下压，小腿放松利用惯性前伸，并快速以前脚掌积极着地，脚趾完成最后“扒地”动作。

2. 高抬腿跑

挺直背部，目视前方，前脚掌着地快速交替抬腿；保持身体稳定，随着抬腿节奏用力摆臂；保持最快速度。

3. 后蹬跑

上体正直或稍前倾，两臂前后有力摆动；充分伸展髋关节，膝、踝关节蹬伸在后，后蹬力量大，重心前移，身体较放松；摆动腿积极向前上方摆动至水平或接近水平部位时，带动同侧髋充分前送，同时膝关节放松，大腿积极下压；小腿前送至足前掌着地，缓冲，迅速转入后蹬。

（二）起跑和加速跑练习

（1）站立式起跑 30 m；（2）练习蹲踞式起跑“各就位”“预备”“鸣枪”动作（图 6-1）；（3）蹲踞式起跑 20 ～ 30 m；（4）弯道蹲踞式起跑 20 ～ 30 m。

图 6-1 蹲踞式起跑动作

要求：起跑迈出第一步要短、低、快；逐渐抬体，增加步长到正常跑。

（三）途中跑练习

（1）中速跑 60 ～ 80 m；（2）加速跑 60 ～ 100 m；（3）直道进入弯道和弯道进入直道跑 60 ～ 80 m。

要求：跑时用前脚掌着地（中长跑用全脚掌着地），蹬摆配合协调用力。

（四）终点跑和全程跑练习

（1）中途跑 20 m 至终点线前 1 m 处，前倾上体做撞线动作；（2）快速跑 30 ～ 40 m 并做撞线动作；（3）100 m 全程跑。

（五）接力跑的专门性练习

（1）2 ～ 4 人一组，前后间隔 1.5 m，左右错开在慢跑中传接棒；（2）同上练习，但

跑的速度加快；(3)直道或弯道接力区两人一组传接棒；(4)全程接力跑。(图 6-2)

图 6-2 交棒跑

要求：传棒者递棒前需发出"接"的信号；通过反复练习确定好接棒者的起动标志。

二、跑的练习提示

(1)途中跑技术是跑的主要技术，而途中跑的关键是蹬与摆的协调用力。因此要把蹬、摆技术作为跑的重点技术进行练习，后蹬跑是其中最好的练习方法。

(2)沿直线跑和盯固定目标跑是改进"左右摇摆跑""拐弯跑"错误的最有效手段。

(3)跑时两腿腾空后的快速放松动作，有助于节省能量，保持持续快跑的能力。

(4)由于后蹬不充分造成的"坐着跑"，后蹬结束后大小腿没有折叠就向前摆腿造成的"拖腿跑"，内外八字脚、仰头、低头、闭眼、视线不固定的跑及左右横摆臂所造成的"左右摇摆跑""拐弯跑"，落地动作生硬、小腿或踝关节紧张造成的"击地"和"戳地跑"等，都是跑步技术需要克服的典型错误。

(5)400 m(含 400 m)以下项目必须采用蹲踞式起跑，而中长跑和接力区内接棒者起跑一般采用站立式或半蹲踞式起跑，起跑一次犯规取消比赛资格；全能比赛中，允许一人一次犯规，二次犯规取消比赛资格。

(6)中长跑是有氧供能，需要掌握正确的呼吸节奏，一般跑 2 步或 3 步一吸气，2 步或 3 步一呼气，也有 1 步一呼 1 步一吸的。

(7)中长跑竞赛战术一般有两种：一种是领先跑，一种是跟随跑。这要根据个人的专项素质能力和需要来确定：一般耐力好、速度差，要破纪录，采用领先跑；速度好、耐力差，要争名次，采用跟随跑。

(8)传接棒是接力跑的关键技术，学好传接棒技术要注意以下几点：

第一，传接棒手型要正确，一般采用"上挑式"和"下压式"两种方法(图 6-3)；

图 6-3 接棒手型

第二，起跑标志要根据传棒人的最后跑的速度和接棒人起跑速度来定；

第三，应错开跑，相隔 1 ～ 1.5 m时，传棒人发出“接”的信号，接棒人向后伸手接棒，手型要正确稳定；

第四，15 m预跑区只作起跑加速用，交接棒必须在 20 m接力区内完成。在接力区或跑程中出现掉棒必须由掉棒者捡起；

第五，4×100 m接力赛跑应按每个队员的特长安排相应棒次。

第一棒：起跑好，善跑弯道；第二棒：速度耐力好，传接棒技术好；第三棒：除具备第二棒条件外，还应善跑弯道；第四棒：起动速度最快，冲刺能力最强。

第三节 跳

田径运动中的跳跃项目包括跳高、跳远、三级跳远、撑竿跳高等。虽然它们的运动形式和要求各不相同，但其共性都是用自身的能力（也可借助一定的运动器械，如钉鞋、起跑器、撑杆等），通过助跑、起跳越过最大高度或达到最大远度，然后落地。练习跳跃运动可以发展下肢力量、增强弹跳力和提高跳跃能力，培养勇敢、果断的意志品质，具有重要的实用价值。

一、跳的练习内容

（一）跳远的专门练习

（1）4 ～ 8 步助跑起跳成“腾空步”落地（图 6-4）。目的：起跳后的平衡动作。

图 6-4 起跳成腾空步落地

（2）4 ～ 8 步助跑起跳成“腾空步”后，起跳腿前举与摆动腿靠拢向前做蹲踞式落地（图 6-5）。

图 6-5 蹲踞式跳远

（3）4 ～ 8 步助跑起跳成“腾空步”后，摆动腿向后快速下放摆动，展髋、挺胸腰，成挺身式后举腿落地（图 6-6）。

图 6-6 挺身式跳远

（4）逐步增加助跑距离进行完整的蹲踞式或挺身式跳远。

要求：以上（1）、（2）、（3）、（4）各练习可先放起跳板进行，要确定好助跑步数和距离。

（二）三级跳远专门性练习

（1）单足跳跃过小障碍物，体会每跳的扒地动作。

（2）4 ～ 6 步助跑，第二步单足跳接一次跨跳，反复做 3 ～ 5 次。

（3）4 ～ 6 步助跑跨步跳接跳远。

（4）4 ～ 8 步助跑单足跳越过低障碍物，跨步跳到跳箱上，然后第三跳越过横杆落于高垫上（图 6-7）。目的：提高各跳远动作幅度，体会三跳组合技术。

图 6-7 三跳相结合练习

（5）半程或全程助跑三级跳远。

要求：量好助跑点，在跑道上按大、中、小比例画好三跳节奏标志，反复进行练习。

（三）背越式跳高专门练习

（1）原地摆腿转体 90°放腿倒肩（图 6-8）。

（2）2 ～ 4 步助跑、起跳、转体，成背弓躺在高海绵垫上（图 6-9）。目的：学习助跑起跳、背弓动作。

图 6-8 原地放腿倒肩成背弓

图 6-9 助跑、起跳、转体、后倒成背弓

（3）原地双脚起跳背越过杆（图 6-10）。目的：学习过杆动作。

（4）按地面画好的弧线做全程助跑、起跳、空中转体，但不过杆。要求：横杆放在一定高度上进行练习（图 6-11）。

图 6-10　原地双脚起跳过杆

图 6-11　在一定高度横杆前助跑起跳

（5）半程或全程背越式跳高（图 6-12）。

图 6-12　背越式跳高过杆

二、跳的练习提示

（1）快速助跑与快速起跳相结合是跳跃技术的关键。助跑速度快慢要以能控制做起跳动作为前提。

（2）跳远、三级跳远的助跑距离为 20 ～ 30 m左右。跳高的助跑一般跑 8 ～ 10 步，且与横杆呈 35° ～ 40° 角进行助跑。

（3）因助跑最后几步要为起跳做准备，所以重心较低，倒数第二步要大于最后一步。因此倒数第二步身体重心最低。跳高重心下降幅度大于跳远、三级跳远。

（4）助跑准确性是跳跃技术中的难点，它对助跑速度的发挥及起跳动作影响重大。助跑节奏的稳定性，固定的开始姿势，对场地、气候条件变化的适应性等都能影响助跑的准确性。

（5）助跑的开始姿势有站立式起跑和行进间起跑两种。加速的方法有积极加速跑和逐渐加速跑两种。助跑距离长短以发挥速度快慢来定，发挥速度慢，助跑距离可长些，可用逐步加速法。初学者为求步子的稳定性宜采用站立式起跑。

（6）迈步踏跳时，倒数第二步摆动屈膝送髋很关键，跳高摆动屈膝程度大于跳远项目。

三、跳跃比赛简要规则

（1）参加跳高比赛时，可以在规定起跳高度以上的任何高度起跳，并可自己决定在某一高度上的任何一次“免跳”。但在下一个高度只能试跳在前一高度上试跳失败后的剩余次数（每个高度只有三次试跳机会）。

（2）跳远落地时，身体任何部分触及沙坑以外的地面，且触及点比沙坑内落地点离起跳线近或完成试跳后向后走出沙坑，都应判作失败。

（3）三级跳远第一跳必须是单脚跳，第二跳是跨步跳，第三跳是跳跃。跳跃中摆动腿触地，不作失败论处。

第四节 投掷

田径比赛中的投掷项目有铅球、铁饼、标枪和链球。这些项目的器械在构造、形状、重量上都不一样，投掷方法、场地规则也不相同，但都属于斜抛运动，都由器械握持、助跑（直线形式或旋转形式）、器械掷出（最后用力）、维持身体平衡四个相互紧密衔接的部分组成。

一、投的练习内容（均以右手投为例）

（一）推铅球的专门练习（侧向滑步推铅球）

（1）握球和持球（图 6-13）。

（2）原地上一步正面双手推球（图 6-14）。

（3）原地侧向推球。

（4）上两步后成最后用力推球（图 6-15）。

图 6-13 握球和持球

图 6-14 原地上一步双手推球

图 6-15 原地最后用力推球

（5）重复做侧向连续滑步。

（6）完整的侧向滑步投球。

以上（2）、（3）、（4）学习最后的用力动作。此外，预摆团身后要先坐臀移重心，再摆腿蹬收。

二、投的练习提示

（1）所有投的项目都包括握持器械、助跑、最后用力、出手后的身体平衡等四个部分，其中最后用力技术是主要部分，是决定投掷远度的关键。

（2）助跑与最后用力衔接技术的关键在于助跑最后一步右脚落地之后，左脚着地前的一刹那，右脚及时工作和左脚积极快落。

（3）助跑结束两脚落地部位和方向是否正确，直接影响到最后用力的效果。一般正确落位是左脚尖和右脚跟基本在一条直线上，要使身体处于正确的发力状态，下颌、膝和右脚尖基本呈一垂线。

（4）头和非投掷臂的正确动作，直接影响到肌肉的拉紧和放松。如铅球滑步中，过早回头和左臂不保持前伸而过早打开，就会使左侧肌肉过早放松，直接影响到最后用力的工作距离、动作的速度和力量。

（5）最后用力的顺序：腿部蹬地用力在先，手臂用力在后；下肢转动先于上体的转动，髋的运动先于右肩；重心由右脚转向左脚。

（6）从左脚落地到器械出手，始终存在左侧支撑用力过程。左侧支撑用力指的是从左肩到左臂到左腿左脚整个身体左侧的用力，这在最后用力过程中起到积极支撑制动作用、用力作用和传动轴的作用。

（7）器械出手时，手腕、手指的甩动或拨动，最后给器械再加速，有助于提高出手速度，作用到器械上的力应做到通过铅球重心。

（8）因铅球过早离开颈部而形成的“掉肘投”，便出现“只用手臂力量、坐臀推球”的现象，这是由于用力顺序不明确而产生的。滑步时上体保持前俯不够，过早抬体引起“超越器械差”；再则摆腿方向不正，蹬地角度过大引起“跳滑”；左侧支撑无力出现“左肩侧倒或后转投”；左脚落地慢、右脚蹬转不及时造成“滑步后停顿”等都是推铅球技术中的典型错误，对推铅球成绩有直接影响。

三、投掷的简要规则

（1）铅球投掷角度为34.92°。铅球必须完全落在投掷区角度线内沿以内才有效。正式比赛铅球重量7.26 kg（女4 kg），锻炼标准掷的铅球重5 kg（女3 kg）。

（2）器械投出完全落地之后，人才能离开投掷区，推铅球必须从后半圈走出。

（3）开始投掷后，身体任何部分触及圈的上沿（铅球包括抵趾板的上沿）及圈外的地面，均判失败一次。

（4）成绩丈量：均以器械落地最近落地点量起，通过圆心丈量至投掷圈内沿（铅球为抵趾板内沿）之间的直线距离。所有投掷项目均以1cm为最小计量单位。

第七章　篮　球

第一节　篮球运动概述

一、篮球运动的起源与发展

图 7-1　詹姆斯·奈史密斯

篮球运动于 1891 年由美国马萨诸塞州斯普林菲尔德市基督教青年会训练学校体育教师詹姆斯·奈史密斯博士发明。在当时的基督教青年会国际训练学校里，户外体育运动已开展得比较普及，橄榄球、足球、曲棍球等深受学生喜爱。但是美国东部地区入冬较早，天气又较为寒冷，为了弥补冬季缺乏适当的室内集体运动项目之不足，体育教师詹姆斯·奈史密斯（图 7-1）受到当地民间儿童摘桃投入桃筐的启发，几经尝试，发明了在室内进行的篮球游戏。篮球运动就是在这种情况下诞生的。最初的篮球运动，以足球为工具，队员将球投入挂在室内两侧离地面 10 英尺高的墙壁上的篮筐，参赛人数不限，只要求场上双方队员人数相等。新的运动项目一诞生就深受学生和大众喜爱，被称为“奈史密斯球”，奈史密斯又根据“篮子”这一投掷目标，为其取名“篮球”。最初，由于桃筐底部是封闭的，每次投球进桃筐后，要爬梯子将球取出来才能继续比赛，开展起来十分不便。随着篮球运动的开展，场地由室内转向室外，到 1893 年后，进一步充实了规则、简化了竞赛程序；取消了篮子的底部，使篮球能直接从篮筐中下落；在篮球场地上也增设了分区线、中圈及灯泡式的限制区，球场界限初步形成；逐渐形成了现代的篮板、篮圈、篮网的雏形；比赛从中圈跳球开始，场上队员也有锋、卫的分工，至此现代篮球运动基本形成。由于这项运动深受人们的喜爱，因此传播很快，1892 年传入加拿大和墨西哥，1893 年传入法国。1904 年美国青年会男子篮球队首次在第三届奥运会上进行了表演。此后，篮球运动逐步在中美洲、亚洲、欧洲和大洋洲开展起来。

随着这项运动的发展和提高，参赛人数由最初的无限制到规定为 5 人，规则由 1892 年的 13 条发展到现在的 50 条。1932 年 6 月 18 日国际业余篮球联合会在瑞士日内瓦成立，1936 年第十一届奥运会上男子篮球被列为正式比赛项目。1976 年第二十一届奥运会又增加了女子篮球比赛。从此，篮球运动登上国际竞技运动的舞台。

1895 年，基督教青年会干事来会理将篮球传入我国天津。1975 年和 1976 年，中国男、女篮分别参加亚洲篮球锦标赛，双双获得冠军。1983 年，我国女篮在第 9 届世界女篮锦标赛中，不畏强手，获得第三名，从而跻身于世界强队行列。1984 年的第二十三届奥运会上我国女篮又获得铜牌。1986 年，我国男篮在第十届世界男篮锦标赛中，取得了第九名的好成绩，在 1994 年第十二届世界男篮锦标赛上闯入八强，并在第二十六届奥运会上取得第八名的好成绩，取得了历史性的突破。1992 年，我国女篮在第二十五届奥运会上获得亚军，又在 1993 年世界大学生运动会上获得冠军，紧接着在 1994 年第十二届世界女篮锦标赛上夺取第二名。1995 年，中国篮球协会推出篮球职业联赛，以赛制改革为先导，积极与国际接轨，走职业化道路。我国球员走出国门，同时请国外优秀球员和教练员到我国篮球职业联赛参赛和执教，使我国优秀球员有机会进入国际最优秀的职业培养环境，同时也引入了先进的理念、先进的打法。一进一出，内外结合，共同提高，促进了我国的篮球竞技水平，使中国篮球充满了竞争与活力，蓬勃发展，健康向上。

二、篮球运动的特点

（一）集体性

篮球运动的技战术都是通过队员集体协同配合完成的，具有较强的集体性。篮球运动的魅力就是通过队员之间的集体配合，用集体的协作创造进攻机会和形成严密的防守，达到取得比赛胜利的目的。

（二）对抗性

篮球比赛是攻守直接接触的同场对抗的比赛，反映在争夺控制权、抢占有利位置、控制空间上。现代篮球的攻守对抗首先要求有胆识、有勇气、有毅力，只有勇于和善于拼斗才有取胜的可能。

（三）转换多变性

篮球运动无时无刻不存在着技战术应用的多变性——球权的转移，攻守的转换，进攻结束便立即转换为防守。因此，队员必须掌握全面的技术和拥有灵活的应变能力，善于审时度势，应付突然的变化。

（四）全面综合性

随着世界篮球的不断发展，篮球运动更趋全面，篮球运动攻守转换特性要求队员具备丰富的知识和智慧及全面的身体素质，有谋略、有方法，用技术、战术行动做支撑，从而体现出篮球运动既全面又综合的特性。

三、篮球运动的价值

篮球运动既可以培养运动员集体协作的团队精神，通过艰苦的训练和激烈的比赛对抗，又可以培养运动员顽强的意志品质和良好的心理素质。篮球运动还具有使运动员学会做人、学会做事的人文教育功能，促进运动员的人格修炼，有助于人的全面发展。从事篮球运动对人有综合性的影响，能增进健康，促进力量、速度、耐力、灵敏性等身体多方面素质的全面发展，对提高内脏器官的功能，提高神经中枢的灵活性，以及协调、支配各器官的能力，也有一定的作用。篮球运动竞赛富有趣味，具有较大的吸引力，参赛者不受年龄、性别的限制，且能达到增强体质、促进健康的目的，对丰富人们的业余文化生活和建设精神文明起到一定的积极作用。随着体育产业兴起，篮球运动的经济价值功能日益凸显，当今篮球运动已成为极具影响力的体育产业之一。

四、世界篮球运动的发展趋势

20 世纪 90 年代以来，是现代篮球运动面向 21 世纪创新飞跃和进入攀高发展的新时期，规则围绕“高、快、准、全、狠”进一步完善与补充，攻守技术、战术不断创新发展，推动攻守对抗的速度、力量、准确性、技巧性的全面提高和拼争强度更加凶悍激烈，使竞赛更具魅力。21 世纪世界篮球运动将沿着“智博谋广、身高体壮、凶悍顽强、积极快速、机敏多变、全面准确”的方向和不同流派、风格及多种多样打法的方向发展；而智、高、壮、快、准、悍、巧、变，积极主动拼搏、攻守全面兼顾、高度与速度结合、个体与群体统一则是总趋势；智在充实、高有新意、快在延伸、特有绝招、全在拓宽、巧在技艺、准在提高、狠在凶悍、精在扎实、变在机动，体现出 21 世纪新时代世界篮球运动的新特征。

第二节　篮球基本技术

篮球技术是篮球比赛中为了一定的目的而采用的各种专门动作方法的总称，它分为进攻和防守两大部分，共同构成篮球比赛的基础。进攻技术有传球、接球、运球、持球突破、投篮等。防守技术有防守对手、抢球、打球、断球、盖帽等。在攻防技术中还含有移动和抢篮板的技术。

一、移动

移动是运动员在篮球比赛中为了控制自己身体和改变位置、方向、速度，争取高度所采用的各种脚步方法的通称，包括起动、变向跑、侧身跑、变速跑、滑步、急停、转身等动作技术。

（一）基本站位姿势

两脚左、右（或前、后）开立，两脚距离约与肩同宽；两膝弯曲，大、小腿之间的角度在 135°左右；脚掌着地；上体微向前倾；两臂屈肘，置于身体两侧；上体微向前倾，两眼平视。这样的姿势能维持身体平衡，又能快速破坏平衡，向欲进方向迅速移动。

（二）起动

双脚开立，双膝稍弯曲，并稍内收，上体稍前倾，用脚掌蹬地后迅速向前跨步，动作敏捷，由静止状态突然转入运动状态。

（三）变向跑（以从右向左变向跑为例）

在变向时的最后一步屈膝着地时，膝关节内收，右脚尖指向跑动方向，右脚掌内侧用力蹬地，向左前侧方转体，转移重心，左脚迅速向左前跨出一小步，用力蹬地，右脚迅速向左前方跨出一大步，继续加速跑动。

（四）侧身跑

奔跑中脚尖朝着前进方向，头和躯干侧转向来球的方向，动作协调。

（五）变速跑

跑动中加速时要降低重心，用力蹬地，用力加速摆臂；减速时要重心升高并后移，控制并降低摆臂速度。

（六）滑步

滑步是防守移动的一种主要方法。它易于保持身体平衡，可向任何方向移动。滑步可分为侧滑步、前滑步、后滑步三种。

侧滑步：从基本站立姿势开始，两脚平行站立，两膝弯曲，上体微向前倾，两臂侧伸。向左侧滑步时，右脚前脚掌内侧蹬地，左脚向左（移动方向）跨出，在落地的同时，右脚紧随滑动，向左脚靠近，两脚保持一定距离，左脚继续跨出。向右侧滑步时脚步动作相反。（图 7-2）

图 7-2 侧滑步

（七）急停

急停有跳步急停和跨步急停两种。

跳步急停：在近距离慢跑中，单脚或双脚起跳，两脚平行落地，屈膝降低重心，重心落在两脚上。（图 7-3）

跨步急停：在快速跑动中，屈膝跨出一大步，脚跟或全脚掌着地制动，同时上体稍后仰使重心后移，跨第二步时转体，屈膝、脚掌内侧用力蹬地，急停后重心落在两脚上。（图 7-4）

图 7-3 跳步急停　　图 7-4 跨步急停

（八）转身

转身可分为前转身和后转身。移动脚向中枢脚脚尖方向进行弧形移动的叫前转身。移动脚向中枢脚脚跟方向进行弧形移动的叫后转身。转身时，重心移向中枢脚，另一脚的前掌内侧蹬地，同时中枢脚前掌用力碾地，腰部带动上体随着移动脚转动，向前或向后改变身体方向。在身体移动过程中，要保持身体重心平稳，不要起伏。转身后，重心应移到两脚之间。

二、传接球

传接球是篮球比赛中进攻队员有目的地转移球的方法，是进攻队员之间在场上相互联系和组织进攻的纽带，是实现进攻战术配合的桥梁。

（一）传球技术的动作方法

（1）双手胸前传球：持球时，两手五指自然分开，拇指相对成“八”字，用指根以上部位握球的两侧后下方，掌心空出，两臂自然弯曲于体侧，将球置于胸前。肩、臂、腕肌肉放松，两眼注视传球目标，身体呈基本姿势。传球时后脚蹬地，身体重心前移，同时两臂前伸，手腕由下向上翻转，同时拇指用力下压，食、中指用力弹拨，将球传出。出球时手心和拇指向下，其余手指向前。（图 7-5）

（2）双手低手传球：技术要点是两手向上翻腕，手指轻轻地挑拨球。此方法一般用于内线策应时或外围队员之间交叉掩护时，也可在其他近距离的情况下使用。（图 7-6）

图 7-5 双手胸前传球　　图 7-6 双手低手传球

（3）单手肩上传球：以右手为例，原地右手肩上传球时，两脚前后开立，左脚在前，侧对传球方向，右手肩上托球于头侧，掌心空出，以转体、挥臂、甩腕及手指拨球的力量将球传出。（图 7-7）

（4）单手体侧传球：技术要点是单手侧引球、划弧、屈腕、手指拨球（图 7-8）。此方法多用于外围队员传球给内线时，可传弧线球，也可传反弹球，结合左晃右传的假动作，效果更好。

图 7-7 单手肩上传球　　图 7-8 单手体侧传球

（二）接球技术的动作方法

（1）双手接球。双手接球时，双眼注视来球，两臂伸出迎球，手指自然分开，拇指相对成八字形；当手指触球后，两臂顺势屈肘随球后引，缓冲来球力量，两手握球于胸腹间，成基本站立姿势。

（2）单手接球。以右手接球为例，当使用右手接球时，右脚向来球方向迈出，双眼注视来球；接球时，手掌成勺形，手指自然分开，右臂向来球方向伸出；当手指触球时，手臂顺势将球向后引，左手立即握住球，双手将球握于胸腹间，成基本站立姿势。

三、投篮

投篮是在篮球比赛中，持球队员将球从篮圈上方投进球篮所采用的专门技术动作方法的总称。投篮是得分的唯一手段，是一切进攻技战术的最终目的和全部攻守矛盾的焦点。所以，投篮是篮球运动中最重要的技术。

（1）单手肩上投篮：比赛中运用比较广泛的一种投篮方法。以右手持球为例，右脚在前，左脚稍后，两膝微屈；右手五指自然分开，翻腕持球的后部稍下部位，左手扶在球的左侧方，将球举到头部右侧上方位置，目视球篮。投篮时，由下肢蹬腿发力，身体随之向前上方伸展，同时抬肘向投篮方向伸臂，用手腕前屈和手指拨球动作，使球柔和地从食、中指端线投出。它具有出手点高，便于结合其他技术动作，能在不同距离和位置上运用的特点。（图 7-9）

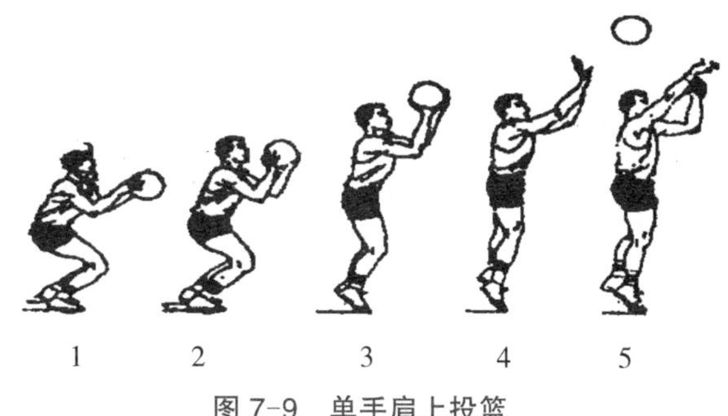

图 7-9 单手肩上投篮

（2）行进间单手低手投篮：以右手投篮为例，行进间右脚跨出一大步的同时双手接球，并用身体保护球，接着左脚迈出一小步，同时用力蹬地起跳，随之充分伸展身体，右臂外旋伸直向篮圈方向举球（手心向上），当举球手接近篮圈时，做以中间三指为主的向上拨球动作，使球通过指端投出。投碰板球时要注意控制球的旋转。它具有速度快、伸展距离远的优点，防守队员在正面防守时比较困难。（图 7-10）

图 7-10 行进间单手低手投篮

（3）急停跳起投篮：进攻队员在行进间运用突然急停摆脱防守而进行的跳起投篮。以右手投篮为例，两手持球于胸前，两脚左右或前后开立。两膝微曲，重心落在两脚之间。起跳时，迅速屈膝，脚掌用力蹬地向上起跳，同时双手举球到右肩上方，右手持球，左手扶球的左侧方，当身体接近最高点时，左手离球，右臂向前上方伸展，手腕前屈，食、中指拨球，通过指端将球投出。落地时屈膝缓冲。该技术具有突然性强、出手点高和不易防守的优点，可以与传接球、运球突破和其他技术动作结合运用，可在原地和行进间急停完成跳起投篮。（图 7-11）

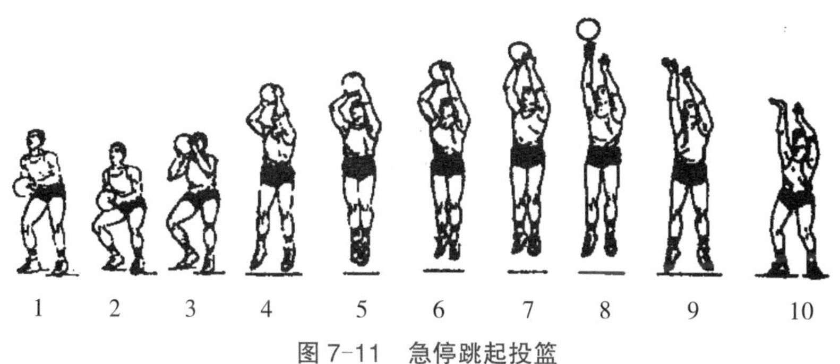

图 7-11 急停跳起投篮

四、运球

运球是指持球队员在原地或移动中，用手连续按拍使球借助地面反弹起来的动作。运球技术动作包括高运球、低运球、运球急停急起、体前变向换手运球、体前变向不换手运球、背后运球、运球转身、胯下运球等。

（1）原地高运球：两脚前后开立，两膝微屈，上体稍前倾，目视前方。运球手臂自然弯曲，以肘关节为轴，用手按拍球的正上方，球的落点在身体侧前方，球的反弹高度在腰、胸之间。

（2）原地低运球：两膝深屈，降低重心，上体前倾，用上体和腿保护球。同时，手短促地按拍球，球的反弹高度在膝关节以下，以便控制球和摆脱防守继续运球。

（3）运球急停急起：运球、急停、起动三个动作的组合。运球急停急起动作，是用手控制球的前上部，同时做一步或两步急停，然后突然起动快速运球。运用急停急起运球要停得稳、起动要快。如图 7-12，其中 1 ～ 5 是运球急停的动作，6 ～ 8 是急起运球的动作。

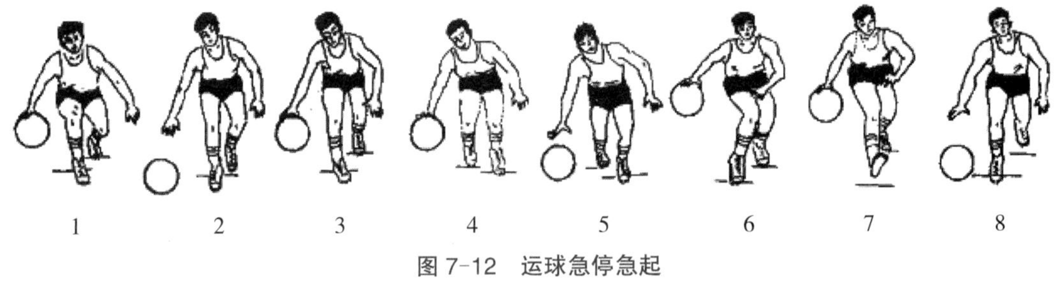

图 7-12　运球急停急起

（4）体前变向换手运球：两脚左右开立，屈膝半蹲，右手拍球的右侧上方，将球拍向左侧，左手再拍球的左侧上方将球拍回右侧，左右手交替练习。（图 7-13）

（5）体前变向不换手运球：两脚前后开立，右手拍球的后侧上方，使球反弹至身前，接着右手拍球的前侧上方，使球反弹至身后，如此反复练习。左右手交替练习。（图 7-14）

图 7-13　体前变向换手运球

图 7-14　体前变向不换手运球

（6）背后运球：右手运球从背后换左手时，右脚前跨，右手将球拉到右侧身后，迅速转腕按拍球的右后方，使球从背后反弹至左侧前方，左脚同时向左前方跨步，换左手运球加速前进。（图 7-15）

图 7-15 背后运球

（7）转身运球：以右手运球为例，运球转身时，侧对防守，左脚在前做中枢脚，将球控制在身体右侧，右手按球的右侧上方，随着后转身右脚蹬地后撤的同时，右手将球拉向身体后侧方落地反弹，即换左手运球，从对手的右侧突破。（图 7-16）

图 7-16 转身运球

（8）胯下运球：以右手运球为例，变向时，左脚在前，右手按拍球的右侧上方，使球从两腿之间穿过，球的落点至少超过身体中心线，左手接球，右脚向左前方跨一大步，上体左转，左肩下压，左脚用力蹬地加速推进。（图 7-17）

图 7-17 胯下运球

五、持球突破

持球突破是持球队员合理运用脚步动作与运球技术快速超越防守者的一项攻击性很强的进攻技术。由脚步动作、转体探肩、放球、加速几个技术环节组成。

（1）交叉步突破（以右脚做中枢脚为例）：两脚左右开立，两膝微屈，身体重心降低，持球于胸腹之间。突破时，左脚前脚掌内侧迅速蹬地，上体稍向右转，左肩向前

下压，重心向右前方移动，左脚向右侧前方跨出，将球引于右侧，接着运球，中枢脚蹬地向前跨出迅速超越防守。（图 7-18）

图 7-18 交叉步突破

（2）同侧步（顺步）突破（以左脚为中枢脚从防守人的左侧突破为例）：准备姿势同交叉步突破。突破时，左脚内侧蹬地，右脚迅速向右前方跨出，同时向右转体探肩，重心前移，在左脚离地前，用右手放球于右脚侧前方，然后左脚迅速蹬地向右前方迈出（第二次蹬地加速度），超越对手。（图 7-19）

图 7-19 同侧步突破

六、抢篮板球

比赛中双方队员在空间争抢投篮未中从篮板或篮圈反弹出的球，统称为抢篮板球。

（1）抢进攻篮板球：抢进攻篮板球时应根据场上所处位置及时地判断球可能反弹的方向，利用快速起动，直接冲向篮下或借助于闪晃的假动作迅速绕过对手，攻占有利位置，积极主动地争抢篮板球。

（2）抢防守篮板球：对方投篮时，篮下的防守队员应根据与进攻队员之间不同的距离采用不同的挡人方法。如与对手之间距离较近，则可采用后转身或撤步后转身挡人；如与对手保持一定距离，则用前转身或上步前转身挡人，挡住对手后，两脚左右开立，屈膝，两肘外展，借以占据较大面积，要在任何情况下能向各个方向及时起跳，两臂向上伸展，在跳至最高点用双手或单手迅速抢摘球。得球落地时，转体侧对前场，并使球远离对手将球握紧，但要便于及时传球或运球。

七、防守技术

防守是防守队员合理地运用脚步移动和手臂动作积极地抢占有利位置，阻挠和破坏对手的进攻意图和行动，并以争夺控制球权为目的。防守技术分防守无球队员和防守持球队员。

（1）防无球队员：防守无球队员主要是不让或少让对手在有效的攻击区内去接球，尽可能抢断、干扰传过来或穿越自己防区的空中球或地滚球。防守离球较近的对手时，防守者面对对手，身体侧向球站立，近球侧的手臂前伸干扰对手的接球路线，脚步随球的变化灵活移动，时刻注意堵截对手，不让对手摆脱自己，与同伴协防和抢断球；防守离球较远的对手时，身体侧向对手站立，人、球兼顾，随球的转移而变换步法和方位，随时准备进行协防和抢断球。

（2）防持球队员：防守有球队员主要是尽力干扰和破坏对手投篮，堵截对手运球突破，封锁对手助攻传球，并积极地抢、打、断球，力争获得控制球权。当对手接到球后，防守位置应立即调整到对手与球篮之间。对手离球篮近，则防守者离对手也近，反之则远。要根据对手的技术特点、意图或战术意识随时调整位置，以防不测。平步防守（两脚分开平行站立）面积大，便于横向滑动，两臂侧举有利于防守球和对手突破；斜步防守（两脚分开前后斜步站立），一手臂斜上伸，另一手臂侧伸，有利于防守能切入的对手。防守时，要善于判断对手的真、假动作，不轻易起跳上当，要伺机进行抢、打、断球，争取转防为攻。

第三节 篮球基本战术

篮球的基本战术就是队员之间合理地运用个人技术互相配合的组织形式和方法。

一、进攻基础战术

（1）传切配合是进攻队员之间，利用传球和切入所组成的简单战术配合，包括一传一切和空切配合。

一传一切：持球队员传球给同伴后，徒手摆脱对方向篮下切入，再接回传球投篮或突破。（图 7-20、图 7-21）

图 7-20 一传一切

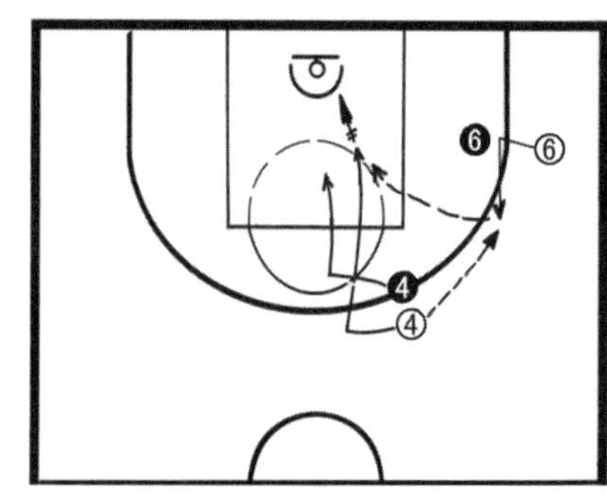
图 7-21 中间传切

空切配合：是指无球队员掌握时机，突然摆脱对手，切向防守空隙区域接球投篮，或做其他进攻动作。（图 7-22）

（2）突分配合是指当持球队员运球突破上篮受阻，立即将球传给同伴 。（图 7-23）

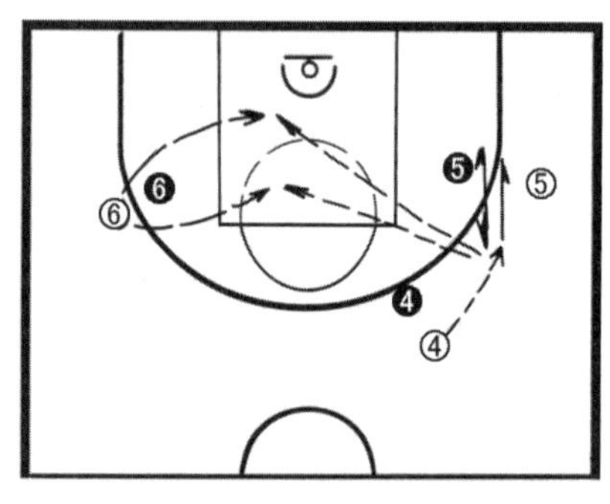
图 7-22 空切配合

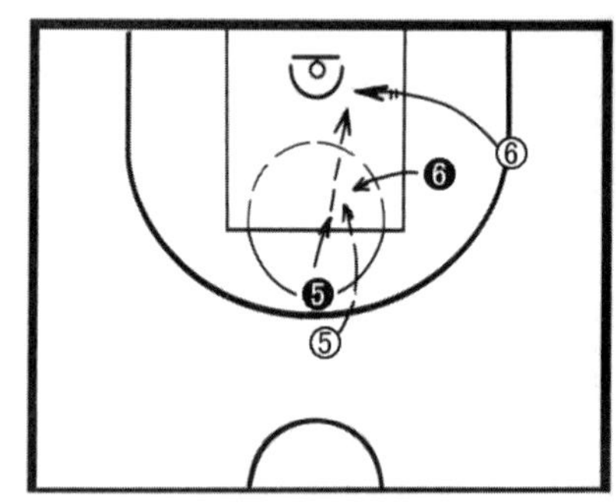
图 7-23 突分配合

（3）掩护配合是采用合理的行动用自己的身体挡住同伴防守的一种配合方法。掩护配合有前掩护、侧掩护和后掩护三种形式。

前掩护：掩护队员站在同伴防守者的身前进行的掩护。（图 7-24）

侧掩护：掩护队员站在同伴防守者的侧面或侧面稍后的位置进行掩护。包括给有球队员做侧掩护（图 7-25）和无球队员侧掩护。（图 7-26）

（3）后掩护：掩护队员跑到同伴防守者的身后进行掩护。（图 7-27）

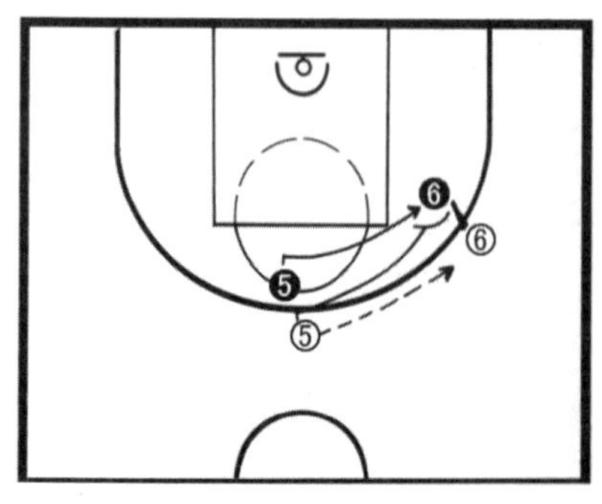
图 7-24 前掩护配合

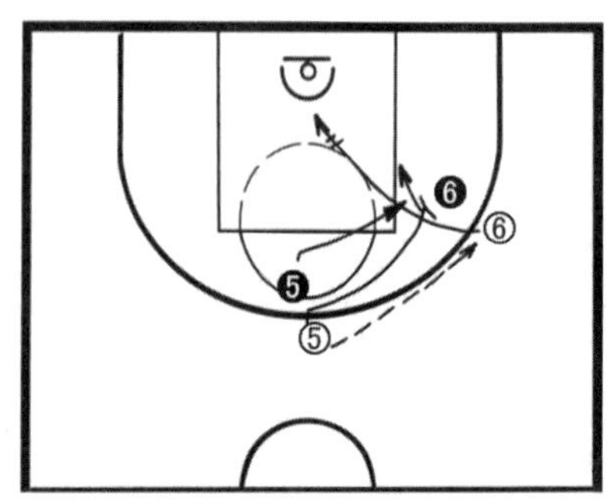
图 7-25 给有球队员侧掩护

图 7-26 给无球队员侧掩护

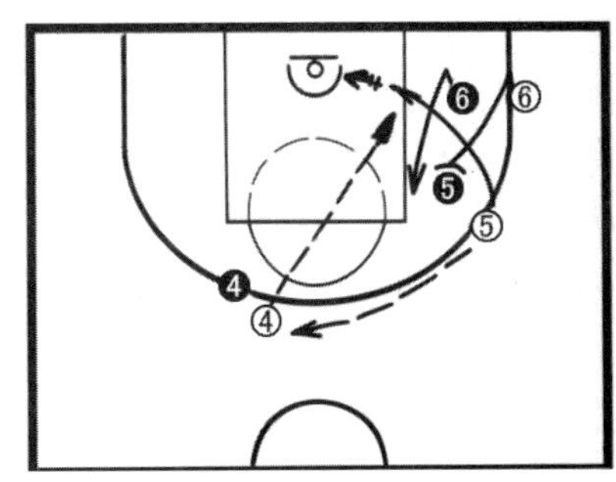

图 7-27 后掩护

二、防守基础配合

（1）关门配合是防守战术基础配合方法之一。“关门”是邻近的两个防守队员协同防守突破队员的配合方法。（图 7-28）

（2）挤过配合是防守队员在掩护队员接近自己的一刹那，迅速抢前横跨一步贴近自己的对手，并从两个进攻队员之间侧身挤过去，继续防守自己对手的配合方法。（图 7-29）

图 7-28 关门配合

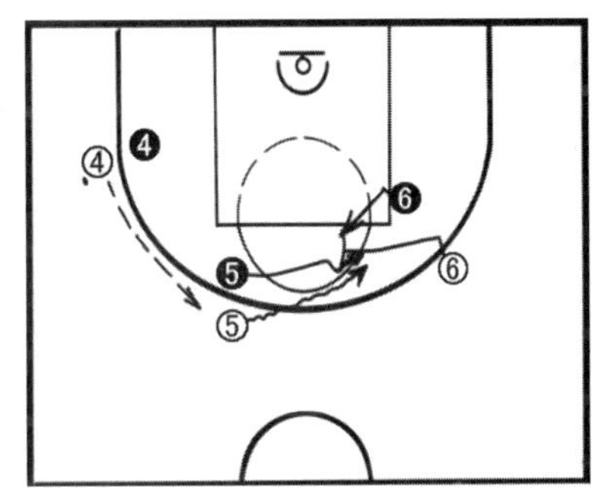

图 7-29 挤过配合

（3）穿过配合是进攻队员掩护时，防守掩护队员及时提醒同伴并主动后撤一步，让同伴从自己和掩护队员之间穿过去，继续防守原来各自对手的方法。（图 7-30）

（4）交换配合是防守队员被对方掩护队员挡住移动路线时，为了破坏进攻队员的掩护配合，防守队员之间彼此及时地相互呼应交换各自防守对手的一种配合方法。（图 7-31）

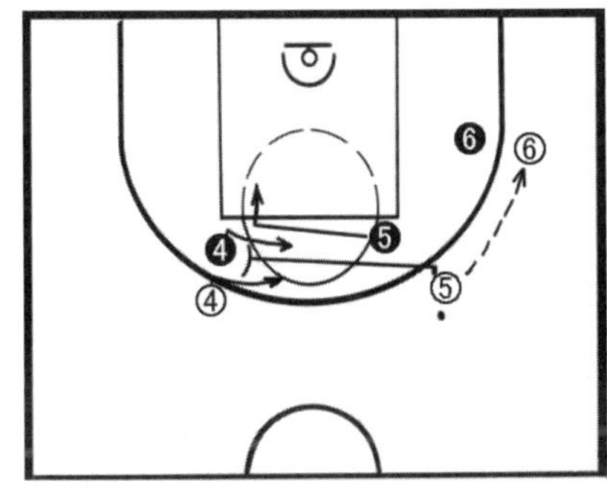

图 7-30 穿过配合

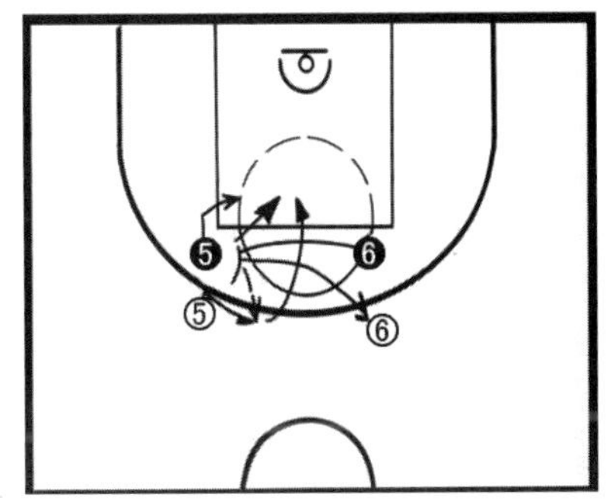

图 7-31 交换配合

三、半场人盯人防守战术

半场人盯人防守战术，是由攻转守时，全队迅速退回后场，在半场范围内，每名队员分工负责盯防一名进攻队员，并与同伴相互配合，进行集体防守的全队防守战术。

全队退至后场盯着自己的对手。常见的有半场扩大（紧逼）人盯人防守，如图 7-32（1）；半场缩小（松动）人盯人防守，如图 7-32（2）。

（1）

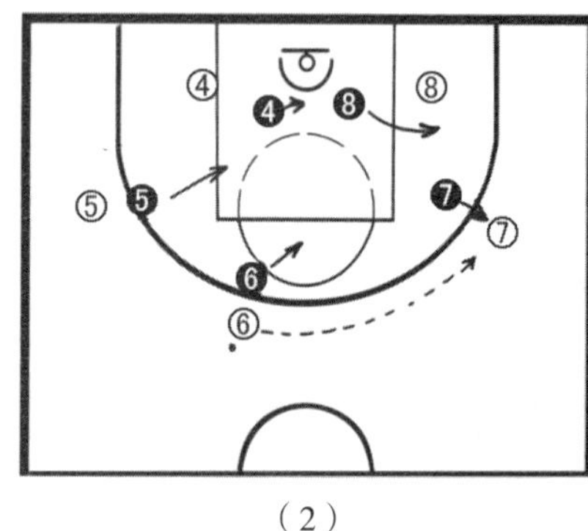

（2）

图 7-32 半场人盯人防守

半场人盯人防守应遵循“以人为主，人球兼顾”和“有球则紧，无球则松”的原则。合理运用防守基本配合，进行强有力的抢、堵、封、断，控制和破坏对手的进攻配合。

当对方外围中投不太准而篮下攻击力量较强时，采用半场缩小人盯人防守；当对方外围攻击力强（中、远距离投篮较准）而内线攻击力较弱时，则采用半场扩大人盯人防守。

四、进攻半场人盯人防守战术

进攻半场人盯人防守战术是根据半场人盯人防守战术的特点，最大限度地发挥每名队员的特点，通过一定的阵形，合理运用掩护、突分、传切、策应等基础配合所组成的全队进攻战术。它是进攻战术体系中最常用、最重要的战术之一。

进攻半场人盯人防守战术的基本要求：

第一，从实际出发，合理地组织阵形，充分发挥本队进攻特点和个人的技术特长，利用基础配合组成全队的进攻战术；

第二，做到在移动中相互配合，有目的地连续穿插、掩护、换位，侧重于主要的攻击区域和攻击点，点面结合，内外结合，强调进攻中的灵活性和机动性，注意攻守平衡；

第三，组织积极冲抢前场篮板球，提高攻守转换速度；

第四，进攻中抓住对方防守的薄弱环节，实施强攻。

五、区域联防战术

区域联防是全队由攻转守时，防守队员迅速退回后场，每一个队员分工负责防守一定的区域，随着球的转移而积极地调整自己的位置，并与同伴密切协作，严密防守进入该区域的进攻队员，用一定的队形把每一个防区有机地结合在一起所组成的全队防守战术。

（1）2—3 阵形：如对方在底线两角投篮较准，且突破又具威胁时，为了加强底线防守，可采取此阵式。（图 7-33）

（2）2—1—2 阵形：队员在防区内的分布比较均衡，外线可防投篮、突破，内线可防中锋进攻，有利于队形的及时调整。（图 7-34）

当对手在外围投篮准确，而且突破又有威胁时，为加强外围的防守，可变换成“3—2”联防。（图 7-35）

（3）1—3—1 阵形：如对方两侧远距离投篮较准，为了控制外围进攻，防范对方中、远距离投篮，可采取此阵式。（图 7-36）

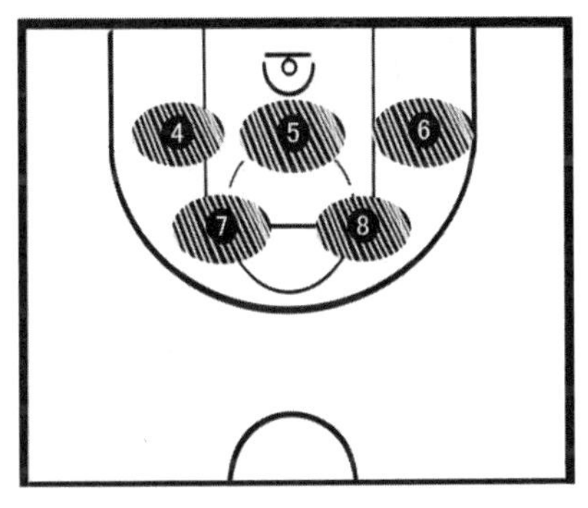

图 7-33　2—3 阵形

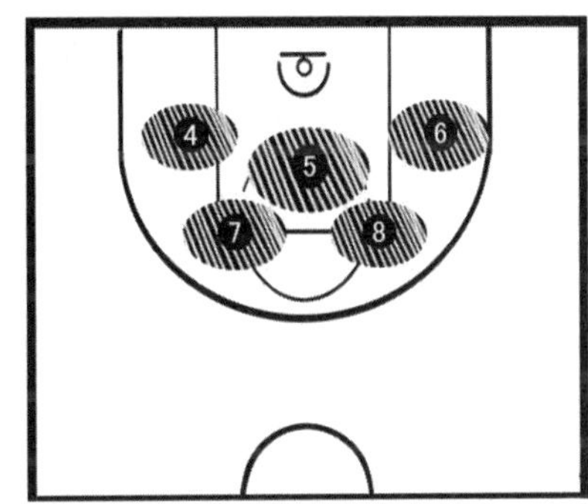

图 7-34　2—1—2 阵形

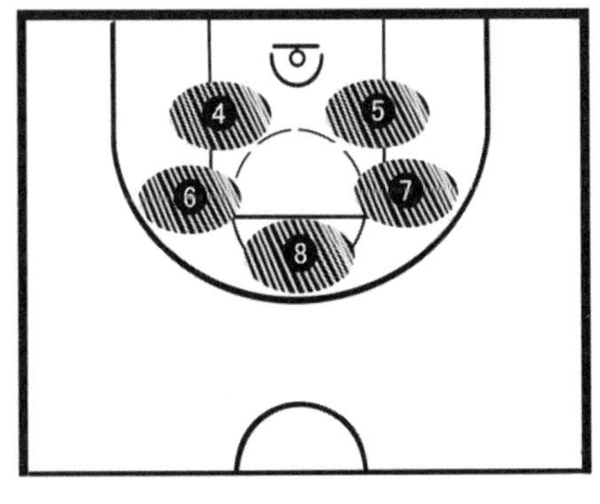

图 7-35　3—2 阵形

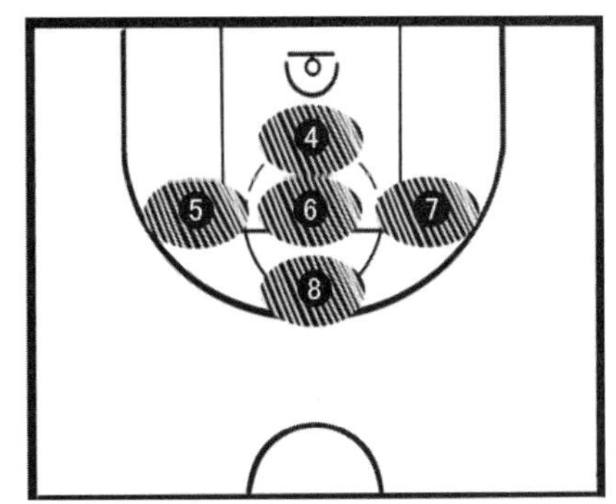

图 7-36　1—3—1 阵形

六、进攻区域联防战术

进攻区域联防战术是针对区域联防的阵形和变化特点，结合本队的实际情况，组织相应的落位阵形，有目的地通过传球及队员的穿插，破坏对方整体防御部署，创造良好的内外线进攻机会的阵地进攻战术。

进攻区域联防的基本要求：

第一，提高由守转攻的速度，在对方防守阵形尚未落成之前，抓住战机发动快攻或抢攻，争取形成以大打小、以强打弱、以多打少的优势局面；

第二，根据对手区域联防的特点，错位布阵，占据薄弱区，快速转移球和频繁地穿插，调动防守方，使防守方顾此失彼，创造以多打少和连续进攻的机会；

第三，组织中、远距离投篮，使对方扩大防区，给内线进攻创造机会；

第四，运用策应、溜底线、背插、掩护、突分等配合破坏防守整体布局，创造投篮机会。

第五，大胆地运用突破和突破分球攻击区域联防；

第六，积极组织拼抢前场篮板球，争取外围投篮或二次进攻，保持攻守平衡，随时准备退守。

第四节　篮球竞赛规则

一、暂停

对于4×10 min的比赛，在上半时（第1节和第2节），每队允许暂停两次，下半时（第3节和第4节），每队允许暂停三次，但第4节最后2 min内，最多可用两次暂停，每一决胜期中允许暂停一次，每次暂停时间为1 min。当球成死球且比赛计时钟停止，以及当裁判员报告犯规、违例结束时，或对方投篮得分，或在最后一次罚球成功后可给予暂停机会。上半时未用完的暂停机会不能留给下半时使用，下半时的暂停也不可留给决胜期使用。

二、替换

球成死球且比赛计时钟停止，以及当裁判员报告犯规或违例和记录台联系时，或在最后一次罚球成功后，或在第4节或任一决胜期的最后2 min内非得分队可以替换。如果有不合理延误时间，应给违例的球队登记一次暂停。

三、违例

违反规则的行为统称违例，罚则是将球判给对方队员在最靠近发生违例的地点掷球入界，但正好在篮板后面的地点除外。篮球场上常见的违例有带球走、两次运球、球出界、球回后场、三秒违例、五秒违例、八秒违例、二十四秒违例、掷球入界违例、脚踢球违例、罚球违例等。

四、侵人犯规

侵人犯规是指队员通过伸展手、臂、肘、肩、髋、腿、脚或过分地弯曲身体的不正当姿势拉、阻挡、推、撞、绊人来阻碍对方行动的接触动作。如果被犯规队员在做投篮动作，投中，得分有效，再判给一次罚球，如果二分投篮未中，判给二次罚球，三分投篮未中，判给三次罚球。如果被犯规队员未在做投篮动作，且犯规队员全队本节累计犯规未达四次，则由对方队在最靠近违犯的地点掷球入界重新开始比赛，若全队犯规累计已超过四次，则由被侵犯的队员执行两次罚球。

五、违反体育运动精神的犯规

违反体育运动精神的犯规是指队员不是在规则的精神和意图的范围内合法地试图去直接抢球而发生的身体接触的犯规，具体可分为四种情形。罚则为判给对方队两次罚球及随后在该队前场的掷球入界线处掷球入界。四种情形如下：

第一，不在规则的精神和意图之内，合法地去打球；

第二，努力打球或正常防守过程中与对方队员造成了过分的、严重的身体接触（是否发生严重的、过分的身体接触是判罚的唯一依据）；

第三，在攻防转换的过程中，防守队员利用不必要的身体接触去阻止进攻；

第四，进攻球员面对对方球篮且无防守球员时，防守球员从侧面或身后与其发生非法身体接触；

六、队员的技术犯规

不包含与对方队员接触的犯规，主要有如下几类：

（1）没有礼貌地与教练员、技术代表、记录台人员或对方队员交涉或触及他们；

（2）使用很可能冒犯或煽动观众的语言和举止；

（3）戏弄对方队员或在他的眼睛附近摇手妨碍其视觉；

（4）阻碍迅速地执行掷球入界以延误比赛；

（5）宣判犯规后，在裁判员要求举手后，不正当地举起手；

（6）改变他的队员号码，没有报告记录员和裁判员；

（7）由于任何未经批准的原因离开场地；

（8）悬吊在篮圈上，致使队员的重量由篮圈支撑。

技术犯规的罚则是判给由对方教练员指定的一名队员一次罚球。

七、队员的五次犯规

在比赛中，如果一名队员发生侵人犯规和技术犯规已达五次后，裁判员通知该队员，其必须在30 s内被替换。

八、全队犯规

在 4×10 min的比赛中，每一节中某队的全队队员犯规累计已达四次时，该队将处于全队犯规处罚状态，此后所发生的犯规（不包括违反体育运动精神的犯规、技术犯规、取消比赛资格的犯规及控制球队队员的犯规），应判给对方队员两次罚球。

第八章　排　球

第一节　排球运动概述

排球运动（volleyball）是指参与者以身体任何部位在空中击球，使球不落地，既可隔网进行集体的攻防对抗性的比赛，也可不设球网相互进行击球游戏的一项体育运动。排球运动的形式多种多样，主要分为竞技排球和娱乐排球。其中竞技排球主要包括6人制排球、沙滩排球、残奥会坐式排球等；娱乐排球主要有软式排球、气排球、妈妈排球、公园排球、泥地排球等形式。

一、排球运动的起源与传播

（一）排球运动的起源

1895年，排球运动起源于美国，由美国马萨诸塞州基督教青年会干事威廉·G.摩根首创。1896年，在美国马萨诸塞州基督教体育指导大会上进行了首次表演赛。作为隔网运动，它的打法跟网球有些相似，参与者不断空中截球，所以该项运动最终命名为volleyball，并且一直沿用至今。

（二）排球运动的传播

排球运动在美国诞生后，主要通过教会的传播和美国军队的军事活动两种形式传播到世界各地。由于地理位置的原因，排球运动首先传入美洲，1900年传入加拿大，1905年传入古巴，然后陆陆续续地传入美洲各国。排球运动传入亚洲的时间较早，早期亚洲很多国家都是西方帝国主义的殖民地，其主要通过教会进行传播，1900年传入印度，1905年传入中国。排球运动在亚洲的发展先后经历了16人制、12人制、9人制，直到20世纪50年代初才正式开展6人制排球运动。排球运动传入欧洲的时间迟于美洲和亚洲，并且传入的方式主要是由参加第一次世界大战的美国士兵带去的。排球运动传入非洲的时间最迟，所以至今非洲排球的技战术水平都处于落后位置。

二、排球运动的特点

排球运动按项群分类，属于技能主导类隔网对抗的集体项目，与篮球、足球等球类项目相比，具有明显的自身特点。

（一）击球技术特点

（1）空中击球且击球触球时间短促。无论是排球比赛还是排球游戏，各种击球方式都必须是在空中截击球，不得让球落地。因此排球运动对参与者的空间感觉要求很高。排球规则不允许持球，球不能在触球部位停留时间过长，否则犯规。

（2）允许身体任何部位击球。目前，几乎所有球类项目都有其规则限定的身体合法触球部位，唯独排球允许身体任何部位击球，这也使得排球比赛中的击球动作丰富多彩，极具观赏性。

（二）战术配合的特点

排球规则要求比赛双方要在 3 次击球以内完成攻防转换过程。因此排球各种技战术组合都是在极短的时间内完成的，并且都是集体参与，十分考验参与者的战术意识和团队默契，所以排球技战术具备高度的技巧性和严密的集体性。

（三）竞赛规则的特点

在排球比赛中，各项排球技术既能得分又能失分，具有攻防两重性。

（四）场地器材设备的特点

排球场地可设置在室内，也可以室外，只要有一个空间即可。根据运动目的，可选择多种球进行活动，比赛规则易于简化和变通。参与人数可多可少，年龄覆盖面较大，具有休闲娱乐性和开展便利性的特点。

第二节　排球基本技术

一、排球技术概述

排球技术是指在排球规则允许的条件下，击球者采用各种合理的击球动作和其他配合动作的总称。发球、传球、垫球、扣球、拦网等技术称为有球技术；准备姿势与移动称为无球动作。

二、排球的基本技术

（一）准备姿势与移动

准备姿势与移动是排球的基本技术内容，又称无球技术。两者关系密切，不可分割。准备姿势与移动是排球比赛中用处最大、影响其他技术效果最大的技术。

1. 准备姿势

排球准备姿势分为稍蹲、半蹲和低蹲三种。其中半蹲准备姿势运用最多，其动作为：两脚开立，距离比肩稍宽，两脚尖适当内扣，脚后跟抬起，膝关节弯曲，大小腿之间成 90°角，上体前倾，重心着力点在前脚掌指根部，两肩前探超出膝关节，两臂自然弯曲置于胸腹之间，抬头看球，随时准备移动。稍蹲和低蹲与半蹲基本相同，只是两膝与躯干弯曲程度大于或小于半蹲。三种准备姿势如图 8-1 所示。

稍蹲　　半蹲　　低蹲

图 8-1　准备姿势

2. 移动步法

移动是从起动到制动之间的人体位移。移动速度是单位时间内人体位移的距离。移动的作用是及时地接近球，保持好人球关系，以便合理完成击球动作。迅速的移动可以占据场上的有利位置，争取时间和空间。是否能及时地移动到位，是完成技术的关键。排球移动步法主要有以下几种：

（1）并步与滑步。当球距离身体一步左右时，采用并步移动，并步时，前脚向来球方向跨出一步，后脚迅速蹬地跟上，并做好击球前的准备姿势。当来球与身体的距离较远，用并步无法接近来球时，可采用连续并步即滑步。

（2）交叉步。当来球在体侧 3 m 左右时，可采用交叉步。如向左移动采用交叉步时，身体稍向右转，左脚从右脚前向右交叉迈出一大步，然后右脚再向右跨出一大步，同时身体转向来球方向，成接球前的准备姿势。

（3）跑步。当来球较远时采用跑步移动。跑步移动时两臂要配合摆动，不宜过早做击球准备，边跑步边看球。

（二）发球技术

队员在发球区用一只手或手臂将自己抛起来的球直接击入对方场区的技术动作称为发球。发球是比赛的开始，也是进攻的开始。发球是排球技术中唯一不受别人制约的技术。准确而有攻击性的发球，不仅可以得分，而且还可以破坏对方的战术组成，起到先发制人、争取主动、摆脱被动的作用。常用的发球技术有以下几种（均以右手击球为例）。

1. 正面下手发球(图 8-2)

(1)准备姿势：面对球网，两脚前后开立，两膝微屈，上身稍前倾，重心偏后脚，左手持球于腹前。

(2)抛球：将球抛起在身前右侧约一球的高度，右臂伸直，向后摆动。

(3)击球：借右脚蹬地力量，身体重心随着右手向前摆动击球而移至前脚上。在腹前以全手掌或握拳击球的后下方。手触球时，手指手腕紧张，手伸直。击球后，随击球动作，重心前移。

图 8-2 正面下手发球

2. 侧面下手发球(图 8-3)

(1)准备姿势：左肩对球网，两脚左右开立与肩同宽。两膝稍弯曲，上体略前倾，左手持球于腹前。

(2)抛球摆臂：左手将球平稳抛至腹前离身体约一臂之距，离手高度约 30 cm。在抛球同时，右臂伸直向身体右侧后下方摆动。

(3)挥臂击球：以右脚蹬地，身体向左转体带动右臂向体前上方挥动，在腹前以全掌或掌根击球的后下方。击球后，迅速进场比赛。

图 8-3 侧面下手发球

3. 正面上手发球(图 8-4)

(1)准备姿势：面对球网，两脚前后自然开立，左脚在前，右脚在后，左手持球在腹前。

(2)抛球摆臂：左手将球平稳抛至右肩前上方，高度适中。在抛球的同时，右臂屈时抬起并后引，肘关节与肩部齐平，手掌自然张开，呈勺形，上体稍向右侧转动，抬头，挺胸，展腹，身体重心移至左脚。

(3)挥臂击球：击球时，两脚蹬地，上体迅速向左转动，迅速收腹，带动手臂向右肩上方加速挥动，以全手掌击球的后中下部，手臂要充分伸直，手掌和手腕要迅速明显做推压动作，使球向前呈上旋飞行。击球后，迅速进场比赛。

图 8-4 正面上手发球

（三）传球技术

利用全身的协调力量并通过手指、手腕的弹力将球传至一定目标的击球动作称为传球。传球是排球运动的一项重要的基本技术，是组织进攻战术的基础。传球技术伴随着排球运动的不断发展而日趋完善，现代排球比赛中，常见的传球技术主要有正面传球、背向传球、侧向传球、跳传、单手传球等。

1. 正面双手传球

（1）准备姿势：采用稍蹲准备姿势，上体稍挺起，两手自然抬起，屈肘置于额前。

（2）迎球动作：当来球接近额前时，开始蹬地、伸膝、伸臂，手指微张从额前向前上方迎出。

（3）击球点：额前上方约一球的距离。

（4）手型：十指自然张开，两手成半球型，手腕稍后仰、内扣，食指成八字，拇指成一字，形成一个三角形，以拇指内侧、食指全部、中指二三指节击球正后下方。（图 8-5）

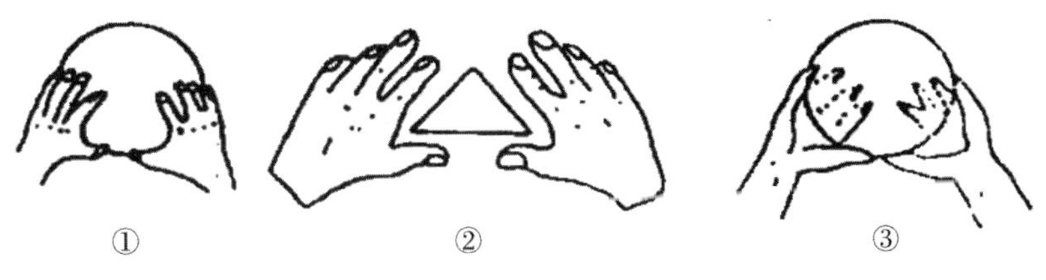

图 8-5 手型

（5）用力方法：当手和球接触的瞬间，各大关节依次伸展，手腕手指绷紧前屈，靠手腕手指的弹力将球击出。（图 8-6）

图 8-6 正面双手传球

2. 背向传球

（1）准备姿势：迎球时抬上臂，身体重心落在两脚之间，上体后仰。

（2）手型与击球点：触球时，手腕适当后仰，掌心向上，击球的下部，击球点应保持在额上方。

（3）用力方法：背传用力靠蹬腿、展腹、抬臂、伸肘，通过指腕弹力把球向后上方传出，其中指用力更多些，以利于向后上方传出。手腕也要始终保持后仰，不得用主动屈指、屈腕的动作传球。（图 8-7）

图 8-7 背向传球

（四）垫球技术

垫球是用手臂从球的下部，利用来球的反弹力向上击球的技术动作。它在比赛中运用于接发球、接扣球和接拦球，有时也用来处理球，是排球基本技术之一。

1. 正面双手垫球

（1）准备姿势：正对来球成半蹲准备姿势。

（2）垫球手型：两手掌根相靠，两手手指重叠，手掌互握，两拇指平行向前，手腕下压，两前臂伸直外翻形成一个平面。（图 8-8）

抱拳式

叠掌式

互靠式

图 8-8 手型

（3）击球点：保持在腹前一臂距离。

（4）击球：两臂夹紧、前伸，插到球下，用前臂腕关节以上 10 cm左右骨的内平面迎击来球，击球点保持在腹前双手下手垫球部位。

（5）垫击用力：击球主要靠手臂上抬的力量，同时配合蹬地、伸臂、伸膝、伸髋提肩的动作，使身体重心向前上方移动。

正面双手垫球要领，如图 8-9 所示：

插——降低重心，移动到位，两臂前伸，插到球下；

夹——含胸收肩，两臂夹紧，前臂击球，同时压腕；

抬——蹬腿提抬臂，重心跟球上前，腰要紧跟。

图 8-9　正面双手垫球

2. 跨步垫球

当来球离身体一步左右，同时速度快、部位低时，队员应对准球的落点，迅速向前或向侧跨出一步，屈膝制动，重心落在跨出腿上，上体前倾，臀部下降，两臂伸插球下，用前臂击球的后下部。（图 8-10）

图 8-10　跨步垫球

3. 背向垫球

背垫时，首先判断来球的落点、方向和离网的距离，迅速移动到球的落点处，背对出球方向，两臂夹紧伸直、插到球下。击球时，蹬地、抬头挺胸、展腹，直臂向后上方摆动击球。在垫低球时，也可利用屈肘、翘腕动作，以虎口处将球向后上方垫起。（图 8-11）

图 8-11 背向垫球

（四）扣球技术

扣球是排球重要的基本技术之一。由于扣球时能充分利用全身力量，扣出的球又快又猛，所以它是排球比赛中最积极、最有效的进攻手段之一。在激烈的网上扣与拦的对抗中，扣球是矛盾的主要方面，是决定胜负的关键。

1. 正面扣球（图 8-12）

（1）准备姿势。扣球助跑前采用稍蹲姿势，两臂自然下垂，站立在距球网 3 m 左右处，观察来球的方向及弧度，做好向各个方向助跑起跳的准备。

（2）助跑。助跑的目的是接近球，选择起跳点和增加弹跳高度。助跑时，身体重心先前倾，随之左脚向前迈出一步，右脚迅速蹬地向前跨出一大步，并用脚跟过渡到全脚掌着地，左脚及时并上，踏在右脚之前，两脚与肩同宽，身体重心随之下降，两膝弯曲，当右脚脚跟着地时，手臂在后面处于最高位置，准备起跳时的摆动。

（3）起跳。起跳的目的不仅是为了获得高度，还为了掌握扣球时机和选择适当的击球位置。助跑最后一步当左脚落地的同时，后引的两臂应经体侧由下向前摆动。随着双脚蹬地伸膝的同时，两臂要有力地屈肘上摆，帮助身体重心向上升起。

（4）空中击球。起跳后要挺胸展腹，上体稍向右转，右臂向后上方抬起，身体呈反弓形。挥臂时应迅速转体，并收腹，依次带动肩、肘、腕各部关节成鞭甩动作向前上方挥动。击球时，五指微张呈勺形，以全掌包满球，掌心为击球中心，击球的后中部，并主动用力屈腕屈指向前甩腕，使击出的球产生强烈的前旋。击球点应保持在起跳点后，手臂伸直点的前面。

（5）落地。落地时，以前脚掌先着地再过渡到全脚掌着地，并迅速屈膝收腹以缓冲下落力量及迅速做好下一个动作的准备。

图 8-12 正面扣球

2. 扣快球

扣快球是指扣球队员在二传队员传球前或传球的同时起跳，把球扣入对方场区的一种扣球方法。这种扣球速度快，时间短，突然性强，牵制性大，能在时间上和空间上争取主动。扣快球分为近体快球、背快、短平快、平拉开、半快球等。

（1）近体快球。在二传队员体前或体侧 50 cm左右扣出的快球，统称为近体快球。由于近体快球的传球距离短，所以速度快、节奏快，与队友配合也有很强的掩护作用。扣近体快球时，应随一传助跑到网前，当二传传球时，扣球队员在其体前或体侧近网处迅速起跳，起跳后要快速挥臂，将刚刚传出网口的球扣入对方场区。击球时，利用收胸动作，带动前臂和手腕迅速鞭打甩动，以全手掌击球的后上部。

（2）短平快球。在二传队员体前 2 m左右处，扣二传队员传过来的高速平快球，称短平快球。这种扣球由于传球速度快，因而进攻的节奏快；二传的弧度平，进攻的区域宽，有利于避开拦网。扣短平快球，一般采用外绕或小于 45° 角助跑，在二传传球的同时起跳并挥臂截击平飞过来的球，扣球手法与近体快球相同，还可根据对方拦网的位置提前或错后击球。

（五）拦网技术

拦网指在球网上空拦阻对方击来的球，是排球的基本技术之一。拦网是防守反击的第一道防线，也是重要得分手段。拦网有单人拦网和集体拦网两种。动作由准备姿势、移动、起跳、空中拦击和落地等相互衔接的五个部分组成。

1. 拦网技术要领（图 8-13）

（1）准备姿势：队员面对球网，两脚左右开立，约与肩同宽，距网 30 ～ 40 cm。两膝微屈，两臂屈肘置于胸前。

（2）移动：常用的步法有滑步、并步、交叉步、跨步、跑步等。无论采用哪种移动步法，都要做好制动动作，以保证向上起跳，避免触网和冲撞同队队员。

（3）起跳：原地起跳时，两腿屈膝，重心降低，随即用力蹬地，两臂以肩发力，在体侧近身处，做划弧划前后摆动，帮助身体迅速跳起。移动后的起跳，其起跳动作与原地起跳一样，但要注意制动并使移动与起跳动作紧密衔接。

（4）空中动作：起跳时，两手从额前沿球网向上方伸出，两臂伸直并保持平行，两肩上提。拦网时，两臂应伸过网去接近球。两手自然张开，屈指屈腕成半球状。当手触球时，两手要突然紧张，手腕下压盖在球的前上方，将球拦在对方场区内。

（5）落地：拦球后，要做含胸动作，以保持身体平衡。手臂要先后摆或上提，从网上收回至本方上空，再屈肘向下收臂，以免触网。与此同时屈膝缓冲，双脚落地，随即转身面向后场，准备接应来球或做下一个动作准备。

图 8-13 拦网

2. 拦网技术分析

（1）拦网队员的选位：在拦网的预判阶段，拦网队员站位可离网稍远些，约距网 50 cm。一旦判定对方扣球位置或助跑最后一步制动时，起跳点距网应近些，这样向上起跳，可提高拦网高度，避免漏球。

（2）拦网队员的移动：拦网的移动方向主要是向两侧和斜前方。移动时采用的步法可归纳为："前一步、近并步、中交叉、远跑步"。

（3）起跳的时间。掌握正确的起跳时间，是拦网成功的基础。拦网队员的起跳时间，应根据二传球的高度、离网的远近、扣球者起跳时间和扣球动作特点而决定。

第三节 排球基本战术

一、排球战术基本理论

（一）排球战术概念

排球战术是指运动员在比赛中，根据排球竞赛规则和排球运动规律，比赛双方具体情况和临场竞赛的发展变化，合理运用个人技术及集体配合所采取的有意识、有组织的行动。

1. 排球战术的分类

（1）按参与的人数分类：个人战术和集体战术。

（2）按组织形式分类：进攻战术和防守战术。

（3）按战术运用分类：接发球及其进攻（简称一攻）、接扣球及其进攻（防反）、接拦回球及进攻（保攻）、接传、垫球及其进攻（推攻）四个战术系统。

2. 排球技术与战术的辩证关系

实践证明，技术是组成战术的基础，没有技术就谈不上战术。技术是起主导作用的，而战术又反过来促进技术的提高，先进的技术对战术提出更高的要求。因此，在学习排球时，首先要打好技术基础，掌握正确的基本技术，然后因人而异，因队而异，有的放矢地选择一两套适合于本队的进攻和防守战术。只有这样，才能在实践中发挥真正的作用和产生相应的效果。

(二)排球的阵容配备

1. 阵容配备的概念及目的

阵容配备是指参赛队根据比赛任务、本队战术组织的特点及队员身体情况，有针对性地、合理地安排出场队员及位置分工，充分地调配力量，科学地组合人员的筹划过程。

阵容配备的目的是合理地把全队的力量搭配好，更有效地发挥每一个队员的特长和作用。为此，在组织阵容时，应该考虑根据队员的身体素质、技术水平合理安排其在阵容中的位置，把进攻力量强的和防守技术好的队员搭配好，使每一轮次都有较强的进攻能力和较好的防守能力。

2. 阵容配备的原则

一是择优原则，即要选择思想作风顽强，心理素质过硬，技术全面和经验丰富的队员；二是攻守均衡原则，即每个轮次争取做到攻守相对均衡，避免出现弱轮；三是相邻默契原则，即要注意把平时配合默契的攻手和二传安排在相邻的位置；四是轮次针对原则，即根据对方队员位置，轮次安排要有针对性；五是优势领先原则，即轮次安排要注重本队的优势，将攻击力强的队员放在最得力的位置，争取良好的开局。

3. 阵容配备的形式

根据各队不同的技术水平和战术特点，一般有以下两种阵容配备。

第一，“四二”配备。即场上一个二传手、四个攻手(其中两个主攻手、两个副攻手)，安排在对称的位置上。每一轮次前排都有一个二传队员和两个进攻队员，便于组织前排二传传球的两点进攻和后排二传插上传球的三点进攻。但每一个进攻队员必须熟悉两个二传队员的传球特点，配合比较困难。

第二，“五一”配备。即场上一个二传队员，五个进攻队员。为了弥补有时主要二传队员来不及传球所出现的被动局面，通常在二传队员的对角位置上，配备一名有进攻能力的接应二传队员。“五一”配备中，全队进攻队员只需适应一名二传队员传球的习惯、特点，容易建立配合间的默契。但防反时，二传队员如果在后排，要插上传球，难度较大。

二、排球战术运用

(一)进攻战术

进攻战术是指在接对方发过来、扣过来、拦过来和传、垫过来的球后，全队所采取的有目的、有组织的配合进攻行动。进攻战术又可分为进攻阵形和进攻打法两方面。

1. 进攻阵形

进攻战术阵形即进攻时采取的队形，进攻时所采用的阵形是基本一致的，不外“中一二”“边一二”“插三二”三种阵形。

（1）“中一二”进攻战术阵形：即3号位队员作二传，将球传给4、2号位队员进攻的组织形式。其优点是一传向网中3号位垫球比较容易，因而有利于组成进攻，适合初学者采用。缺点是战术变化少，对方容易识破进攻意图。

（2）“边一二”进攻战术阵形：即2号位队员作二传，将球传给3、4号位队员进攻的组织形式。其优点是右手扣球者在3、4号位扣球比较顺手，战术变化较多。缺点是5号位接一传时，向2号位垫球距离较远；一传垫到4号位时，二传传球较为困难。

（3）“插三二”进攻战术阵形：即二传队员由后排插上前排作二传，把球传给前排4、3、2号位队员进攻的组织形式。其优点是能保持前排三点进攻，战术配合变化多，并能利用网的全长组织进攻。缺点是对插上二传队员的要求较高。

2. 进攻打法

（1）强攻：强攻指在没有同伴掩护的情况下，在对方有准备的拦防情况下，强行突破的进攻。强攻的二传球较高，根据不同的二传球位置，可以分为集中进攻、拉开进攻、围绕进攻、调整进攻等，后排队员的高球进攻也属于强攻的打法。

（2）快攻：快攻指扣二传传出的各种平快球，以及用这些平快球做掩护所组成的各种战术配合。可以分为平快球进攻、自我掩护进攻、快球掩护进攻三类。平快球进攻常用的有前快、背快、短平快、平拉开、背溜、调整快、远网快、后排快、单脚起跳快等。自我掩护进攻包括时间差、位置差、空间差的进攻。快球掩护进攻包括各种交叉进攻、夹塞进攻、梯次进攻、前排快攻掩后排进攻的本位进攻等。

（二）防守战术

排球的防守战术是组织进攻或反攻战术的基础，没有严密的防守，进攻就无从组织。而一切防守战术都应从积极为进攻和反攻创造条件的角度进行设计和考虑。

1. 接发球防守

当对方发球时，本方处于防守地位，也是组织第一次进攻的开始。事先站好位置，摆好阵形，是接好发球的基础。站位的阵形，不仅要有利于接球，也要有利于本方所采用的进攻战术。同时，还要根据对方发球的特点，采取不同的阵形。通常多采用五人接发球和四人接发球。

（1）五人接发球站位阵形：除1名二传队员站在网前或从后排插上准备二传不接发球外，其余5名队员都担负一传任务的接发球站位阵形。其优点是队员均衡分布，每人接发球的范围相对较小，适合接发球水平不太高的球队。其缺点是一传队员从5号位插上时距离较长，难度大；3号位队员接球时，不便组成快攻战术；不利于队员间的及时换位；队员之间地带较多，配合不默契时，容易互相干扰。（图8-14）

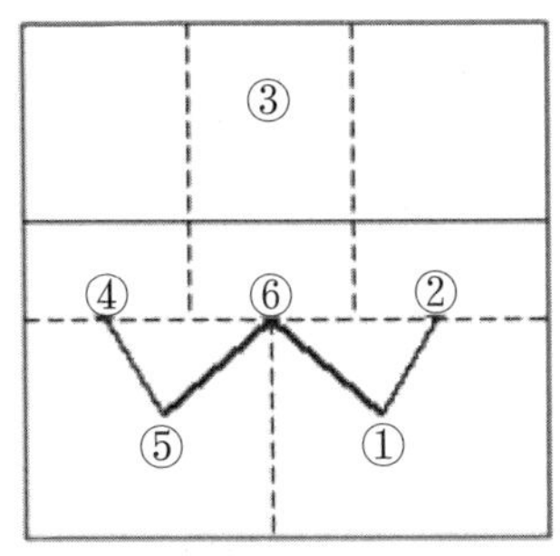

图 8-14 五人接发球站位阵形

（2）四人接发球站位阵形：插上二传队员与同列的前排队员均站在网前不接发球，其他 4 人站成弧形接发球的站位阵形。其特点是便于后排插上和不接发球的前排队员及时换位；其缺点是对接发球的 4 人要求有较高的判断、移动能力和掌握较好的接发球技术。

2. 接扣球防守

接扣球的防守与组织反攻是密不可分的，只有防守成功才能组织富有成效的反攻。接扣球的防守战术是前排拦网与后排防守的整体配合，根据对方进攻情况、本队队员特长、防守后的反攻打法，一般可分为单人拦网、双人拦网和三人拦网的防守阵形。

（1）单人拦网的防守阵形：当对方扣球威胁不大、扣球路线变化不多、轻打中吊球较多时，可以主动采用单人拦网的防守阵形。拦网队员拦扣球人的主要进攻路线，不拦网队员及时后撤防守前区或保护拦网人，后排队员后撤加强后场防守。（图 8-15）

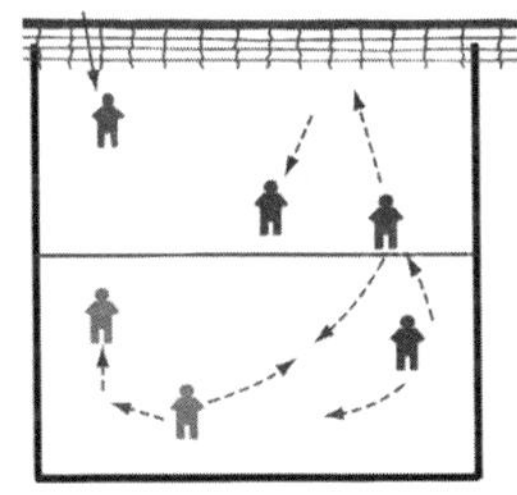

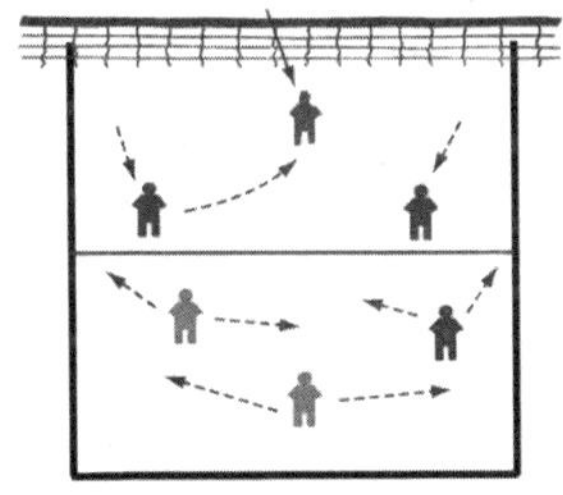

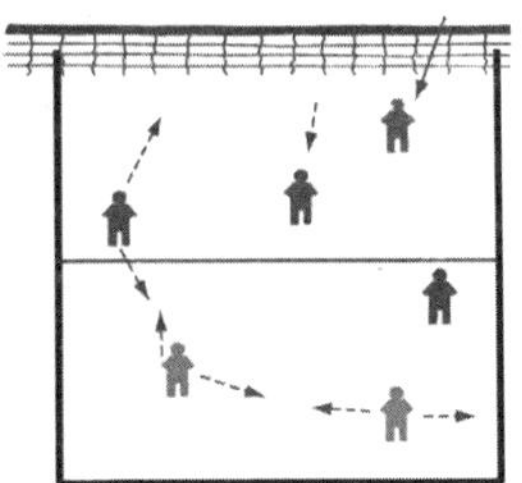

图 8-15 单人拦网的防守阵形

（2）双人拦网的防守阵形：对方水平较高、进攻力量较强、进攻路线变化较多时，多采用这种防守阵形，即两人拦网、四人接球。通常分为“边跟进”和“心跟进”两种。

边跟进：多在对方进攻较强，吊球较少时采用。当对方 4 号位队员进攻时，本方 2、3 号位队员拦网，其他四个队员组成半圆弧形防守。如遇对方吊前区，由边上 1 号位队员跟进防守。其特点是加强了拦网；缺点是边上的队员要防直线，又要跟进防前区，比较困难。

心跟进：在本方拦网能力强，对方采取打吊结合时采用。当对方 4 号位队员进攻时，本方 2、3 号位队员拦网，后排中间的 6 号位队员在本方拦网时跟在拦网队员之后进行保护，其余三名队员组成后排弧形防守。其优点是加强了前区的防守能力，缺点是后排防守队员之间的空当较大。

（3）三人拦网时的防守阵形：对方主要扣球手进攻实力很强但不善吊球的情况下可采用三人拦网、三人后排接球的防守阵形。这种阵形加强了网上力量，但后防的空隙也相对增大。三人拦网时，后排防守的 6 号位队员可以跟进到进攻线附近保护，也可以退至端线附近防守。

第四节　排球竞赛规则

一、场地与设备

（一）比赛场地

排球比赛场地为长方形，由两个对称的正方形半场组成，包括比赛场区和无障碍区。（图 8-16）

图 8-16　比赛场地实景

1. 面积

排球比赛场区为 18 m×9 m长方形，周围至少有 3 m宽的无障碍区。比赛场区空间从地面量起至少有 7 m的高度，空间内不得有任何障碍物。国际排联要求正式比赛场地边线外的无障碍区至少宽 5 m，端线后发球区至少有 6.5 m宽度（最新规则，国际比赛场地无障碍区端线外的无障碍区宽为 6.5 m），比赛场地上空至少有 12.5 m的空间。

2. 场地上的画线

国际排联世界正式比赛场地界线所有的线宽为 0.05 m，其颜色应该是与地面及其他画线不同的浅色。边线和端线都包括在比赛场区的面积之内。中线的中心线将比赛场区分为长 9 m、宽 9 m的两个相等场区。每个场区各画一条距离中线中心线 3 m的进攻线，标出了前场区和后场区。

国际排联世界正式比赛时，进攻线是被无限延长的，在每条进攻线两端向无障碍区各画 5 段长 0.15 m、宽 0.05 m、间隔 0.20 m 的虚线，虚线总长 1.75 m。“教练员限制线”由一组长 0.15 m 、间隔 0.20 m的虚线组成，虚线自进攻线的延长线至底线延长线，距边线1.75 m并平行于边线。限制线限定了教练员的活动区域。排球场地标线如图 8-17 所示。

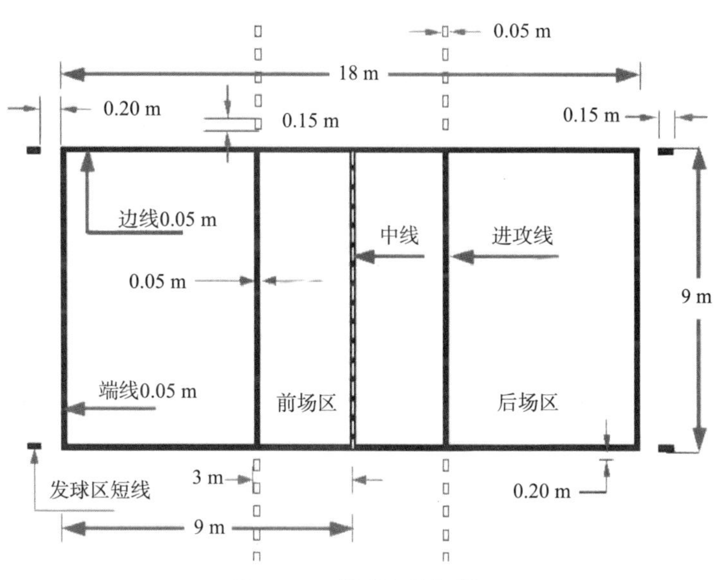

图 8-17 排球场地标线

(二)比赛设备

1. 球网

球网架设在中线上空，正式比赛男子网高为 2.43 m，女子网高为 2.24 m。球网的高度应从场地中间丈量，球网两端(边线上空)的高度必须相等，不得超过规定网高 0.02 m。球网颜色为黑色，宽度为 1 m，长度为 9.50 ～ 10 m(每边标志带外 0.25 ～ 0.50 m)，网眼直径为 0.10 m。球网上沿为一条宽 0.07 m的双层白帆布带。球网的下沿与球网上沿构造相似，是一条宽度为 0.05 m宽帆布带，用绳索系在网柱上使网下沿拉紧。

2. 比赛用球

比赛用球是圆形的，由柔软皮革或合成革制成外壳，内装橡胶或类似材料制成的球胆。颜色：可以是一色的浅色或是彩色。圆周：65 ～ 67 cm。重量：260 ～ 280 g。气压：0.30 ～ 0.325 kg/cm^2(294.3 ～ 318.82 hPa)。

二、排球竞赛规则

(一)比赛参与者

1. 球队的组成

(1)一支球队最多有 12 名队员，另加 1 名教练员，2 名助理教练员，1 名治疗师和

1 名医生。只有登记在记录表上的队员才可以进入比赛控制区，参加赛前准备活动和比赛。

（2）除自由防守队员外，要求 1 名队员担任队长，队长要在记录表上注明。只有登记在记录表上的队员才可以进入场地并参加比赛。教练员和队长在记录表上签字以后，已登记在记录表（和电子记录表）上的队员名单不得更改。

2. 球队的位置

（1）比赛时，替补队员应坐在本队场地一侧的球队席上或在准备活动区内，教练员和其他成员也应坐在球队席上，但可暂时离开。球队席设在记录台的两侧，无障碍区之外。

（2）比赛中，只有球队成员才允许坐在球队席上，并参加赛前的准备活动。替补队员可以做无球的准备活动：比赛中，在准备活动区内；暂停或技术暂停时，在本队场区之后的无障碍区。两局比赛间隙，队员可以在各自无障碍区用球做准备活动。

3. 队员装备

（1）队员的装备包括上衣、短裤、袜子和运动鞋。全体队员的上衣、短裤和袜子颜色、式样必须统一（自由防守队员除外），并保持整洁。运动鞋必须柔软轻便，鞋底为没有后跟的胶底或合成革。

（2）队员上衣必须印有号码，序号范围需在 1～20 号内。号码必须印在身前和身后的中间位置，号码颜色要与衣服有明显的区分。胸前号码至少 15 cm 高，背后号码至少 20 cm 高，号码笔画至少 2 cm 宽。队长上衣胸前号码下，应有一条与上衣颜色不同的长 8 cm、宽 2 cm 的带状标志。（图 8-18）

图 8-18 号码规格

（二）比赛方法

1. 得 1 分

（1）某队得 1 分：球成功地落在对方场区内；对方犯规；对方受到判罚。

当队员的比赛行为违背规则（或其他方式的犯规）时，裁判员按以下规则做出判定：如果两个或更多的犯规先后发生，只判第 1 个犯规；如果双方队员同时犯规，判为“双方犯规”，该球重新比赛。

（2）比赛过程是指从发球击球起至该球成死球止的比赛行为。完整比赛过程是造成了得分结果的比赛行为。

如果发球队获胜，得 1 分并继续发球；如果接发球队获胜，得 1 分并获得发球权。

2. 胜 1 局

每局（决胜的第 5 局除外）先得 25 分，同时超过对方 2 分的队胜 1 局。当比分 24:24 时，比赛继续进行至某队领先 2 分（26:24、27:25）为止。

3. 胜 1 场

（1）胜 3 局的队胜 1 场。如果 2∶2 平局时，决胜的第 5 局打到 15 分并领先对方 2 分的队获胜。

（2）弃权与阵容不完整：某队被召唤后拒绝比赛，则宣布该队为弃权。对方以每局 25∶0 的比分和 3∶0 的比局获胜。某队无正当理由而未准时到达比赛场地，则宣布该队为弃权，结果同上。某队被宣布 1 局或 1 场比赛阵容不完整时，输掉该局或该场比赛，判给对方胜局或该场比赛所必要的分数和局数。阵容不完整的队保留其所得分数和局数。

4. 比赛的组织

（1）抽签：比赛开始前由第一裁判员主持抽签，决定第一局首先发球的队和场区。进行决胜局比赛前，应再次抽签。抽签由双方队长参加。

抽签获胜方可以选择发球或接发球，或选择场区。另一方挑选余下部分。

（2）开始阵容：每支队必须始终保持 6 名队员进行比赛。队员的轮转次序应按位置表登记的顺序进行，直至该局结束。每局比赛开始前，教练员应及时将开始阵容登记在位置表上，签字后交给第二裁判员或记录员。未列入开始阵容的队员为该局的替补队员（自由防守队员除外）。

位置表一经交给第二裁判员或记录员，除正常换人外，其阵容不得更改。

（3）位置：发球队员击球时，双方队员（发球队员除外）必须在本场区内按轮转次序站位。队员场上位置如图 8-19 所示，靠近球网的 3 名队员为前排队员，其位置为 4 号位（左）、3 号位（中）和 2 号位（右）；另外 3 名队员为后排队员，其位置为 5 号位（左）、6 号位（中）和 1 号位（右）。

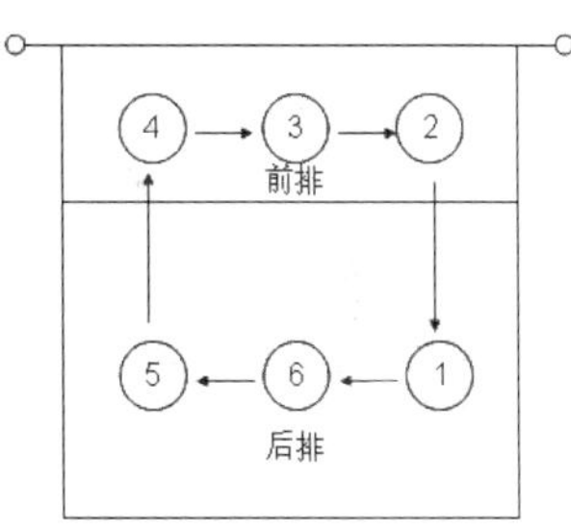

图 8-19　队员场上位置

（4）轮转：一局比赛中，轮转次序、发球次序及队员位置的确定，均以位置表为依据。接发球队获得发球权后，该队队员必须按顺时针方向轮转 1 个位置：2 号位队员转至 1 号位发球，1 号位队员转至 6 号位，以此类推。

（三）比赛行为

1. 界内球、界外球

（1）界内球：球触及比赛场区的地面包括界线为界内球。

（2）界外球：球接触地面的部分完全在界线以外；球触及场外物体、天花板或非场上比赛队员；球触及标志杆、网绳、网柱或球网标志带以外部分；球的整体或部分从过网区以外过网；球的整体从网下空间穿过。

2. 击球

比赛队必须在其本场区及空间内击球，但可以越出无障碍区救球。

（1）球队击球：比赛中，队员与球的任何触及都视为击球。每队最多击球三次（拦网除外）将球击回对区，如果超过则判为“四次击球”。一名队员不得连续击球两次。两名或三名队员可以同时触球。同队的两名或三名队员同时触到球时，被记为两次或三次击球，拦网除外。如果只有其中一名队员触球，则只记一次。队员之间的碰撞不算犯规。

（2）击球时的犯规：

四次击球：某队连续击球四次。

借助击球：队员在比赛场地内借助同伴或任何物体的支持进行击球。

持球：球被接住或抛出，而不是被弹击出。

连击：一名队员连续击球两次，或球连续触及其身体不同部位。

3. 队员在球网附近的犯规

（1）对方进攻性击球前或击球时，在对方空间触及球或对方队员。

（2）从网下穿越进入对方空间并干扰对方比赛。

（3）队员的双脚（单脚）全部越过中线进入对方场区。

（4）队员干扰比赛有下列情况（不仅如下）：击球时触及球网上沿的帆布带或球网以上的 80 cm标志杆；或击球时借助球网的支持；或造成了对本方有利；或妨碍了对方合法的击球试图。

4. 发球

（1）首先发球：后排右边的队员在发球区内将球击出而进入比赛的行动是发球。第 1 局和第 5 局由抽签选定发球权的队首先发球。其他各局由前一局未首先发球的队首先发球。

（2）发球次序：队员发球的次序按位置表上的顺序进行。一局的首先发球后，队员按下列规定进行发球：当发球队胜 1 球时，原发球队员（或其替补队员）继续发球；当接发球队胜 1 球时，获得发球权并轮转，由前排右队员轮转至后排右发球。

（3）发球的允许：第一裁判员检查发球队员已持球在手，而且双方队员已做好比赛准备时，鸣哨允许发球。

（4）发球的执行：球被抛起或持球手撤离后，必须在球落地前，用一只手或手臂的任何部分将球击出。球只能被抛起或撤离 1 次，但拍球或在手中摆弄球是允许的。发球队员在击球时或发球起跳时，不得踏及场区（包括端线）和发球区以外地面。击球后可以踏及或落在场区内或发球区以外。发球队员必须在第一裁判员鸣哨允许发球后 8 秒钟内将球发出。裁判员鸣哨允许发球前的发球无效。

（5）下列犯规应判为发球犯规：发球次序错误；没有遵守“发球的执行”的规定。

球被发出后出现以下情况仍为发球犯规（除非位置错误）：球触及发球队队员或球的整体没有从过网区通过球网垂直平面；界外球；球越过发球掩护。

如果发球犯规（不符合“发球的执行”、发球次序错误等）与对方位置错误同时发生，则判发球犯规。如果发球击球后的犯规（界外、发球掩护等）与对方位置错误同时发生，则判位置错误犯规。

5. 拦网

拦网是队员靠近球网在高于球网处阻挡对方来球的行动，与触球点是否高于球网无关，只有前排队员可以完成拦网，触球时身体必须有一部分高于球网上沿。

（1）拦网试图：没有触及球的拦网行动为拦网试图。

（2）完成拦网：触及球的拦网行动为完成拦网。

（3）集体拦网：2 名或 3 名队员彼此靠近进行拦网为集体拦网，其中 1 人触球则为完成拦网。

（4）拦网触球：在一个动作中，球可以连续（迅速而连贯地）触及 1 名或更多的拦网队员。

（5）进入对方空间拦网：拦网时队员可以将手或手臂伸过球网，但不得干扰对方击球。过网拦网的触球必须在对方进攻性击球之后。

（6）拦网与球队的击球：拦网的触球不算作球队 3 次击球的 1 次，拦网触球后该队还可以击球 3 次。拦网后可以由任何一名队员进行第 1 次击球，包括拦网时已经触球的队员。

（7）拦发球：拦对方的发球是被禁止的。

（8）拦网犯规：在对方进攻性击球前或击球的同时，在对方空间完成拦网；后排队员或自由防守队员完成拦网或参加了完成拦网的集体；拦对方的发球；拦网出界；从标志杆以外伸入对方空间拦网；由防守队员试图进行个人或参加集体拦网。

第九章　气排球

第一节　气排球运动及其基本技术

一、气排球运动概述

气排球源自我国，是从排球项目衍生出来的群众性体育活动。其运动方法和比赛方法与竞技排球运动基本相同。因球体大而轻、来回次数多、速度慢、趣味性和安全性高，是一项集运动、休闲、娱乐为一体的群众性体育项目。作为一项新的体育运动项目，由于运动适量，男女都可以混合进场参与，适合各个年龄层次的人进行强身健体活动，如今已经受到越来越多人的青睐，尤其是在南方，开展得如火如荼。2017 年，在天津第十三届全运会上，气排球成为群众体育的正式比赛项目之一，标志着该运动得到官方的高度认可，成为最受欢迎的大众健身娱乐项目之一。

二、气排球基本技术

（一）准备姿势

两脚左右开立稍比肩宽，两脚尖稍内收，两膝弯曲成半蹲。脚跟稍提起，身体重心稍向前，两臂放松，自然弯曲，双手置于腹前。两眼注视来球，两脚始终保持微动放松。

（二）垫球

1. 正面双手垫球

正对来球，两臂夹紧、前伸，插入球的下方。用前臂腕关节以上 10 cm左右桡骨的内侧盆状面迎击来球的后中下部，击球点保持在腹前。

垫球技术动作要点可用“插、夹、抬、压”四个字概括。

（1）插：双手互握插入球下。

（2）夹：两臂夹紧伸直。

（3）抬：提肩抬臂。

（4）压：手腕下压。

2. 捧球

掌心向上，手指张开，微紧张，捧球时接触球的下方，利用手指、手腕、抬臂、屈肘的全身协调用力，将球捧起。捧球用于对方过来的一般球，特别是网前接吊球。

3. 托抬球

掌心向上，手指张开，微紧张，肘关节微屈，腕关节伸直，自下而上全手掌击球的下部，将球托抬传出。托抬球主要用于飞行在运动员腰部左右的轻球。

4. 双手托翻顶球

接球前，保持一只手五指分开，手心向上，另一只手五指分开，手心向着来球方向，在接触球的瞬间，一只手接托在球的下部，另一只手同时反顶球的中后部，利用托、翻、顶的合力将球传出。托翻顶球是气排球运动中创新的一项技术动作，用于接发球和各种进攻击过网的球，运用十分广泛。

（三）发球

1. 正面上手发球

（1）准备姿势：面对球网站立，两脚自然开立，左脚在前，左手持球于体前。

（2）抛球：左手将球平稳地垂直抛于右肩的前上方，抛球高度为 1.5 m左右。

（3）引臂：屈肘后引，上体稍向右转，手停于耳旁。

（4）挥臂击球：收腹、振胸、挂肘，上臂带动前臂向前上方弧形挥摆，伸直手臂，在肩的上方用全掌边包边推压击球的后中部，使球呈上旋飞行。

2. 正面下手发球

（1）准备姿势：面对球网，两脚前后开立，左脚在前，两膝微曲，上体前倾，重心偏后脚，左手持球于腹前，右臂自然下垂。

（2）引臂：击球的同侧手臂直臂向后摆动。

（3）抛球：左手将球平稳地向上托送竖直抛起，抛球高度为 30 cm左右。

（4）挥臂击球：右腿蹬地，身体重心随着右臂的直臂前摆而前移，在腹前用手掌击球的后下部，重心随击球动作前移，迅速进场比赛。

（四）传球（正面上手传球）

（1）准备姿势：看清来球，迅速移动到球的落点，对正来球，两脚左右开立，约同肩宽，左脚稍前，右脚脚跟稍提起，两膝微屈，上体稍前倾，两臂弯曲置于胸前，两肘自然下垂，两手成传球手形，眼睛注视来球方向。

（2）手型：当手触球时，手腕稍后仰，两手自然张开，手指微屈成半球状。两拇指相对成“一”字形或“八”字形，两拇指间的距离不能过大，以防漏球。

（3）击球点：击球点在前额上方约一球距离。

（4）球触手的部位：拇指外侧，食指全部，中指的二三指节，无名指第三指节和小指第三指节的半个指节，简称为“3、2、1、半和拇指外侧”。

（5）击球部位：后中下部。

（6）用力顺序：蹬腿、展腹、伸臂，最后用手指手腕的弹力将球向前上方传出。

（7）传出球的基本要求：高于球网上沿 2 m左右；球的落点最远不超过边线，不近于离边线 2 m。

（五）扣球（正面扣球）

（1）准备姿势：两脚自然开立，两膝微屈，上体稍前倾，观察二传来球。

（2）助跑：左脚先向前迈出一步，接着右脚迅速跨出一大步，左脚及时并上落在右脚侧前方，两脚尖稍向右准备起跳。

（3）起跳：两臂自后积极向前摆动，随着双腿蹬地向上起跳，两臂协调配合起跳动作用力上摆。

（4）空中击球：起跳至接近最高点时用正面上手大力发球的挥臂动作在右肩前上方击球的中上部。

（5）落地：完成击球动作后，身体自然下落，应尽量用双脚的前脚掌先着地，同时顺势屈膝，缓冲身体下落的力量。

第二节　气排球竞赛规则

一、场地与设备

（一）球场

球场为长方形的平面，长 12 m，宽 6 m。每个场区各画一条距离中线中心线 2 m的进攻线。进攻线（包括进攻线的宽度）前为前场区，进攻线后为后场区。进攻线外两侧各间距 20 cm、长 15 cm的三段虚线为进攻线的延长线。两条进攻线的延长线之间、记录台一侧边线外的范围为换人区。在距端线后 1 m处画一条平行于且与端线长度相等的平行线为跳发球限制线；跳发球必须在该线后完成起跳动作。（图 9-1）

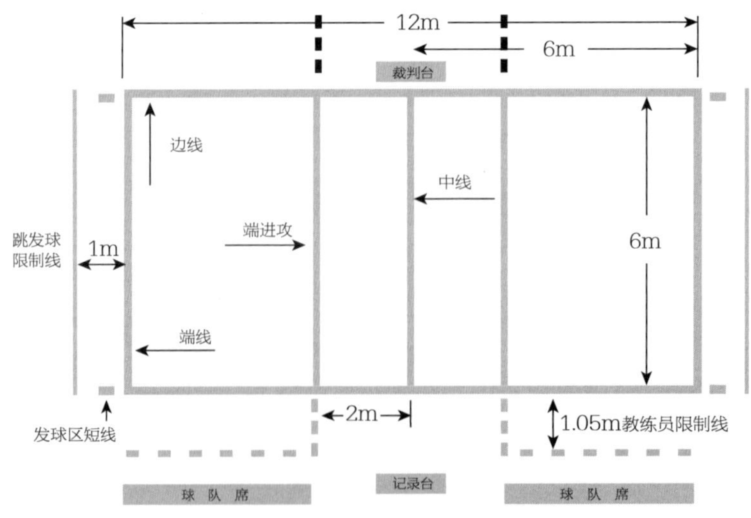

图 9-1　气排球场地规格

（二）球网高度

比赛网高男子 2.1 m，女子 1.9 m，混合网 2.0 m。球网高度用量尺从场地中间丈量。球网两端离地面必须相等，不得超过规定高度 2 cm。

（三）球

球为圆形，球的面料由柔软的高密度合成革材质制成。颜色为彩色。圆周长为 72 ～ 78 cm，重量为 120 ～ 140 g，气压为 0.15 ～ 0.18 kg/cm^3。一次比赛所用的球必须是同一特性、同一品牌的球。

二、竞赛规则

（一）场上位置

四人制比赛队员位置：靠近球网 2 号位（右）、3 号位（左）两名队员为前排队员，另外两名队员 1 号位（右）、4 号位（左）为后排队员。1 号位队员与 2 号位队员同列，3 号位队员与 4 号位队员同列。（图 9-2）

五人制比赛队员位置：靠近球网 2 号位（右）、3 号位（中）、4 号位（左）三名队员为前排队员，另外两名队员 1 号位（右）、5 号位（左）为后排队员。1 号位队员与 2 号位队员同列，4 号位队员与 5 号位队员同列。（图 9-3）

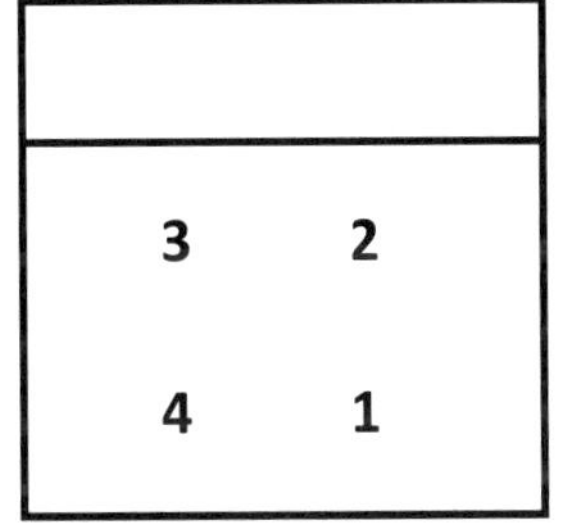

图 9-2　四人制场上队员位置

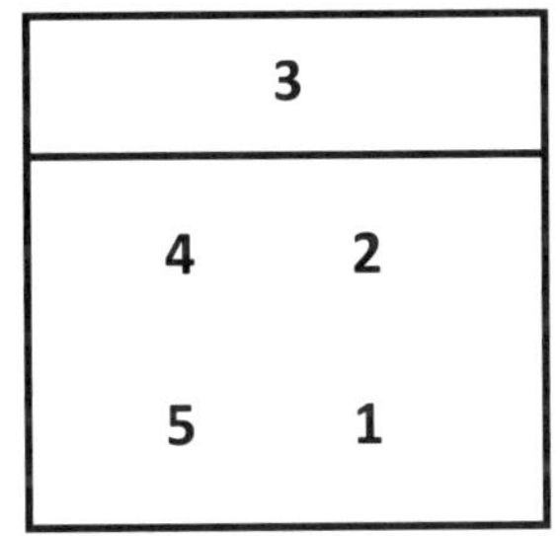

图 9-3　五人制场上队员位置

（二）计分方法

比赛采用每球得分制，当某队胜一球时，即得一分，同时获得发球权，并且队员按顺时针方向轮转一个位置。

（三）胜一局

第 1、2 局先得 21 分同时超过对方 2 分为胜一局，当比分 20∶20 时，比赛继续进行至某队领先 2 分为胜一局。决胜局，先得 15 分同时超过对方 2 分的队获胜，当比分 14∶14 时，比赛继续进行至某队领先两分为胜一局。决胜局 8 分时双方队员交换场地进行比赛，比赛按照交换时的阵容继续进行。

（四）胜一场

比赛采用三局两胜制，胜两局的队为胜一场。如果 1∶1 平局时，进行决胜局（第三局）的比赛。

（五）轮转

轮转次序、发球次序及队员位置的确定均以位置表为依据。

某队得 1 分，同时得发球权后，所有队员必须按顺时针方向轮转一个位置，由 2 号位队员轮转至 1 号位发球。

如某队因对方被判罚而得 1 分，本方所得该分后也必须轮转一个位置，原该分该轮的发球队员不再发球，轮转由下一轮发球队员发球。

（六）进攻性击球

队员在后场区可以对任何高度的球做进攻性击球，但在起跳时不得踏及或踏越限制线，否则即为违例犯规。

队员在前场区，采用攻击力强的扣、抹、压吊动作，将高于球网上沿的球击入对区，则判犯规。如采用攻击力小的传、顶、挑的动作，击球的底部或下半部，使球具有一定向上的弧度过网不算犯规。

队员在前场区，对低于球网上沿的球，可用任何击球动作将球击入对区。

（七）进攻性击球的限制

接发球队队员不能对在本场区内高于球网上沿的对方发球完成进攻性击球。

队员可以在进攻线前（前场区）完成进攻性击球，但球的飞行轨迹必须高于击球点，有明显向上的弧度过网进入对方场区。

进攻线后（后场区），队员可以对任何高度的球完成进攻性击球，但击球起跳时脚不得踏及或越过进攻线。

（八）拦网与过网

后排两名队员不得拦网。如有参加拦网并起到拦网作用时应判犯规。

拦网不算一次击球，还可再击球三次。

不得拦对方的发球和对方队员进入前场区直接击过网的球，只允许拦对方队员在后场区直接击过网的球。

当球飞向过网而尚未过网，有同队队员准备击该球时，不能过网完成拦网。

本方队员完成直接向对方击球前，对方的手触及本方地区上空的球时，应判对方队员过网犯规。

（九）正常间断的次数

每局比赛中，每队最多请求两次暂停和 4 人次（四人制）或 5 人次（五人制）换人，所换队员不受位置限制。

（十）暂停

每次暂停时间为 30 s。暂停时，比赛队员必须离开比赛场区到球队席附近的无障碍区。

（十一）局间休息

第一局结束后休息 2 min，决胜局前休息 3 min。

第十章 足 球

2004年2月4日，国际足联宣布：足球起源于中国古代的蹴鞠，山东淄博临淄是足球最早的发源地。现代足球起源于英国，1863年10月26日被定为现代足球运动的诞生日。1904年，国际足球联合会（FIFA）在巴黎成立，目前有会员协会209个。1912年第5届奥运会起，足球被列为正式比赛项目。目前规模最大、水平最高、最激动人心的是世界杯足球赛，每四年举办一届，每届比赛都吸引了数以亿计的观众，从1930年乌拉圭第1届世界杯到2018年俄罗斯第21届世界杯，共举行了21届。

第一节 足球运动概述

一、足球运动的特点

（1）整体性：足球比赛每队由11人上场参赛，比赛中队员攻守统一，行动一致，整体协作意识强。

（2）对抗性：足球运动对抗激烈、复杂，包括个人、局部、集体的对抗，也包括无球、有球、地面、空中、心理、环境的对抗，一场高水平的比赛攻守转换接近300次，一半以上的技术动作是在强对抗条件下运用和完成的。比赛中双方为争夺控球权，冲撞抢位、贴身紧逼、倒地铲球、高空争抢等越来越多，越来越激烈。

（3）多变性：技术多样，战术多变，运动员快速反应、随机应变。个人技战术要与整体技战术有机结合，个人能力与整体相匹配，技战术能力和体能极具有专项性，球队对个人能力和团队配合要求越来越高。

（4）艰辛性：比赛场地长100～110 m，宽64～75 m，时间90～120 min。现代足球比赛强调“高速度、强对抗”，一场比赛运动员跑动距离9000～14000 m，其中快速冲刺跑在2500 m以上，运动员需具有承受大运动负荷的身体能力。

（5）易行性：比赛规则简单，一般性足球比赛场地器材要求不高，比赛人数和时间不受严格控制，容易组织和开展。

二、足球运动的价值

第一，增强体质，有助于身心健康。经常参加足球运动，能够提高力量、速度、灵敏、弹跳及柔韧等多方面身体素质，增强人体的心血管系统、呼吸系统、神经系统的工作能力，有效地增进人们的身心健康。

第二，培养品质，有助于思想品德教育。足球运动可以培养勇敢顽强、坚韧不拔及胜不骄、败不馁的品质，从事足球运动还可以培养团结协作、热爱集体的精神。

第三，增进友谊，促进交流。现代足球已成为一个国家的政治、经济和文化的一种交流工具，通过比赛能促进和发展学校间、社区间、国家间友谊，共同提高足球运动水平。

第四，活跃经济，创造社会财富。在市场经济极为活跃的今天，职业化足球同商业化越来越密切，大力发展足球产业，通过门票、电视转播费、运动员转会费、广告费等可以获取丰厚的利润，同时还可以带动运动器材、服装、饮食、旅游等行业的发展，不仅增加了国家经济收入，也增加了足球俱乐部和运动员的收入。

三、足球运动的发展趋势

足球比赛速度越来越快，攻守对抗越来越激烈，各种技术流派相互学习，取长补短，不断完善和融合，运动员竞技能力全面发展，球星的作用与整体融为一体，足球攻守矛盾的斗争促进了足球技战术水平的不断提高，全攻全守总体型打法是发展的必然趋势。

第二节　足球基本技术

一、踢球

踢球是指运动员有目的地用脚的某一部位把球踢向预定目标的动作方法。踢球主要用于传球和射门。踢球是由助跑 、支撑脚站位、踢球腿摆动、脚击球、踢球后的随前动作五个技术环节组成，其中脚击球是踢球技术的核心，是决定出球质量的关键。

（一）动作要点

（1）助跑：助跑是指运动员踢球前的几步跑动，有利于支撑脚处于有利位置，使踢球前获得一定的前移动量，从而增加击球的速度和力量。助跑最后一步要稍大。

（2）支撑脚站位：要以踢球腿的摆动能达到最大摆幅，有利于踢球脚准确地接触球的合理部位为原则。支撑脚的选位一般位于球的水平或稍后，膝关节微屈，脚尖指向出球方向。

（3）摆腿：摆腿是指踢球腿击球前的摆动过程，它是踢球的主要力量来源。切忌斜摆腿，并注意小腿的后屈与加速前摆。

（4）脚击球：脚击球是踢球技术的核心，是决定出球质量的关键，用脚的某一部位击球的后中部，作用力通过球心，使球获得全部力量，出球平直而有力。

（5）踢球后的随前动作：踢球后，踢球腿要前摆和送髋，以控制出球方向和加大踢球力量，并维持身体平衡。（图 10-1）

图 10-1　踢球

（二）练习方法

（1）踢球动作的无球模仿练习，原地或上一步踢假想球练习。

（2）踢固定球练习。一人脚底踩球，另一人做原地或助跑跨一步踢球练习。主要体会支撑脚站位、摆腿及触球部位的动作。

（3）足球对墙踢练习。开始采用短距离、小力量练习，然后逐渐加大踢球的距离和力量。

（4）两人一组的各种踢球动作的练习。采用两人一组方式练习踢球，距离可根据需要和水平而定。若踢定位球，可与接球同时练习；若踢活动球可相隔一定距离进行连续踢球练习，也可辅以各种跑动中的传切跑位练习；进行射门练习时，可以一人传球一人射门练习，最后可以加以对抗的传射练习。

二、接球

接球是指运动员运用身体的有效部位，将运行中的球有目的地接控在所需位置上的动作方法。常用的接球方法有脚掌接球、脚内侧接球、脚背正面接球、脚背外侧接球、大腿接球、胸部接球、腹部接球及头部接球等。

（一）动作要点

（1）准确地判断来球的速度、落点、路线及球反弹的角度，恰当地选择支撑脚的站位。

（2）接球时，为了削弱与球接触时所产生的反作用力，要积极做迎撤动作以缓冲来球力量，或采用切挡、压推的动作，改变球的方向来抵消来球力量。

（3）接球后身体重心要有意识地向接球方向移动，以便更好地衔接下一个动作。

（4）用大腿或脚接球时，大腿或踝关节要放松。用胸部做挺胸式接球时，上体稍后仰，与来球形成适宜的角度，触球后要挺胸用力。（图 10-2）

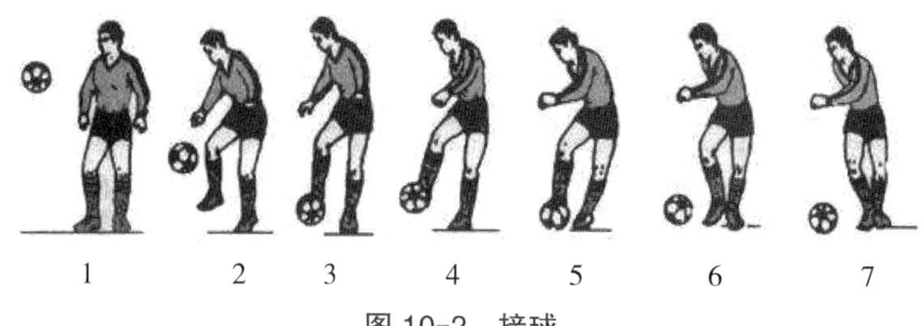

图 10-2　接球

（二）练习方法

（1）利用足球墙进行接球技术练习。先练习接地滚球，然后过渡到用手抛或脚踢高球撞墙接空中球和反弹球练习。

（2）个人自抛自接反弹球练习。

（3）两人一组，一抛一接或一传一接，距离由近至远，力量由小到大。

（4）两人一组，一定范围内做跑动中传接练习，接球时应尽量选择多种方法、不同部位的反复练习。

三、运球

运球是指运动员在跑动中有目的地用脚连续推拨球的动作方法。常用的运球部位有脚内侧、脚背正面、脚背内侧和脚背外侧等。

（一）动作要点

（1）跑动要自然、放松，步子小而短促，膝关节微屈，身体稍前倾，便于随时改变方向。

（2）脚触球采用推拨的动作，用力不要太大，球要始终保持在自己的合理控制范围内。

（3）遇有对手争抢时，要用身体掩护球或用外侧脚运球。

（4）运球时眼睛不要只盯着球看，要随时观察周围和队友接应情况，这样才能根据场上情况，做出相应的变化将球控制在所需要的位置。（图 10-3）

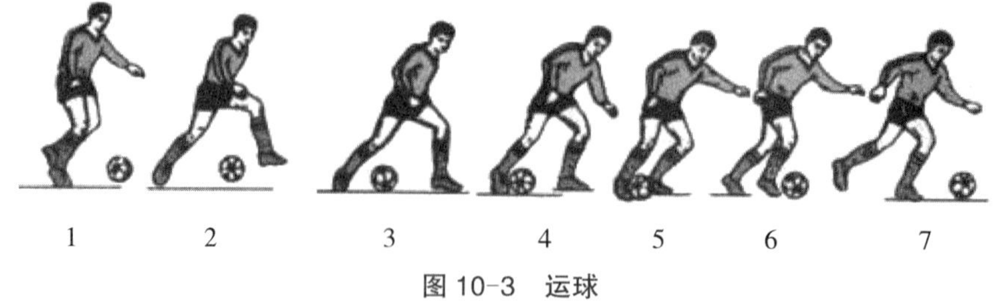

图 10-3　运球

（二）练习方法

（1）走和慢跑中两脚交替直线运球。

（2）走和慢跑中沿弧线运球，可规定用一种脚法。例如顺时针时用右脚的脚背外侧或左脚的脚背内侧运。

（3）在慢跑中两脚交替用脚背内侧或脚背外侧运球方法折线运球。

（4）在慢跑中交替用左、右脚的脚背内侧运球方法折线运球。

（5）“8”字运球。

（6）个人在运球中做突然变向，变速练习。

四、头顶球

头顶球技术是运动员有目的地运用头的前额部位直接处理空中球时所做出的各种击球的动作方法。按顶球的部位可分成额正面顶球和额侧面顶球两种。

（一）动作要点

（1）两眼注视来球，对来球的性质和运行路线要做出准确的判断，并选择好顶球的位置和起跳时机。

（2）顶球时，应在球运行到身体的垂直部位，额正面触球发力，颈部肌肉要紧张，切忌闭眼缩脖。

（3）顶球时，蹬地、收腹、摆体、甩头等用力动作要协调一致。

（4）跳起顶球时，身体在空中要保持平衡，落地时要屈膝缓冲。（图 10-4）

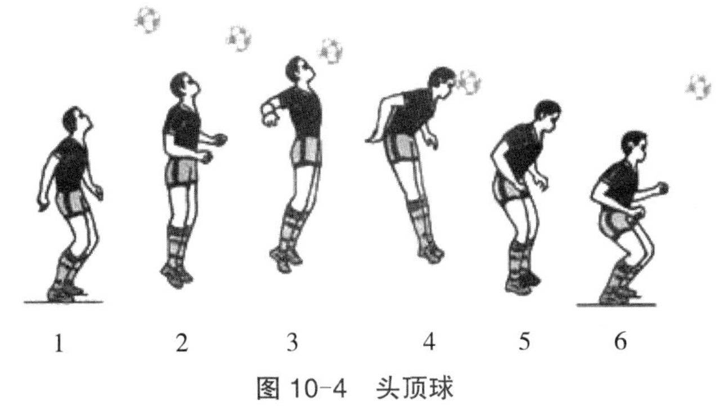

图 10-4　头顶球

（二）练习方法

（1）头顶球动作的无球模仿练习。

（2）头顶固定球练习，一人双手适当高度持球，另一人进行顶球练习。

（3）自抛和互抛顶球。

（4）头球射门练习：练习者在罚球点附近，由教师或同伴从球门柱外端线处将球抛出，练习者可根据来球做原地顶、原地起跳顶、冲顶、跑动中起跳顶球等练习。

五、抢截球

抢截球是指运动员运用合理动作和部位将对方队员控制或传递中的球夺过来、踢出去、破坏掉的动作方法。（图 10-5）

图 10-5 抢截球

（一）动作要点

（1）抢截时机应在对手运球脚触球后即将着地或刚着地时。

（2）抢球动作用力要通过球的中心，触球时上体应前倾且腿部用力。

（3）要利用身体的合理冲撞。

（4）要紧密衔接下一个动作。

（二）练习方法

（1）一人一球对静止球做跨步抢球练习。

（2）向前轻推球后在慢跑中完成侧面抢球和铲球动作。

（3）两人并肩慢跑做合理冲撞练习。

（4）两人一球，一人运球一人抢截球练习。此练习由消极对抗逐步过渡到积极对抗。

第三节 足球基本战术

足球战术是指在比赛中为战胜对手，根据实际情况所采用的个人行动和集体配合的方法，足球战术由进攻战术和防守战术两大系统构成。在攻防战术中又分为个人战术和集体战术。个人战术是全队战术的基础，全队战术是个人战术的综合。阵形是战术的重要组成部分，它使球队能有效地完成攻守战术配合。现代足球战术特点强调发挥全队的攻守能力，也重视个人特长的发挥。

一、常见比赛阵形的特点

（一）“四四二”阵形

此阵形由四个后卫、四个中场、两个前锋排列而成。特点是中后场防守稳固，攻防灵活、机动，边后卫要有一定的进攻力，见机插上积极助攻，中场队员要能攻善守，攻守力量搭配要合理并有侧重。

（二）“四三三”阵形

此阵形由四个后卫、三个前卫、三个前锋排列而成。特点是利于攻防力量的组织，攻防机动性大，进攻的突然、隐蔽性强。

（三）“五三二”阵形

此阵形由五个后卫、三个中场、两个前锋排列而成。这种阵形安排五名球员在后场，是一种比较典型的防守反击打法，常用于实力弱于对手时。该阵形反击时的攻击点在于两名前锋和及时插上的边前卫或边后卫。因此可知，前场中路和边路是该阵形快速反击的重点区域。

（四）“三五二”阵形

此阵形由三个后卫、五个中场、两个前锋排列而成。这种阵形在中场投放了五名球员，中场人员相对占优。采用这种阵形的球队，一般是实力强于对手，运用压迫式打法向对手施加压力。中场五名球员在进攻和防守时都可以抽调人员前压或后退，阵形变化比较灵活，但对边卫的能力要求较高。

（五）“四五一”阵形

此阵形由四个后卫、五个中场、一个前锋排列而成。特点是中后场的球员密集，具有密集型防守反击的特点。当今世界足球比赛，密集型防守反击是比较流行的打法，不论是强队还是弱队都深知稳固防守的重要性。“四五一”阵形在中场安排了五名球员，在稳固防守的基础上，仍可采取积极、大胆的进攻，所以也并不能说这是一种保守的阵型。

二、个人战术

（一）个人进攻战术

1. 跑位

在一场比赛中，运动员接触球的时间仅有两三分钟，其余的时间均是无球状态下的活动。因此跑位是否合理，对球队的战术质量和技术发挥都有很重要的影响。

跑位的目的是为自己或同伴创造获得球的时间和空间，跑位需要具有高度整体配合意识的多名队员协同行动。

2. 运球突破

运球过人是进攻战术中极为重要的个人战术，它是破密集、破紧逼、造成以多攻少、觅得传球空当、获取射门得分的有效手段。足球比赛强调以集体配合为主，但缺少运球突破的能力，集体配合会变得缺少章法。比赛中盲目地盘带，不仅会错失最佳进攻时机，而且会影响战术运用的效果。

3. 传球

传球是集体配合的基础，是完成战术配合、创造射门机会的重要手段。传球按距离分为短传（15 m内）、中传（15～25 m）、长传（25 m以上）；按传球的高度分为高、平、低三种；按传球的方向可分为直传、斜传、横传和回传。

（二）个人防守战术

1. 选位与盯人

选位是指防守队员根据位置职责和临场情况，选择适当的防守位置。盯人是指在正确选位的基础上，对防守的对手实施监控或严密控制其进攻行动。选位要先于进攻队员且根据实际情况灵活变通，以盯人为主，盯人有紧逼盯人和松动盯人两种。

2. 抢球与断球

抢球是指将对方控运的球抢过来或破坏掉的战术行动。断球是指将对方的传球从途中截下来或破坏掉的战术行为。抢球是重要的个人战术，是个人防守能力的重要标志，而断球是由守转攻最有效的战术行动。

三、局部战术

（一）局部进攻战术

1. “二过一”战术

“二过一”战术就是两个进攻队员运用传球和跑位配合方法突破一个防守队员的方法。“二过一”配合的形式有直传斜插二过一、斜传直插二过一、斜传斜插二过一和回传反切二过一。

“二过一”配合的要求：“二过一”的局面瞬息万变，必须抓住战机及时完成配合。任何形式的“二过一”配合，都必须做到传球准确及时，力量适当；接球队员摆脱突然快速，跑位时间恰到好处。通俗地讲，传球配合默契，人到球到，球到人到。

2. “三过二”战术

“三过二”比“二过一”配合进攻的区域更大，同时增加进攻战术的多变性和突然性。

“三过二”配合的方法，大致可分为两种：一种是一个队员利用自己跑向空当牵制一个防守队员，其他两个进攻队员利用传切战胜另一位防守队员；另一种是三个队员通过传球进行一次间接“二过一”或连续两次“二过一”的配合战胜两个防守队员。

3. 传切配合

传切配合是指控球队员将球传给切入的进攻队员的配合方法，主要形式包括局部传切和转移长传切入。

4. 交叉掩护配合

交叉掩护配合是指在局部地区两名进攻队员在运球交叉换位时，以自己的身体掩护同伴越过防守队员的配合方法。

（二）局部防守战术

1. 保护

防守队员一旦被持球队员突破，保护队员可及时补防，堵住进攻路线或夺回控球权。保护时应注意保护队员的选位及与逼抢队员的距离是动态变化的，例如后场

3 ～ 5 m、中前场 4 ～ 8 m 等。

2. 补位

比赛中，通过同伴间的相互补位，可以有效地遏制和破坏对方的进攻行动。补位时应注意是邻近位置两名队员之间相互补位，防守队员能追上自己对手时，一般不交换防守和补位。

3. 围抢

围抢是指两个以上的防守队员从多方位夹击对方的控球队员，把球抢夺回来或破坏掉的战术配合。围抢时注意应贴身逼抢，力求围抢成功，不可疏漏，避免被突破造成被动。

四、整体战术

（一）整体进攻战术

1. 边路进攻

边路进攻是指在对方半场前场罚球区线以外靠近边线区域的进攻。由于两侧区域防守队员相对较少，空间较大，攻方在这一区域便于进攻，突破防守线。但边路突破后由于射门角度小，往往是将球传到中路，由中路的同伴包抄抢点射门。所以边路进攻多以下底传中或 45°斜传方式为进攻结束手段。

2. 中路进攻

所谓中路进攻是指在对方半场前场中间区域配合的进攻。中路进攻由于离球门近，射门角度大，一旦突破防线，威胁大，所以射门得分的可能性大。

3. 转移进攻

转移进攻是指由一个区域转向另一个区域的进攻配合，一般有中路进攻受阻时转移到边路组织进攻，或边路进攻受阻时转移到中路组织进攻，或一侧边路转移到另一侧边路的进攻。

4. 快速反击

快速反击是指防守方在获得球权后，在对方尚未形成稳固防守态势时，快速攻击对方，从而创造射门机会的配合，最关键的因素是在于能否合理运用“快”和“准”。

5. 层次进攻

层次进攻是指有组织、有步骤、层层推进的一种进攻方式。一般发生在对方已组织好防守的情况下，层次进攻是一种比快速反击更慎重的进攻打法。

6. 破密集防守进攻

破密集防守的进攻是指针对对方全队收缩在后场、防守人员密集情况下的进攻配合。

（二）整体防守战术

1. 区域防守

在区域防守体系中，每个队员都是在自己相对稳定明确的活动区域内进行盯人防守。主要是对进入自己防守区域的攻方队员实施盯人防守，原则上不越区盯人，当某一区域盯人防守失败时，邻近队员应及时补位。

2. 人盯人防守

人盯人防守是一种除自由人以外，其他每个队员都有固定盯人对象的防守形式。人盯人防守时要求个人具有较强的作战能力，同伴之间相互协作，体能充沛。

3. 混合防守

混合防守是人盯人防守和区域盯人防守相结合的打法，其优点是可以根据实际情况，灵活地将人盯人防守和区域盯人防守的特点充分运用。混合防守通常是将对手具有突出威胁的攻击者和主要组织核心紧紧盯住，利用两名中卫采用盯人防守将对方的两名突破能力强的前锋盯紧，而其他防守队员采用区域盯人防守。

第四节　足球竞赛规则

一、场地与设施

（一）比赛场地

1. 球场面积

国际比赛场地要求：长 100 ～ 110 m，宽 64 ～ 75 m。场地各线宽度不超过 12 cm，球门线的宽度必须与球门柱宽度一致。

2. 场地画线

（1）三线：边线，两条较长的边界线为边线。球门线，两条较短的边界线为球门线。中线，把全场划分为两个相等的半场，中线的宽度应包括在每个半场的面积之内。

（2）两区：罚球区，长 40.32 m，宽 16.5 m。球门区，长 18.32 m，宽 5.5 m。

（3）两点：罚球点，罚点球时，球必须放定在该点上并向前踢出。中点，开球时，球必须放定在该点上。

（4）两弧：角球弧，角球区半径为 1 m，踢角球时，球必须放定在角球区内。罚球弧，罚球点至罚球弧的距离为 9.15 m。罚点球时，除主罚队员和守门员外，其他队员应退到罚球弧以外。

（5）中圈：半径为 9.15 m，开球时，守方队员须站在中圈以外的本方半场内。

3. 场地的分区

（1）第四官员席：在中线延长线外。

（2）替补席：比赛中教练员、替补队员及工作人员应在替补席上，具体人数由竞赛规程决定。凡被罚令出场的人员，在禁赛期间不得留在替补席。

（3）技术区域：在赛前确认区内的具体人员；同一时刻只允许一人在区内进行战术指挥；除裁判员允许医生进场察看伤情外，比赛中任何人都必须在指定区域内；举止必须得当。（图 10-6）

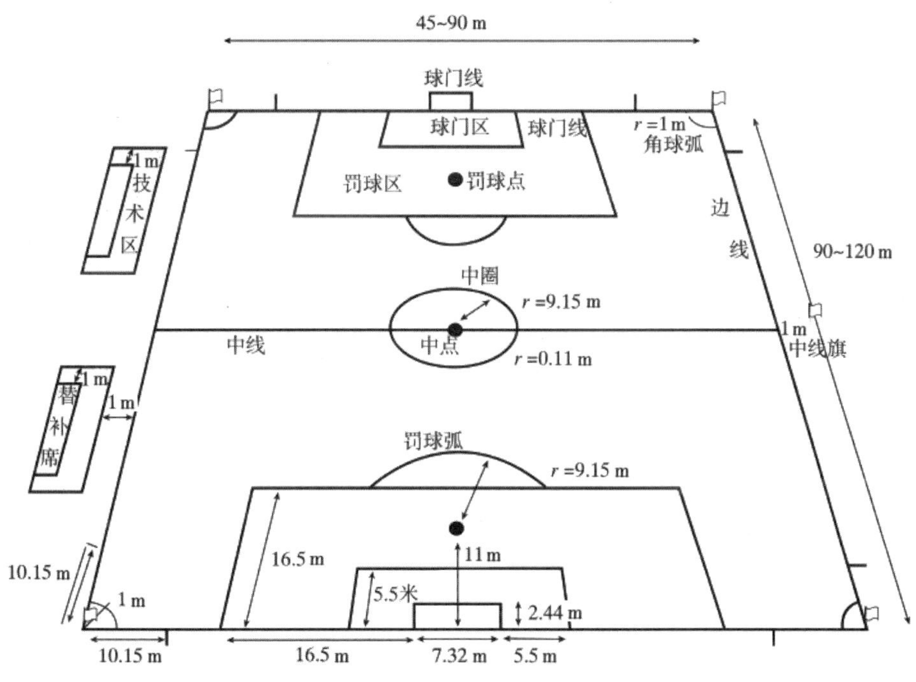

图 10-6 足球比赛场地示意图

（二）比赛的设施设备

1. 球

球的周长 68 ～ 70 cm，重量 410 ～ 450 g，球的气压 0.6 ～ 1.1 个大气压。

2. 角旗

高度不得低于 1.50 m，顶端应为平顶。

3. 球门

长 7.32 m（两立柱内沿测量），高 2.44 m（横梁下沿至地面垂直测量），立柱与横梁宽度相等，直径不超过 12 cm，球门必须为白色。

二、足球竞赛规则

（一）比赛参与者

1. 场上人数

每队应为 7 ～ 11 人，其中 1 人必须为守门员，如果任何一队场上队员少于 7 人，则比赛不得开始或继续。

2. 队员装备

(1)运动有袖上衣，短裤，护袜，护腿板，球鞋；

(2)上衣号码与短裤号码必须一致，队员之间不得重号；

(3)守门员服装颜色应区别于其他队员、裁判员和助理裁判员，守门员可穿长裤；

(4)队长须佩戴袖标。

(二)比赛方法及行为

1. 比赛时间

比赛时间为 90 min，每半场各 45 min，除经裁判员同意外，中场休息不得超过 15 min。

2. 犯规与不正当行为

(1)直接任意球。裁判员认为，如果队员草率地、鲁莽地或使用过分的力量违反下列七条中任何一条，将判给对方踢直接任意球：踢或企图踢对方队员；绊摔或企图绊摔对方队员；跳向对方队员；冲撞对方队员；打或企图打对方队员；推对方队员；抢截对方队员。如果队员违反下列三种犯规中任何一种，也判给对方踢直接任意球：拉扯对方队员；向对方队员吐唾沫；手球(守门员在本方罚球区内除外)。

(2)点球。在比赛进行中，无论球在什么位置，如果防守方队员在本方罚球区内违反了上述犯规的任何一种，将被判罚球点球。

(3)间接任意球的判罚。如果守门员在本方罚球区内违反下列四种犯规中任何一种，将判罚给对方罚间接任意球：拖延时间(持球超过 6 s)；在发出球之后未经其他队员触及，再次用手触球；用手触及同队队员故意踢给他的球；用手触及同队队员直接掷入的界外球。另外，如果裁判员认为队员有下列情况任何一种的，也将判罚给对方罚间接任意球：以危险方式比赛；阻碍对方队员行进；阻挡对方守门员从其手中发球；队员在比赛中被判有开球、球门球、角球、任意球、罚球点球连踢；越位犯规。

(4)可警告的犯规(黄牌)：犯有非体育道德行为；以言语或行动表示不满；持续违反规则；延误比赛重新开始；妨碍发角球和任意球；未得到裁判员许可进入或重新进入比赛场地；未得到裁判员许可故意离开比赛场地。

(5)罚令出场的犯规(红牌)：严重犯规；暴力行为；违反体育道德的行为；用故意手球破坏对方的进球或明显的进球得分机会(守门员在本方罚球区内除外)；用可判为任意球或点球的犯规破坏对方向本方移动着的明显进球得分机会；使用攻击性的、侮辱性的或辱骂性语言或动作；在同一场比赛中得到第二次黄牌警告(这是针对同一队员而言)；比赛中如果守门员在本方罚球区内用球掷击或企图掷击对方队员，将被判罚球点球并罚令出场。

3. 越位

(1)处于越位位置的条件：在对方半场内；比球更接近于对方球门线；在该队员与

对方球门线之间，对方队员不足两人。上述三个条件中，缺少任何一条，均不属于越位。

（2）越位判罚时机：判断是否处于越位位置的时间是同队队员踢或触球的瞬间，而不是该队员接得球的瞬间。

（3）越位犯规的判罚。处于越位位置的队员，在同队队员踢或触球的瞬间，裁判员认为其有下列情况而“卷入”了现实比赛中时才被列为越位犯规：干扰比赛；干扰对方队员；利用越位位置获得利益。

（4）没有越位犯规的判罚：处于越位位置的队员直接接到同队队员的球门球，掷界外球和角球时，没有越位犯规。

第十一章　乒乓球

第一节　乒乓球运动概述

一、乒乓球运动的起源与发展

乒乓球运动起源于19世纪末的英国，受网球运动的启示而来。由于使用赛璐珞材质制球，拍击球和球碰桌面时发出的是“乒”“乓”的声音，所以“乒乓”的名字也就由此产生了。

乒乓球的球拍因为球的材质变化及成本和耐用度考量，经历了从像网球拍那样小型穿线球拍，到羔羊皮纸拍，最后到结实耐用且价格低廉的木板制成球拍的变化发展过程。之后，胶皮也有了发展，先后出现了颗粒胶皮拍、海绵胶皮拍、反贴海绵拍和正贴海绵拍等。球拍的不断革新，将乒乓球技术逐步提高。1959年，中国乒乓名将张燮林发明了长胶胶皮，打法奇怪莫测，同年，国际乒联通过了对球拍的限定，将乒乓球拍的规格基本固定了下来，乒乓球拍的演变发展进入了相对稳定阶段。

二、中国乒乓球运动发展概况

我国乒乓球运动是在1916年开展起来的，早期只有上海、北京、天津、广州几个大城市的教会开展，一般市民无缘参与。1918年，上海率先成立全市的乒乓球联合会和其他一些组织，不少球队纷纷建立，并于1923年首次举办了比赛。同年，全国乒乓球联合会在上海诞生，中国乒乓球运动从此得到了初步的发展。

中华人民共和国成立后，我国的乒乓球运动得到了飞速发展，经历了以下几个阶段：① 20世纪50、60年代，开始领先世界；② 20世纪70年代，技术创新、改革与发展；③ 20世纪80年代，培养新人再创辉煌；④ 20世纪90年代，为国争光、勇攀高峰。此后，中国队始终站在世界乒坛的最顶峰。在以令人瞩目的成绩为长盛不衰40年的中国乒乓球在“小球时代”画上了圆满的句号后，现今的“大球时代”，中国队仍然保持领先优势，再创辉煌。

第二节　乒乓球基本技术

一、准备姿势

准备姿势是指击球队员准备击球时或还击球时的身体各部位姿势。（图 11-1）

图 11-1　准备姿势

两脚左右开立，约与肩同宽。身体稍向右侧，面向球台。两膝自然弯曲稍内收并内旋；前脚掌内侧着地、提踵，重心置于两脚之间。躯干稍含胸收腹，上体略前倾，下颏微收，两眼注视来球，要“收腹、提气”，便于腰髋的转动和发力。执拍手和非执拍手均应自然弯曲置于身体前侧方，保持相对的平衡状态。执拍手肩关节的三角肌放松，肘关节略外张。前臂、手腕、手指肌群放松，自然握拍，使拍面稍前倾成半横状，置身体腹部右侧前方。

二、握拍法

握拍法指运动员手握乒乓球拍的方法，有直拍握法和横拍握法两种。正确的握拍法对调整击球时的引拍位置、拍形角度、拍面方向、发力方向等有重要作用。其中，直握拍法以拇指、食指钳住拍柄，其余三指扎丁球拍背面，常用的有中钳式（图 11-2）、食指扣拍式（图 11-3）等。横握拍用虎口压住球拍右上肩，拇指、食指自然握于拍前、后，其余三指弯曲握柄（图 11-4）。

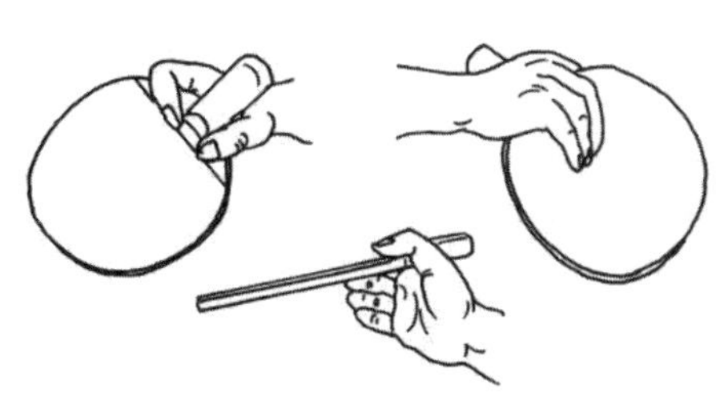

图 11-2　中钳式握法

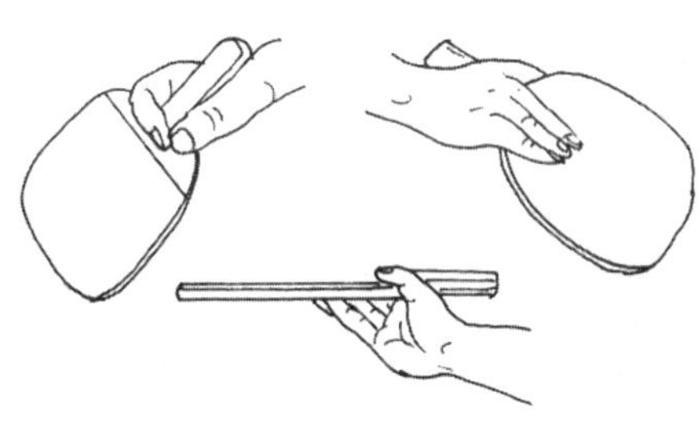

图 11-3　食指扣拍式握法

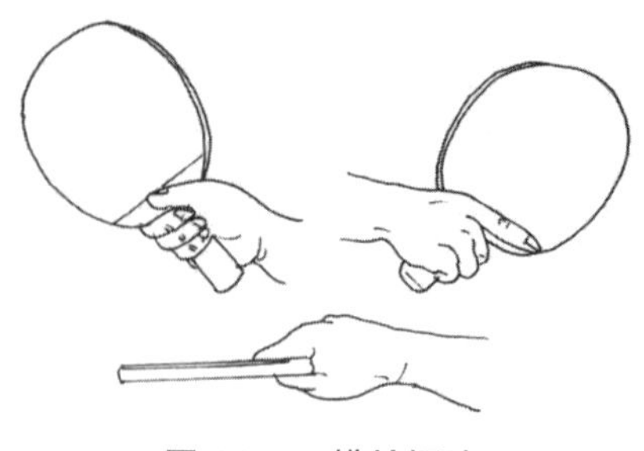

图 11-4 横拍握法

三、步法

步法指击球员为选择合适的击球位置所采用的脚步移动方法。步法是运动的基础，其特点是起动快、移动快、频率快。比赛中来球的落点不断变化，正确的步法能使自己移动到合适的击球位置。

(一)跳步

小跳步(亦称作小垫步)是两脚的前脚掌几乎同时上下轻轻跳一下或踮一下，一般用于还原身体重心或脚距，调节击球的姿势。

在来球较快、角度较大时采用大跳步，即来球异侧方向的一脚前脚掌内侧用力蹬地，使两脚离开地面同时向前、后、左、右方向跳动，蹬地脚先着地。

(二)跨步

在来球距击球员身体一大步的范围时采用。其动作要点：来球方向的异侧脚前脚掌内侧用力蹬地，同侧脚向来球方向侧跨一大步。同时，脚尖应转向来球方向，并用前脚掌内侧蹬地制动起缓冲作用；异侧脚再迅速跟上。

(三)并步(亦称滑步或换步)

当来球距击球者身体一步以上而移动幅度又不大时采用。其动作要点：移动时，先以来球异侧方向的脚用力蹬地迅速向同侧脚并拢；来球方向的脚用前脚掌内侧用力蹬地，向来球方向滑一步，两脚几乎同时着地。

此外，单步、交叉步、侧身步也是常见的乒乓球步法。

四、发球技术

(一)平击发球

平击发球一般不带旋转，它是初学者最基本的发球方法，也是掌握其他复杂发球的基础。

动作方法：正手发球，左脚在前，身体稍向右转。左手掌心托球，置于身体右侧，右手持拍也置于身体右侧。发球开始时，持球手将球向上抛起，同时右臂稍向后引拍，在球略高于网时，持拍手从身体右后方向前挥拍，拍形稍前倾，击球的中上部。击球后，

前臂和手腕继续随势向前挥动，身体重心移至前脚。（图 11-5）

图 11-5　平击发球

反手发球，右脚在前，球向上抛起后，右手持拍是从身体左后方向前挥动，拍形稍前倾，击球中上部。

（二）反手发右侧上（下）旋球

右侧上（下）旋转力强，对方挡球后，球会向其左侧上（下）反弹。

动作方法：反手发右侧上旋球，右脚稍前，持拍手位于身前，持球手位于身体左侧。发球时，拍与球接触的刹那间，前臂带动手腕，用力向右下方挥动，同时前臂略向内旋，拇指压拍，使拍面逐渐向左倾斜，从球的正中部向右上方摩擦，球的第一落点靠近端线约 20 cm 处，越网落到对方的左角。（图 11-6）

图 11-6　反手发右侧上（下）旋球

反手发右侧下旋球与发右侧上旋球动作上的区别在于触球的一刹那，拍面略微后仰，拍从球的中下部向右侧下摩擦，球从本方台面弹起后，越网落到对方左角。

（三）正手发奔球

正手发奔球，球速急，落点长，冲力大，球的飞行弧线向左偏斜。

动作方法：将球抛起后，持拍手向后引拍，前臂放松，使球拍顺势下降，好像把球拍在体侧做一次向后的小绕环动作。当球降到约与网同高时，手臂迅速向左前方挥动，拇指压拍，拍面略向左偏斜。拍触球的刹那间，手腕向左上方抖动，使拍从球的右侧向右侧上摩擦，球的第一落点靠近端线 20 cm 处，越网落到对方右角。（图 11-7）

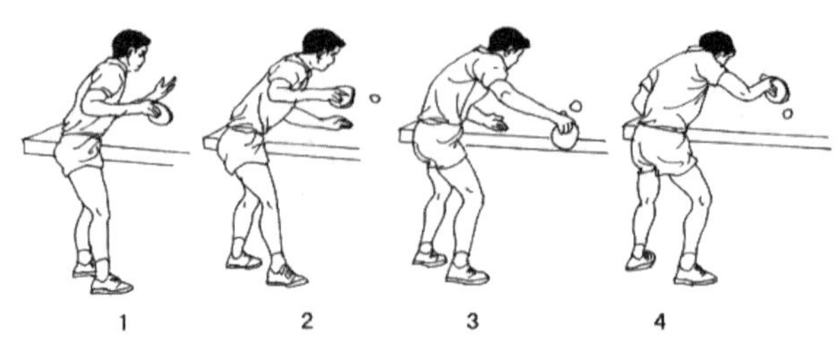

图 11-7 正手发奔球

动作要点：击球前，拍形向左偏斜，前臂放松；击球时，前臂和手腕由右侧向左前上挥动，拍从球的右侧向右侧上摩擦；发球的第一落点要靠近端线。

（四）正手发左侧上（下）旋球

这种发球的球速一般不很急，左侧上（下）旋转力较强，对方挡球后，球会向其右侧上（下）反弹。

动作方法：发左侧上旋球，左脚在前。抛球时，持拍手向右上方引拍，手腕略向外展；球回落时，手臂迅速向左下方挥动，食指压拍，拍面略向左偏斜，约与网等高时击球，前臂和手腕用力向左挥动，同时前臂略向外旋，使拍从球的正中部向左侧上摩擦，球的第一落点靠近端线约 20 cm处，越网落到对方左角。（图 11-8）

图 11-8 正手发左侧上（下）旋球

发左侧下旋球与发左侧上旋球动作上的区别是手臂应从右后上方向前下挥动，使拍从球的中下部向左侧下摩擦，拍触球的刹那间，前臂略向外旋。

五、挡球和推挡球

（一）挡球

挡球球速慢，力量轻，动作简单，容易掌握，它是初学者入门的技术。反复练习挡球可以熟悉球性，体会击球时的拍形变化，提高控制球的能力。在对方攻击时，挡球还能作为防御的一种手段。

动作方法（以右手为例）：两脚平行或左脚稍前，身体离球台约 50 cm。击球前，前臂与台面平行伸向来球。拍触球时，前臂和手腕稍向前移动，主要是借助对方来球的反弹力将球挡回。在上升期，击球的中部，拍形与台面接近垂直。击球后，迅速收回球拍，还原成击球前的准备姿势。（图 11-9）

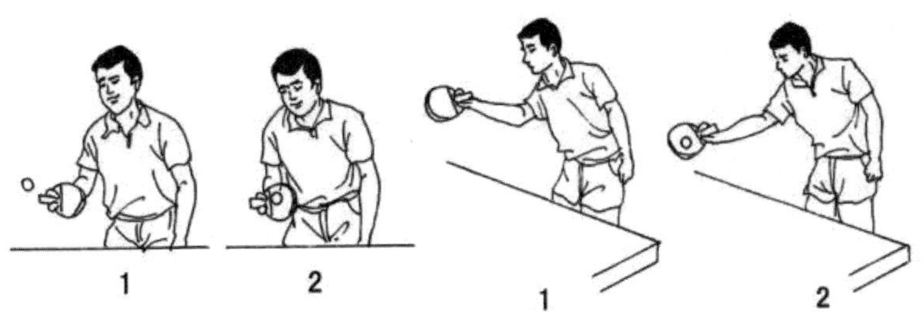

图 11-9 挡球

（二）减力挡

减力挡能减弱回球的力量，前进力弱，一般在对方来球力量较重的情况下使用。

动作方法：站位与挡球相同。在触球刹那，手臂前移的动作要骤然停止，甚至根据来球情况要把球拍轻轻后移，用以减弱来球的反弹力。（图 11-10）

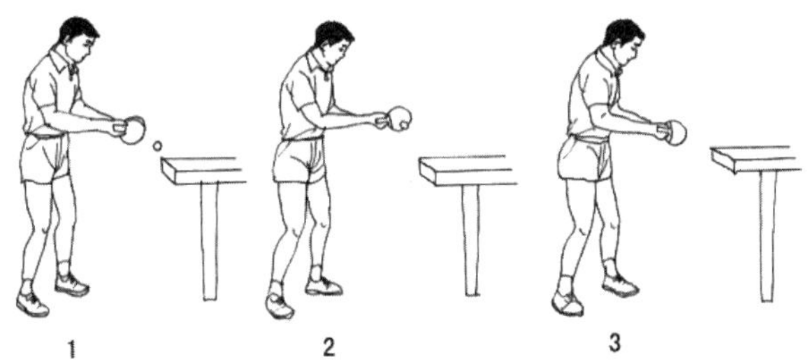

图 11-10 减力挡

（三）加力推

加力推技术回球力量重，球速快，击球点较高。它充分发挥手臂前推力量，能压制对方攻势，有利于争取主动。

动作方法：加力推的击球时间比快推稍慢一些。在准备推挡时，前臂向后收，使球拍稍微提高一些，并及时根据来球弹起的高度，调整好拍形角度，在上升期后段或高点期击球中上部。其主要靠前臂向前推压发力。击球时，拍形应固定，手腕不加转动。（图 11-11）

图 11-11 加力推

除了上述介绍内容外，还有快推、快挡、推下旋等技术。

六、攻球技术

攻球是乒乓球比赛中争取主动和获得胜利的重要技术，它具有快速有力的特点。

（一）正手攻球的技术动作

1. 正手快攻

正手快攻站位近，动作小，球速快，借球反弹力还击，能缩短对方准备回击时间，争取主动，为进攻创造条件，也可直接得分。运用得好可以充分发挥近台快攻的作用。

动作方法：左脚稍前，身体离球台约 40 cm。击球前，持拍手臂要右前伸迎球，前臂自然放松，球拍呈半横状。当球从台面弹起，前臂和手腕向前上方挥动，并配合内旋转腕的动作，使拍形前倾，在上升期击球中上部。拍触球刹那，拇指压拍，同时加快手腕内旋速度，使拍面沿球体做弧形挥动。击球后，挥拍至头部高度。（图 11-12）

图 11-12 直拍正手快攻

横拍击球时，手臂要自然弯曲，手腕与前臂近乎成直线并约与地面平行。前臂和手腕稍向前上方用力，击球时间、部位和拍形与直拍基本相同。（图 11-13）

图 11-13 横拍正手快攻

2. 正手扣杀

正手扣杀动作大，力量重，球速快，攻击性强，在还击半高球时，能充分发挥击球的力量，是得分的一种重要手段。

动作方法：左脚稍前，击球前持拍手臂向右后方引拍，并稍高于台面，球拍呈半横状。当球弹起到高点时，上臂带动前臂由后向前。将触球时，前臂加速用力向左前挥击，手腕跟着转动，在高点期前后击球中上部，拍形稍前倾。球拍触球的刹那间，整个手臂的力量应发挥到最大限度，同时腰部配合向左转动，触球点一般在胸前 50 cm左右。击球后，要随势将拍挥至左胸前，上体左转，重心由后脚移至前脚。（图 11-14）

图 11-14 正手扣杀

（二）反手攻球的技术动作

1. 反手快攻

反手快攻站位近，动作小，球速快，借来球反弹力还击，是两面攻的重要技术之一，也是推中结合反手攻找机会的一种重要手段。

动作方法：右脚稍前，身体离球台约 40 cm。持拍手臂自然弯曲，将球拍移至腹前偏左的位置。击球时，前臂和手腕向右前上方挥动，同时配合外旋转腕动作，使拍形前倾，在上升期击球中上部。击球后，随势将球拍挥至右肩前。（图 11-15）

图 11-15 直拍反手攻球

横拍击球时，手臂在体前自然弯曲，手腕与前臂近乎成直线，拍柄稍微向下。当球从台面弹起时，前臂向右前上方挥拍，触球的刹那间手腕配合向外转动。击球时间、部位和拍形与直拍基本相同。（图 11-16）

图 11-16 横拍反手快攻

2. 反手扣杀

反手扣杀的动作大，力量重，球速快，攻击性强，是还击半高球的一种方法，也是得分的一种重要手段。

动作方法：右脚稍前，上体向左转动，持拍手向左后方引拍，并略高于来球。击球时，肘略向前，上臂带动前臂用力向右前挥击，同时配合向外转腕动作，使拍形前倾，在高点期前后击球中上部，腰部应配合由左向右转动。击球后，随势将球拍挥至右前方，身体重心移至右脚。（图 11-17）

图 11-17 反手扣杀

攻球技术内容丰富，除了上述介绍之外，还有正手拉攻、侧身正手攻、反手快拨、反手远攻、反手拉攻等技术。

七、弧圈球

弧圈球是一种上旋力非常强的进攻技术。弧圈球的种类很多，主要有正手加转和不转、正手前冲，以及反手弧圈球的打法。

（一）正手高吊弧圈球

正手高吊弧圈球球速较慢，弧线较高，上旋性特强，着台后向下滑落快，回击不当易出界或击出高球，可为扣杀创造机会。

动作方法：两脚开立，右脚稍后，身体略向右转，两膝微屈，重心放在右脚上。准备击球时，持拍手臂自然下垂，并向后下方引拍，右肩略低于左肩，拇指压拍使拍形略前倾，呈半横立状，并使拍形固定。当来球从台面弹起时，手臂向前上方挥动，前臂在上臂带动下爆发性用力做快收动作。将要触球时，手腕向前上方加力，在球下降期用拍摩擦球的中部或中上部。球拍擦击球时，要注意配合腰部向左上方转动和右腿蹬地的力量。击球后，重心移至左脚。（图 11-18）

图 11-18　正手高吊弧圈球

（二）正手前冲弧圈球

正手前冲弧圈球弧线低，上旋力强，球速快，着台后前冲力大。

动作方法：两脚开立，右脚稍后，身体略向右转，重心放在右脚上，将球拍自然地拉至身后（约与台面同高），拍形保持前倾，与地面成35°～40°夹角。当球从台面弹起还未达到高点时，腰部向左转动，手臂向前上方挥出，前臂在上臂的带动下，迅速内收，手腕略微转动，在高点期或下降期前用拍擦击球的中上部，使之成较低的弧线落在对方的台面上。击球后，重心移至左脚。（图11-19）

图11-19　正手前冲弧圈球

此外，横拍运动员还会运用反手弧圈球技术，其威力不如正手弧圈球，一般结合正手扣杀使用。

九、搓球

搓球是近台还击下旋球的一种基本技术。比赛中经常用它为拉弧圈球创造条件。它与攻球结合可形成搓攻战术。搓球可用于接发球，必要时用它作为过渡。

（一）快搓

快搓动作幅度较小，回球速度较快，能借助来球的前进力去回击。它是对付削球和搓球的一种方法（图11-20、11-21）。

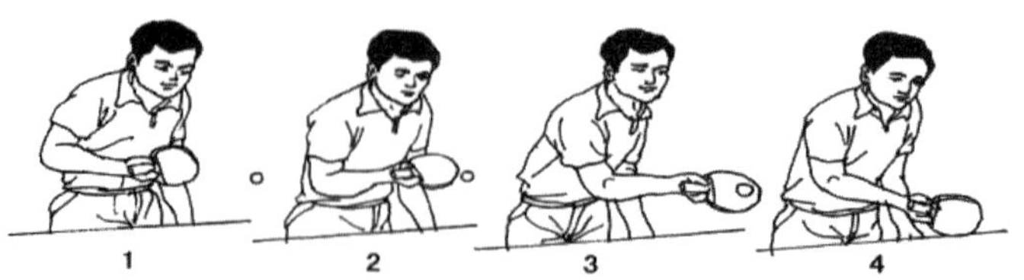

图11-20　直拍快搓

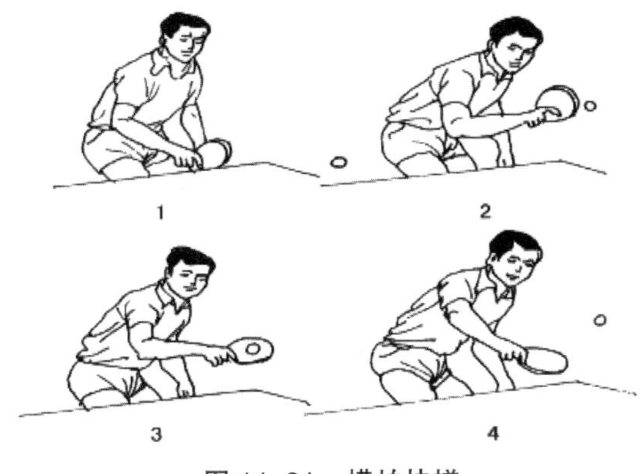

图 11-21 横拍快搓

动作方法：右脚稍前，身体靠近球台。来球在身体左侧时，可运用反手搓球。击球时，上臂迅速前伸，前臂跟随向前，拍形稍后仰，利用上臂前送力量，在上升期击球中下部。来球在身体右侧，可以运用正手搓球。搓球时，身体稍向右转，手臂向右前上引拍，然后前臂和手腕向前下方用力，在上升期击球中下部。

（二）慢搓

慢搓动作幅度较大，回球速度稍慢。旋转变化运用得好，可以为进攻创造条件或直接得分。

动作方法：反手慢搓的站位是右脚稍前，身体离球台约 50 cm，持拍手臂向左上引拍。击球时，前臂和手腕向前下方用力，同时配合内旋转腕的动作，拍形后仰，在下降后期搓击球中下部。击球后，前臂随势前送。（图 11-22）

横拍搓球时，拍形略竖一些，击球后前臂向右下方挥摆。击球时间、部位和拍形，与直拍基本相同。（图 11-23）

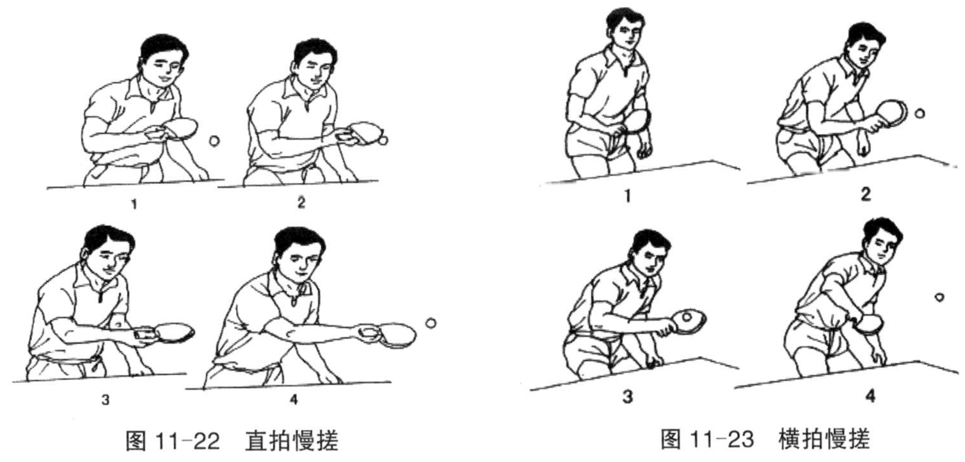

图 11-22 直拍慢搓　　图 11-23 横拍慢搓

正手慢搓的站位是左脚稍前，身体稍向右转。击球前，手臂向右上方引拍。然后前臂和手腕向左前下方用力搓球，在下降期击球中下部。

九、削 球

(一)远削

远削动作大，球速慢，弧线长，回球下旋。远削时，可通过旋转变化伺机反攻，落点好、弧线低，能控制对方攻势或直接得分。

动作方法：正手远削时，左脚稍前，身体离球台 1 m以外。上体稍向右转，重心放在右脚上。击球前，手臂自然弯曲，将球拍向右上引至与肩同高。击球时，手臂向左前下方挥动，在下降期击球中下部，拍形稍后仰。触球刹那间前臂加速削击，同时手腕向下辅助用力。击球后，球拍随势前送，重心移到左脚。(图 11-24)

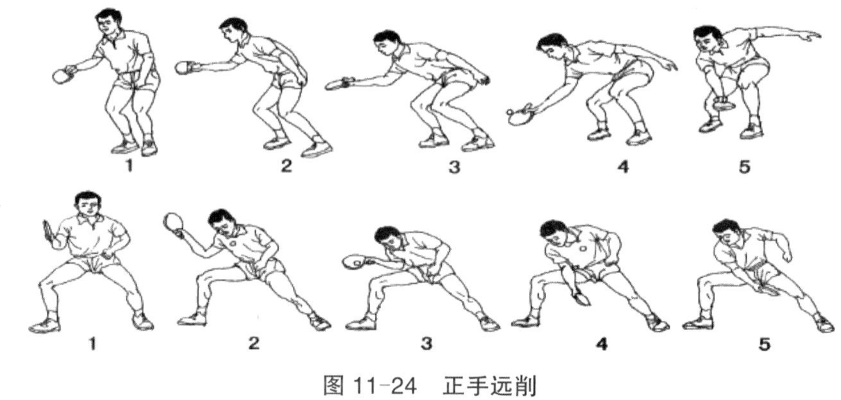

图 11-24 正手远削

反手远削时，右脚稍前，身体左转，手臂弯曲，球拍向左上方引至与肩同高，拍柄向下，重心放在左脚上。击球时，手臂向右前下方挥动，前臂与手腕加速用力削击来球，在下降期，击球中下部，拍形稍后仰。击球后，上体向右转动，球拍随势挥至身体右侧，重心移到右脚。(图 11-25)

图 11-25 反手远削

（二）近削

近削动作较小，球速较快，前进力较强。近削逼角能使对手回球困难，从而伺机反攻或直接得分。

图 11-26　正手近削

动作方法：正手近削时，左脚稍前，身体离球台 50 cm左右，上体稍向右转。击球时，手臂弯曲，把球拍引至与肩同高，拍形稍后仰。触球时，前臂用力向左前下方挥动，手腕配合下压，在上升后期或高点期，击球中部或中下部。（图 11-26）

反手近削时，右脚稍前，手臂弯曲向左上引拍。击球时，前臂向右前下方挥动，手腕配合用力下压，在上升后期或高点期，击球中部或中下部。（图 11-27）

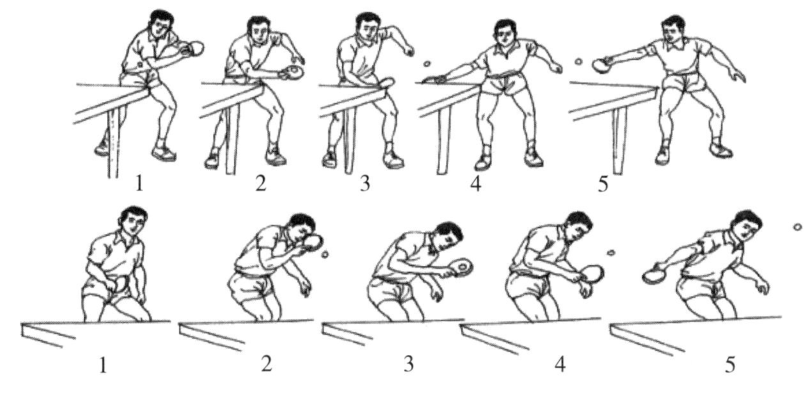
图 11-27　反手近削

第三节　乒乓球基本战术

一、乒乓球战术的概念

乒乓球战术，是运动员在比赛中根据乒乓球运动的比赛规律、彼我双方的具体情况和临场变化，有效地运用技术、心理和身体素质所采取的有目的、有意识的方法。战术的目的是更好地发挥运动员的技术特长，制约对方，力争掌握比赛的主动权，争取比赛的胜利。

二、战术的种类

（一）发球抢攻战术

发球抢攻是我国乒乓球运动员的重要战术之一。近年来，世界各种类型打法的运动员都越来越重视这一战术，并使之有了很大发展。常用的发球抢攻战术有：

（1）转与不转结合落点变化进行抢攻；

（2）侧上、侧下旋球结合落点变化进行抢攻；

（3）急球与侧上、侧下旋转球相结合，进行抢攻。

（二）对攻战术

对攻，是进攻型打法选手在相互对抗时，双方利用速度、旋转、落点变化和力量轻重来控制对方，力争主动的一种重要手段。对攻战术主要是依靠左推（反手推挡、快拨）右攻或正、反手攻结合的打法，它具有快速多变的特点，达到调动、攻击对方的目的。常用对攻战术有：

（1）攻两角战术；

（2）攻追身战术；

（3）轻重球结合战术。

（三）拉攻战术

拉攻是利用球的旋转和落点的变化创造机会，进行突击（扣杀和抢冲），从而达到控制对方、争取主动的一种重要手段。拉攻战术是对付削球类打法的主要战术，以弧圈球和攻球为主要技术手段。拉攻战术运用要求：首先要拉得稳，且有落点、旋转和力量的变化；其次要拉中突击，或拉冲结合和连续扣杀，方能奏效。常用的拉攻战术有：

（1）攻两角战术；

（2）攻追身战术；

（3）转与不转或轻重拉结合战术。

（四）搓攻战术

搓攻是进攻类打法对付攻球和削球打法的辅助战术之一。它主要是利用搓球的旋转、速度、落点变化，为进攻创造机会，以达到攻击对方的目的。搓球战术是进攻型打法必备的辅助战术，运用次数不宜过多，一般快搓一两板就要组织进攻。常用的搓攻战术有：

（1）搓不同落点，进行突击；

（2）搓转与不转结合落点变化，进行突击；

（3）搓、拉结合落点变化，伺机突击。

（五）削攻战术

削攻是利用削球的旋转、节奏、落点变化来控制对方的攻势，并为进攻创造机会，达到反击的目的。削攻战术是削球类打法赖以得分的主要战术，也是对付进攻型、弧圈型打法的重要战术。常用的削攻战术有：

（1）削两角，伺机反攻；

（2）削长短球，伺机反攻；

（3）削转与不转，伺机反攻；

（4）削攻结合。

（六）接发球战术

接发球战术是发球抢攻战术的直接对立面。接发球战术对整个战局能否获得主动起着重要的作用，因此是各类型打法的选手都必须掌握的战术。常用的接发球战术主要有以下几种：

（1）用拉球、快拨或快推回击，力争形成对攻的相持局面。

（2）用快搓、摆短，使对方难以发力抢攻或拉攻。

（3）对各种侧旋、上旋或不强烈的下旋短球，可用“快点”回接。“快点”回球的速度快，并有路线变化，突然性强，以此对付弧圈型打法选手，往往会取得显著的效果。

（4）接发球抢攻或拉攻。这是比较积极、凶狠的回接方法。

第四节　乒乓球竞赛规则

一、乒乓球竞赛场地与器材

（一）比赛场地标准规格

根据国际乒联对乒乓球比赛场地的规定：乒乓球赛区空间应为不少于 14 m 长、7 m 宽的长方形，高度为 5 m。在摆放球桌时，要使球网对准长边的中线，使球桌对准宽边的中线，来实现球桌居场地中间摆放的效果。

（二）乒乓球比赛器材

1. 球台

乒乓球球台面为与水平面平行的长方形，长 2.74 m，宽 1.525 m，离地面高 76 cm，可用任何材料制成，呈均匀的暗色，无光泽，具有一致的弹性。

比赛台面不包括球台台面的垂直侧面，沿每个 2.74 m的比赛台面边缘各有一条 2 cm宽的白色边线，沿每个 1.525 m的比赛台面边缘各有一条 2 cm宽的白色端线。与端线平行的垂直的球网划分比赛台面为两个相等的台区，各台区的整个面积应是一个整体。各台区应由一条 3 mm宽的白色中线，划分为两个相等的“半区”。中线与边线平行，并应视为右半区的一部分。

2. 球网装置

球网装置包括球网、悬网绳、网柱及将它们固定在球台上的夹钳部分。球网应悬挂在一根绳子上，绳子两端系在高 15.25 cm的直立网柱上，网柱外缘离开边线外缘的距离为 15.25 cm。整个球网的顶端距离比赛台面 15.25 cm。

3. 比赛用球

球应为圆球体，直径为 40 mm，重 2.7 g。用赛璐珞或类似的塑料制成，呈白色或橙色，且无光泽。

4. 球拍

球拍的大小、形状和重量不限，但底板应平整、坚硬。用来击球的拍面应用一层颗粒向外的普通颗粒胶覆盖，连同黏合剂，厚度不超过 2 mm；或用颗粒向内或向外的海绵胶覆盖，连同黏合剂，厚度不超过 4 mm。

二、乒乓球竞赛规则

（一）比赛规则重要概念解释

（1）回合：球处于比赛状态的一段时间；重发球：不予判分的回合；一分：判分的回合。

（2）球处于比赛状态：从发球时球被有意向上抛起前静止在不执拍手掌上的最后一瞬间开始，直到该回合被判得分或重发球。

（3）执拍手：正握着球拍的手；不执拍手：未握着球拍的手；不执拍手臂：不执拍手的手臂。

（4）击球：用握在手中的球拍或执拍手手腕以下部分触及处于比赛状态的球。

（5）阻挡：当球处于比赛状态时，对方击球后，在比赛台面上方或向比赛台面方向运动的球，尚未触及本方台区，即触及本方运动员或其穿戴（带）的任何物品，即为阻挡。

（6）运动员穿或戴（带）的任何物品，包括其在一个回合开始时穿或戴（带）的任何物品，但不包括比赛用球。

（7）球台的端线，包括端线两端的无限延长线。

（8）一局比赛：在一局比赛中，先得 11 分的一方为胜方。比分 10 平后，先多得 2 分的一方为胜方。

（二）发球的规定

1. 根据发球的时间顺序和球所处的空间状态

（1）抛球前：发球开始时，球自然地置于不执拍手的手掌上，手掌张开，保持静止。

（2）抛球：发球员须将球几乎垂直地向上抛起，不得使球旋转，并使球在离开不执拍手的手掌之后上升不少于 16 cm，球下降到被击出前不能碰到任何物体。

（3）击球：当球从抛起的最高点下降时，发球员方可击球，使球首先触及本方台区，然后直接触及接发球员台区。在双打中，球应先后触及发球员和接发球员的右半区。

2. 发球时球所处的空间状态

（1）从发球开始，到球被击出，球要始终在比赛台面的水平面以上和发球员的端线以外。

（2）从接发球方看，球不能被发球员或其双打同伴的身体或他（她）们所穿戴（带）的任何物品挡住。球一旦被抛起，发球员的不执拍手及其手臂应立即从球和球网之间的空间移开（球和球网之间的空间由球和球网及其向上的无限延伸来界定）。

（三）还击

对方发球或还击后，本方运动员必须击球，使球直接触及对方台区，或触及球网装置后，再触及对方台区。比赛中击球次序如下：

（1）单打击球次序：由发球员发球，再由接发球员还击，然后发球员和接发球员还击，然后发球员和接发球员交替还击。

（2）双打击球次序：首先由发球员发球，再由接发球员还击，然后由发球员的同伴还击，再由接发球员的同伴还击，此后，运动员按此次序轮流还击。

（四）得一分

（1）对方运动员未能正确发球；对方运动员未能正确还击。

（2）运动员在发球或还击后，对方运动员在击球前，球触及了球网装置以外的任何东西。

（3）对方击球后，球没有触及本方台区而越过本方台区或端线；对方击球后，球穿过球网，或从球网和网柱之间、球网和比赛台面之间通过。

（4）对方阻挡；对方故意连续两次击球；对方使用不符合规定的拍面击球。

（5）对方运动员或其穿或戴（带）的任何东西使比赛台面移动；对方运动员或其穿或戴（带）的任何东西触及球网装置。

（6）对方运动员不执拍手触及比赛台面。

（7）双打时，对方运动员击球次序错误。

（8）执行轮换发球时，接发球方进行了 13 次合法还击。

（五）发球、接发球和方位的确定

（1）选择发球、接发球和方位的权利应由抽签来决定。中签者可以选择先发球或先接发球，或选择先在某一方位。但一方运动员选择了先发球或先接发球，或选择了先在某一方位后，另一方运动员必须有另一个选择。

（2）在获得 2 分之后，接发球方即成为发球方，依此类推，直至该局比赛结束，或者直至双方比分都达到 10 分或实行轮换发球法，这时，发球和接发球次序仍然不变，但每人只轮发 1 分球。

（3）一局中首先发球的一方，在该场下一局应首先接发球。在双打决胜局中，当一方先得 5 分时，接发球应交换接发球次序。

第十二章 羽毛球

羽毛球运动是一项大众性体育运动，它的器材装备简单易用、易上手，老少皆宜，深受人们喜爱。羽毛球运动又有助于培养竞争意识和进取精神，其特有的对抗性、强负荷的锻炼方式，有助于培养充满自信、不惧困难、顽强拼搏、积极进取的现代人才。同时，也有助于强身健体，提高免疫力，缓解疲劳。在我国，羽毛球运动具有广泛的群众基础，为其发展打下了坚实的基础。

第一节 羽毛球运动概述

早在两千多年前，一种类似羽毛球运动的游戏就在中国、印度等国出现。中国叫打手毽，印度叫浦那，西欧等国则叫作毽子板球。19 世纪 70 年代，英国军人将在印度学到的浦那游戏带回国，作为茶余饭后的消遣娱乐活动。

现代羽毛球运动诞生在英国。1875 年，英国格拉斯哥郡的伯明顿镇有一位叫鲍弗特的公爵，在他的领地开游园会，有几个从印度回来的退役军官就向大家介绍了一种隔网用拍子来回击打毽球的游戏，人们对此产生了很大的兴趣。因这项活动极富趣味性，很快就在上层社交场上风行开来。“伯明顿”（Badminton）即成为英文羽毛球的名字。

一、早期羽毛球

羽毛球运动约于 1920 年传入我国，1949 年后得到迅速发展。20 世纪 70 年代我国羽毛球队已跻身于世界强队之列。

20 世纪 70 年代，国际羽坛是印度尼西亚与我国平分秋色。

20 世纪 80 年代，优势已转向我国，我国羽毛球运动已达到世界先进水平。在 1992 年巴塞罗那奥运会上羽毛球被列为正式比赛项目，设立男、女单打和双打及混合双打 5 项比赛。每届羽毛球赛事的时间地点均不断地变化，像汤姆斯杯、尤伯杯及世界羽毛球锦标赛。

二、羽毛球运动的发展

1877 年，英国的巴斯羽毛球俱乐部成立，并且第一本羽毛球比赛规则在英国出版。

1893 年在英国成立了世界上第一个羽毛球协会。1899 年该协会举办了第一届“全英羽毛球锦标赛”，该赛事每年举办一次，沿袭至今。

1934 年，世界羽毛球联合会成立，总部设在伦敦。

1939 年，世界羽毛球联合会通过了各会员国共同遵守的《羽毛球竞赛规则》。

20 世纪 50 年代，亚洲羽毛球运动异军突起，马来西亚取得两届汤姆斯杯赛冠军，此后，印度尼西亚队在技术和打法上有所创新，很快取得了霸主地位。

1981 年 5 月，世界羽毛球联合会重新恢复了中国在国际羽联的合法席位，从此揭开了国际羽坛历史新的一页，进入了中国羽毛球选手称雄世界的辉煌时代。

1988 年汉城奥运会（第二十四届）羽毛球被列为表演项目，1992 年巴塞罗那奥运会（第二十五届）羽毛球被列为正式比赛项目，1996 年亚特兰大奥运会（第二十六届）混双被列为正式比赛项目。从此羽毛球运动进入新的发展时期。

三、国内羽毛球的发展

1954 年，一批报效祖国的海外赤子先后回国，并带回了先进的羽毛球技术，同时组建了国家集训队。我国羽毛球运动员总结了国内外羽毛球运动的经验教训和技术资料，结合自己的运动实践进行了探索，不断改进训练方法。其中，福建省运动队主要在技术的手法上、广东队主要在步法上进行了改革和突破。同时借鉴我国乒乓球运动的成功经验，并通过对多年训练和比赛实践经验的总结，提出了“以我为主、以快为主、以攻为主”的积极打法。后来，又经过不断总结和完善，逐步形成了中国羽毛球运动所特有的“快、狠、准、活”技术风格，运动技术水平得到了进一步的提高。由于当时我国未加入国际羽联，故未参加世界性锦标赛。但在国际相互的交往中，多次与当时的世界强队进行过比赛，成绩显著，被许多外电报誉为“无冕之王”“冠军之冠军”等。

直到 1981 年 5 月，国际羽联重新恢复我国在国际羽联的合法席位，实现了我国运动员多年的夙愿——逐鹿世界羽坛，争夺世界桂冠，为国争光。

1982 年，中国队第一次参加“汤姆斯杯”比赛，在第一天 1∶3 非常不利的情况下，奋力拼搏，最终以 5∶4 击败羽坛劲旅印尼队，夺得冠军。

1984 年，在马来西亚的吉隆坡，中国羽毛球女队又夺得了第十届“尤伯杯”冠军。

紧随其后，我国又涌现出了杨阳、赵剑华、熊国宝、李永波、田秉毅和林瑛、吴迪西、李玲蔚、韩爱萍等一批世界羽坛顶尖高手，他们在一系列世界大赛中为祖国夺得了众多的金牌，创造了中国羽毛球历史上的辉煌时期。

进入 20 世纪 90 年代，随着杨阳、赵剑华、李玲蔚等一批优秀运动员的相继退役，我国暂时出现了一段青黄不接的时期，而印尼经过了多年的励精图治，涌现了一批新秀，欧洲也再度崛起，韩国、马来西亚也时有新人涌现，世界羽坛进入了群雄逐鹿的时代。

四、羽毛球的特点

（一）全身运动

羽毛球运动无论是进行有规则的比赛还是作为一般性的健身活动，都要在场地上不停地进行脚步移动、跳跃、转体、挥拍，合理地运用各种击球技术和步法将球在场上往返对击，从而增大了上肢、下肢和腰部肌肉的力量，加快了全身血液循环，增强了心血管系统和呼吸系统的功能。长期进行羽毛球锻炼，可使心跳强而有力，肺活量增大，耐久力提高。同时也提升了人体神经系统的灵活性和协调性。

（二）老少皆宜

羽毛球运动适合各个年龄段参与，运动量可根据个人年龄、体质、运动水平和场地环境的特点而定。青少年可作为促进生长发育、提高身体机能的有效手段进行锻炼，运动量宜为中强度，活动时间以 40 ～ 50 min 为宜。适量的羽毛球运动能促进青少年增长身高，能培养青少年自信、勇敢、果断等优良的心理素质。老年人和体弱者可作为保健康复的方法进行锻炼，运动量宜较小，活动时间以 20 ～ 30 min 为宜，达到出出汗、弯弯腰、舒展关节的目的，从而增强心血管和神经系统的功能，预防和治疗老年心血管和神经系统方面的疾病。儿童可作为活动性游戏方式来进行锻炼，让他们在阳光下奔跑跳跃，并要求他们能击到球，培养他们不畏困难、不怕吃苦、不甘落后的品质。

第二节　羽毛球基本技术

一、握拍

握拍是羽毛球运动最基础的技术动作，在羽毛球运动中，从不同的路线或角度击球时，握拍的方式都有可能不同。根据人体解剖学的原理，通过调整握拍，有利于击球手腕的灵活转动和身体力量的发挥。正确的握拍方法基本分为两种，即正手握拍法和反手握拍法（本章所述基本技术均以右手握拍为例）。

（一）正手握拍

正手握又称（握手）式握拍法，握拍时先用左手拿住球拍的中杠，使拍面与地面垂直。张开右手，使虎口对着拍柄窄面的小棱边，拇指和食指贴在拍柄的两个宽面上，食指和中指稍微分开，中指、无名指和小指并拢握住拍柄。握拍时掌心不要紧贴拍柄，要使掌心与拍柄留有一定的空隙。（图 12-1）

（二）反手握拍

反手握拍法是在正手握拍的基础上，将大拇指伸直用其第一指节内侧顶贴在拍柄内侧的宽面上，食指收回与拇指同（或略）高，用大拇指和食指把拍柄稍向外旋转，中指、无名指、小指紧握拍柄。拍柄近端靠小指根部。（图 12-2）

图 12-1　正手握拍

图 12-2　反手握拍

二、发球

发球是羽毛球运动中的一个重要基本技术，也是羽毛球比赛中重要的战术组成部分。21 分制每球得分的赛制模式中，发球变得更加重要，运动员往往在比赛中通过发球的多变来取得比赛的主动。因此发球也是羽毛球比赛的进攻手段之一。

羽毛球运动中，发球的主要方法有两种：一是正手发球，二是反手发球。正常情况下，羽毛球单打一般是采用正手发球，而双打、混双比赛中，则一般采用反手发球。根据羽毛球在空中飞行的特点，我们将发球分为高远球、平高球、平射球和网前球四种。（图 12-3）

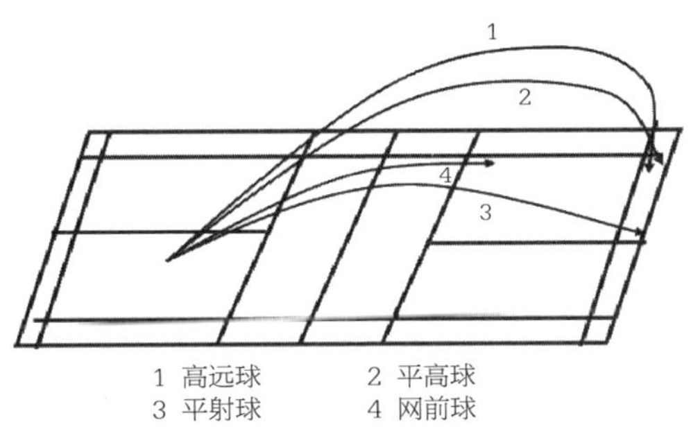

图 12-3　发球

（一）发球站位与准备姿势

1. 发球站位

发球站位是指运动员在开始发球前，选择有利位置的选位方法。一般情况下，单打发球的站位运动员应选择在球场中心中线附近，站在规定场区内离前发球线 1 ～ 1.5 m 处，双打发球站位则可靠近前发球线的地方。

2. 正手发球准备姿势

运动员两脚前后站立与肩同宽，侧身对网。左脚在前（脚尖向网），右脚在后（脚尖侧对网），身体重心在后脚，右手持拍向右后侧自然举起、屈肘，左手持球举于身前腹胸间处，眼睛注视对方。发球时，重心由后脚移至前脚。（图 12-4）

图 12-4　正手发球姿势

（二）正手发球技术

正手发球就是按照合法的发球方式，用正拍面将位于自己身体右侧前下方的球击打到对方场区的一种发球方式。按照球飞行的不同弧度和落点，又分为正手发高远球、平高球、网前短球和平快球等。

1. 正手发高远球

发高远球主要是把球发得又高又远，使球飞行到对方底线上空时，几乎垂直下落，球的落点在对方场内端线附近。球在空中飞行高而远，直至落到对方场区底线。在战术上把对方逼至底线，可以限制对方的一些进攻战术，也可以消耗对方的体力。

发球时，重心由后脚前移至前脚，持球手松开使球自然下落，紧接着右手持拍沿着由下而上的弧线自然地沿着身体向前上方挥摆，手部自然伸腕。球拍触球前刹那，小臂带动手腕向前上方“闪动”发力，手紧握拍柄，利用手腕、手指爆发力及拍面的前半部击球。击球瞬间，拍面正对出球方向，击球点在发球员的右前下方。（图 12-5）

图 12-5　正手发高远球

2. 正手发平高球

平高球在空中的飞行弧度稍低于高远球，而飞行速度稍快于高远球，球较快地越过对方身体落在对方内端线附近。平高球飞行弧度比高远球低，并且落点靠近底线，可以限制对方发挥大力扣杀或其他进攻手段。发平高球是发球抢攻的手段之一。

挥拍击球不要紧握拍柄，利用小臂挥动力量，带动手腕、手指向前上方击球。拍面稍向前推送，使出球仰角小于 45°，球运行至最高点后逐渐下落至对方场内端线附近。

3. 正手发网前短球

发网前短球是把球发至对方发球区内前发球线附近。球的飞行速度较慢，飞行弧线较低，使球“贴网”而过。击球挥拍幅度小，力量轻，球飞行弧度低，飞行距离短，可以有效地限制对方直接进行有威胁的进攻。

发球时，挥拍幅度较小，击球瞬间不须紧握拍柄，而是利用手腕和手指的力量从右向左横切推送，将球轻轻击出，使球贴网而过。

4. 发平快球

发平快球时，前期准备动作和发高远球、平高球一致，当球下落至腰腹部稍下的时候，利用前臂带动，靠屈腕和手指的爆发力，向前用力击球。击球点在规则允许的范围内尽量高一点，使球几乎贴网而过，直到落至对方后场区。

发平快球飞行急速且弧线平直，发球落点只要是在对方的薄弱部位或空当，可以创造机会直接得分，也是发球抢攻战术的主要发球形式之一。

（三）练习方法

（1）徒手做发球前的准备姿势，模仿发球的动作。

（2）站在墙边 50 cm 处，身体右侧对墙，反复较小挥拍练习，使挥拍路线尽量贴近右腿。

（3）用细绳把球吊在预定的击球点处（身体右侧前下方适当高度），反复进行练习。

（4）用多球进行完整技术动作发球的练习。

（5）双人隔网相互发球练习发球技术动作。

三、接发球

（一）单打接发球站位和姿势

1. 站位

在右发球区接发球时，运动员应站在靠中线离前发球线约 1.5 m 处接发球，主要是防备发球员利用发平快球直接进攻反手部位；在左区时，运动员则应站在该发球区内的中间位置接发球。

2. 准备姿势

两脚前后开立，一般应左脚在前右脚在后，身体侧身对网，重心在前脚，后脚脚跟稍离地，双膝微曲，收腹含胸，左手自然抬起屈肘，右手持拍于右身前，思想集中，两眼注视对方。（图 12-6）

图 12-6 站位准备姿势

（二）练习方法

（1）学习接发球时，最好采用固定的一种基本技术去接对方的单一发球（可用多球），并按发球路线或要求定时、定量进行练习，然后交换。

（2）练习接发球时应在对方球拍触球的瞬间观察球的飞行方向来提高判断能力。

（3）在上述基础上，还要进一步研究控制回球落点，以避免在接球后给对方有较多的攻击机会。

（4）在掌握了较好的适应能力和能够较自如地控制回球落点之后，应逐步提高防御对方抢攻的能力。

四、击球

羽毛球的击球技术包括正手击球和反手击球，包含击高球、吊球、杀球、搓球、推球、勾球、抽球、扑球等。

（一）高手击球

1. 击高球技术

高球分为高远球和平高球。高远球是指球的飞行弧度高，落点在对方场区底线附近的高球。平高球是指球的飞行弧度不太高，落在对方场区底线附近的高球。平高球飞行弧线较低，球速快，故具有更大的进攻威力，是用于快速调动对方，创造进攻机会的重要手段。

判断来球路线和高度，迅速移位使球下落于右肩稍前上空，侧身对网，左脚在前右脚在后，重心在右脚，右手曲臂将球拍举在右肩上，拍面对网，左手屈肘自然举起准备击球，当球下落至接近击球点高度时，胸部舒张，握拍手小臂向后移动，肘部自然抬起使球拍后引至头后，自然伸腕。击球时，右腿蹬地，转体收腹协调用力，大臂带动小臂送肘上举，小臂向前“甩”出。击球瞬间，手臂几乎伸直，“闪”动手腕，用手臂、手腕和手指力量将球击出。（图 12-7）

图 12-7 击高球

2. 吊球技术

吊球是指把对方击来的高球从后场区还击到对方的网前区。高手吊球按球的飞行弧线和经击球运作的不同可分为劈吊、轻吊和拦截三种。击球挥动球拍时，拍面成半弧形，击球瞬间前臂突然减速，快速“闪”动手腕击球托的偏右侧。

3. 扣杀球技术

击球动作瞬间需要全力，充分利用右腿的蹬力、腰腹力、手臂腕力及重心的转移，快速将球向前下方击出。球拍触球时拍面前倾向前下方用力，手握紧球拍，击球点在右肩稍前上方。击球后球拍随惯性向左下方摆动，身体重心由右脚移至左脚。（图 12–8）

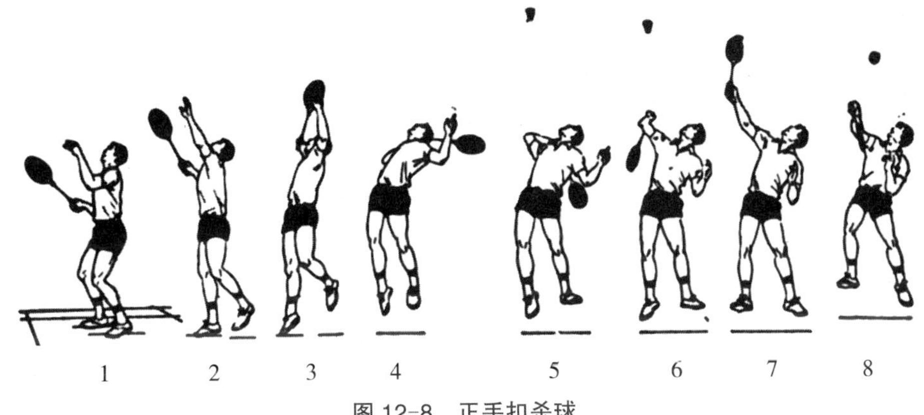

图 12–8　正手扣杀球

（二）网前击球

1. 正手搓球

上网步法要快，左脚蹬地右脚向网前跨成弓箭步，侧身对网，重心在右脚。持拍手臂向前伸出，出手要快，握拍手腕和手指自然放松。击球时，前臂稍外旋，拍面与球网成斜向前。用手指控制好拍面并发力，使搓出的球尽可能贴网而过。（图 12–9）

图 12–9　正手搓球

2. 反手搓球

上网步法要快，左脚蹬地右脚向网前跨成弓箭步，侧身背对网，重心在右脚，握拍手臂向前伸出，出手要快，手腕、手指自然放松，前臂稍上举，手腕前屈，握拍手部高于拍面，反拍迎球。击球时，主要靠前臂的前伸外旋和手腕由内收至展腕的合力，带动手指离网“提拉”，搓击球托的侧底部，使球呈上旋翻滚过网。

（三）低手击球

1. 正手挑高球

判断来球，快速上网，左脚积极蹬地，右脚跨步向前成弓箭步，侧身对网，重心在右脚。正手握拍，手臂自然向右前方伸出，小臂外旋伸腕，左臂自然后伸起平衡作用。击球时，以肘关节为轴，小臂带动手腕、手指快速由下方向前上方成半圆形挥拍击球。（图 12-10）

图 12-10 正手挑高球

2. 反手挑高球

判断来球，快速上网，左脚积极蹬地，右脚跨步向前成弓箭步，重心在右脚，侧身背对网。反手握拍，手臂向左前方伸出，小臂内旋屈肘屈腕，左臂自然后伸起平衡作用。击球时，以肘关节为轴，小臂带动手腕、手指快速由左下方向前上方成半圆形挥拍击球。

（四）练习方法

（1）按技术动作要领反复进行模仿挥拍练习。

（2）向前上方（或下方）投掷羽毛球，通过“甩臂”动作领会击高球的要领。

（3）用细绳将羽毛球吊在预定的位置或适当的高度，按技术动作要领进行练习。

（4）移动步法，调整重心的挥拍练习。

（5）两人一组进行定点、定位变向的对击练习。

（6）移动步法的定点击球练习。

（7）多球进行定位、定向、定位变向、变位定向及变位变向的击球练习。

（8）采用二打一或三打一进行定位定向、定位变向、变位定向及变位变向的击球练习。

（9）利用左（右）场区进行定位的一攻一守练习，定时定量地练习。

五、步法

根据上网时脚步移动方法的区别，上网步法可分为跨步（又称交叉步）上网、垫步上网和蹬跳步上网。

（一）跨步（交叉步）上网步法

站位于球场中心稍靠后，两脚左右开立，右脚略前，上体稍前倾，两眼注视对方击球。当对方吊网球时，在对方击球瞬间，脚跟提起轻跳并迅速调整重心至后脚以协助快速起动。左脚迈一小步，用脚掌内侧蹬起，右脚向前跨大步，以脚跟和脚掌外侧着地缓冲，脚尖外斜，右脚屈膝成弓箭步，左脚随即向前拖动，以协助右脚回蹬。击球后用并步或交叉步退回中心位置。如果对方来球较近时，可用左脚蹬地随即右脚跨一大步上网。

（二）后退步法

1. 侧身并步后退步法

在对方击球前刹那间，脚跟提起轻跳，迅速调整重心至右脚。接着右脚蹬地快速向右后撤一小步，上体右转侧身对网，紧接着左脚并步靠近右脚，右脚再向后移至来球位置，在移动中做好手部动作准备，待来球在右肩上方下落时作正手底线原地击球或挑起击球，击球后并步或小步跑回中心位置。

2. 交叉步后退步法

右脚撤后一小步后，左脚从体后交叉后退一步，右脚再后移至来球位置。

（三）练习方法

（1）进行垫步、并步、蹬步、交叉步、跨步等单个步法的反复练习。

（2）上网步法：中心位置—上右网前—回中心位置—上左网前—回中心位置。

（3）正手后退右后场步法练习。从启动开始，右脚向右后侧移动，髋部带动身体转向右后场，以并步或交叉步向后移动到接近底线的位置，然后起跳（单、双脚均可）击球。完成击球后回中心位置再多次重复练习。

（4）后退左后场区正手位头顶击球步法练习。从起动开始，右脚向左后方移动，髋部带动身体转向左后方，以并步或交叉步移动到位。右脚起跳，随即左侧髋部迅速转向左后方，带动左脚后摆到身后落地，缓冲并支持身体重心。当右脚落地时，身体前倾，重心移向右脚，左脚开始回动。回中心位置后再多次重复练习。

第三节　羽毛球基本战术及竞赛规则

一、羽毛球基本战术

（一）压后场底线

通过平高球压对方于后场底线，待对方回球质量较差时，大力扣杀或吊网前空当。

（二）攻四方球控制落地

以快速准确的落点攻击对方场区的四个角落，使对方前后左右奔跑，打乱对方阵脚，待其来不及回中心位置时，攻其空当部位。

（三）快拉快吊控制网前

以进攻性平高球压对方于后场两底角，然后突然以吊球或劈杀引对方上网，再迅速上网控制网前，以网前搓球结合推后场底线制造对方回击困难，从而创造中后场大力扣杀机会。

（四）后场下压，上网搓、推

在后场通过扣杀、劈杀或吊球的进攻技术，快速上网搓或推球取得前场攻势，使后场、前场的进攻相辅相成，紧密衔接，提高攻击威力。

（五）守中反攻

因为杀球是要消耗体力，控制不好容易失误，质量不佳还容易为对方反击，所以守中反攻这种打法应运而生。它以逸待劳，后发制人，先以拉吊四角，多拍调动，让对方在跑动中勉强进攻，当对方攻球质量不好，或回击被动球时，乘机出击，往往能一拍成功。

二、羽毛球竞赛规则

（一）场地、器材

1. 场地

羽毛球场为一长方形场地，长度为 13.40 m，双打场地宽为 6.10 m，单打场地宽为 5.18 m。球场上各条线宽均为 4 cm，丈量时要从线的外沿算起。（图 12-11）

球场界限最好用白色、黄色或其他易于识别的颜色画出。按国际比赛规定，整个球场上空空间最低为 9 m，在这个高度以内，不得有任何横梁或其他障碍物，球场四周 2 m 以内不得有任何障碍物。任何并列的两个球场之间，最少应有 2 m 的距离。球场四周的墙壁最好为深色，不能有风。

球场中央网高 1.524 m，双打边线处网高 1.55 m。

2. 羽毛球

羽毛球重 4.74 ～ 5.5 g，由 16 根羽毛插在半球形软木托上，球高 68 ～ 78 mm，直径 58 ～ 68 mm，分为 1 ～ 10 号。

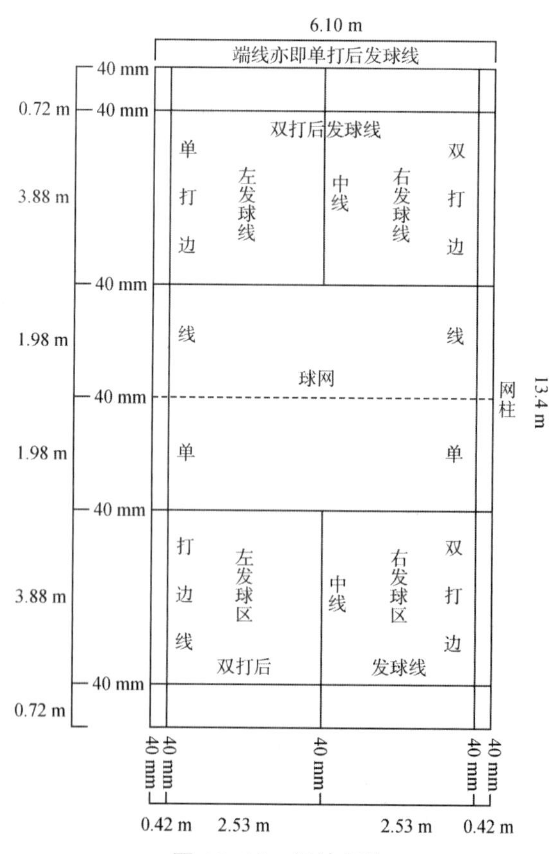

图 12-11　场地规格

3. 球拍

球拍框总长度不超过 68 cm，宽不超过 23 cm，拍弦面长不超过 28 cm，宽不超过 22 cm。

（二）比赛项目与方法

羽毛球项目为男子单打、女子单打、男子双打、女子双打、混合双打、男子团体、女子团体。团体赛多采用五局三胜制，单打和双打每场采用三局二胜制，不受时间限制。

（三）比赛规则

1. 单打比赛规则

（1）每场比赛采取三局两胜制。

（2）比赛为每球得分制，率先得到 21 分的一方赢得当局比赛。

（3）如果双方比分打成 20∶20，获胜一方须超过对手 2 分才算取胜。

（4）如果双方比分打成 29∶29，则率先得到第 30 分的一方取胜。

（5）首局获胜一方在接下来的一局比赛中率先发球。

（6）当一方在比赛中得到 11 分后，双方队员将休息 1 min。

（7）两局比赛之间的休息时间为 2 min。

2. 双打比赛规则

（1）每次交换发球权的时候，只有一名队员有发球权。

（2）比赛为每球得分制，即任何一方只要将球打“死”在对方的有效位置，或者因为对方出现违例或失误，均可得分。

（3）后发球线保留，现行规则适用。

（4）比赛开始前，双方通过投掷硬币方式确定由哪一方来选择是先发球或后发球。

（5）发球员的顺序与单打中的顺序一样，即以分数的单数或双数来决定，只有发球方在得分时才交换发球区。除此以外，运动员继续站在上一回合的各自发球区不变，以此保证发球员的交替。

（6）除非特殊情况（比如地板湿了，球打坏了），球员不可再提出中断比赛的要求。但是，每局一方以 11 分领先时，比赛进行 1 分钟的技术暂停，让比赛双方进行擦汗、喝水等事宜（单、双打通用）。

（四）交换场地

（1）第一局结束和第三局开始前，双方交换场地。

（2）在第三局或只进行一局的比赛中，领先的一方达到 11 分时。

（五）发球

（1）发球时任何一方都不允许非法延误发球。

（2）发球员和接发球员都必须站在斜对角线发球区内发球和接发球，脚不能触及发球区的界限；两脚必须都有一部分与地面接触，不得移动，直至将球发出。

（3）发球运动员的球拍必须先击中球托，与此同时整个球必须低于 1.15 m 高度。

（4）击球瞬间球杆应指向下方，从而使整个球框明显低于发球员的整个握拍手部。

（5）发球开始后，发球员的球拍必须连续向前挥动，直至将球发出。

（6）发出的球必须向上飞行过网，如果不受拦截，应落入接发球员的发球区。

（六）违例

（1）发球不合法违例，或接发球者提前移动。

（2）发球员发球时未击中球。

（3）发球时，球过网后挂在网上或停在网顶。

（4）比赛时：球落在球场边线外；球从网孔或从网下穿过；球不过网；球碰屋顶、天花板或四周墙壁；球碰到运动员的身体或衣服；球碰到场地外其他人或物体（由于建筑物的结构问题，必要时地方羽毛球组织可以制定羽毛球触及建筑物的临时规定，但其他组织有否决权）。

（5）比赛时，球拍或球的最初接触点不在击球者网的这一方（击球者击球后，球拍可以随球过网）。

（6）比赛进行中：运动员球拍、身体或衣服触及网或网的支持物；运动员的球拍或身体，以任何程度侵入对方场区；妨碍对手，如阻挡对方紧靠球网的合法击球。

（7）比赛时，运动员故意分散对方注意力的任何举动，如喊叫、故作姿态等。

（8）比赛时：击球时，球夹在或停滞在拍上紧接着又被拖带；同一运动员两次挥拍连续击中球两次；同一方两名运动员连续各击中球一次；球碰球拍继续向后场飞行。

（9）运动员违反比赛连续性的规定。

（10）运动员行为不端。

（七）重发球

（1）遇不能预见或意外的情况，应重发球。

（2）除发球外，球过网后，球挂在网上或停在网顶，应重发球。

（3）发球时，发球员和接发球员同时违例，应重发球。

（4）发球员在接发球员未做好准备时发球，应重发球。

（5）比赛进行中，球托与球的其他部分完全分离，应重发球。

（6）司线员未看清球的落点，裁判员也不能做出决定时，应重发球。

（7）“重发球”时，最后一次发球无效，原发球员重发球。

（八）死球

（1）球撞网并挂在网上，或停在网顶上。

（2）球撞网或网柱后开始在击球这一方落向地面。

（3）球触及地面。

（4）“违例”或“重发球”。

（九）发球区错误

（1）发球顺序错误。

（2）从错误的发球区发球。

（3）在错误的发球区准备接发球，且对方球已发出。

注：每局开始首先发球的运动员，在该局本方得分为0或双数时，都必须在右发球区发球或接发球；得分为单数时，则应在左发球区发球或接发球。

（十）发球区错误的裁判方法

（1）如果错误在下一次发球击出前发现，应重发球；只有一方错误并输了这一回合，则错误不予纠正。

（2）如果错误在下一次发球击出前未被发现，则错误不予纠正。

（3）如果因发球区错误而“重发球”，则该回合无效，纠正错误重发球。

（4）如果发球区错误未被纠正，比赛也应继续进行，并且不改变运动员的新发球区和新发球顺序。

（十一）比赛中的出界

（1）单打的边线，是在边界的里面一条。

（2）双打的边线就是最外面一条。

（3）单打的前发球线，就是最前面的一条线。

（4）后发球线就是底线。发球在这两条线之间才有效。

（5）双打的前发球线和单打一样，都是最前面一条。

（6）后发球线是底线前的那一条线，发球在这两条线之间才有效。

第十三章 网 球

网球（tennis）是一项优美而激烈的体育运动，球员在网球场上隔着球网用网球拍击打空心橡胶球。它既是一种消遣，又是一种增进健康的方式，也是一种艺术追求和享受，当然它还是一种扣人心弦的竞赛项目。打网球动作优美、文明高雅，每打出一次好球，都会使人感觉兴奋异常、愉快无比，是深受人们喜爱、极富乐趣的一项体育活动。

第一节 网球运动概述

一、网球运动的孕育

网球运动最早起源于 12 世纪法国北部传教士在教堂回廊里用手掌击球的一种游戏。到了 16 世纪，木板的球拍被用来代替两手拍球。最初的网球，只是两个半球填充草、树叶或头发等制成的，后来随着网球的不断发展，球的制作也越来越讲究。

17 世纪初，场地中间不再用绳帘，而改用小方格网子，网比帘的作用更好，拍子改用穿线的网拍，富有弹性而且轻巧方便。在法国宫廷中做这种游戏时，球场旁边放置一只金色容器，每次比赛完毕后，观众将钱投入盘中，作为胜利者的奖品。这种方法起初的用意很好，后来渐渐演变成为一种赌博。开始时数目尚小，久而久之越赌越大，甚至有人因此倾家荡产，于是纠纷迭起，法国国王遂下令禁止再做此种游戏，这就是 18 世纪初期网球衰败的主要原因。

二、网球运动的诞生

现代网球运动的历史是从 1873 年开始的。那年，英国人沃尔特・克洛普顿・温菲尔德将早期的网球打法加以改进，使之成为夏天在草坪上进行的一项体育活动，并取名“草地网球”。同年还出版了一本以《草地网球》为题的小册子，对这项活动进行宣传和推广。所以温菲尔德被称为“近代网球的创始人”。此后网球便成为一项室内、户外都能进行的体育项目，英国各地陆续成立了网球运动俱乐部。1875 年又成立了全英网球运动俱乐部。这个俱乐部建造了世界上的第一个网球场地，并于 1877 年举办了全英草地网球男子单打锦标赛，即后来闻名于世的温布尔登网球赛。

三、网球开始普及和形成高潮

1874 年，在百慕大度假的美国女士玛丽·奥特布里奇在观看了英国军官的网球比赛后，对这项体育活动颇感兴趣，于是将网球规则、网拍和网球带到纽约。在美国，网球运动最初是在东部各学校中开展的，不久就传到中部、西部，进而在全美得到普及。此时网球运动已经由草地上演变到可以在沙土上、水泥地上、柏油地上举行比赛，于是“网球”的名称就慢慢替代了“草地网球”的名称，这是我们今天网球名称的由来。

1896 年在雅典举行的现代第一届奥运会上，网球的男子单打与双打就被列为正式比赛项目。后来，由于国际奥委会和国际网球联合会在“业余运动员”问题上有分歧，已经进行了连续七届的奥运会网球比赛项目被取消。直到 1984 年的洛杉矶奥运会上，网球才被列为表演项目。到 1988 年的汉城奥运会上，网球重新被列为正式比赛项目。

四、网球运动在中国的发展

网球传入中国分成三个发展阶段。第一阶段，网球传入中国。1885 年，先是上海、广州等大城市的驻军、外国传教士、西方的官员和商人把网球带进了中国，之后教会学校一定程度上开展起这项运动。1898 年，上海圣约翰书院举行斯坦豪斯杯赛，这是中国网球史上最早的校内比赛。

第二阶段，中华人民共和国成立后，采用升降级制度，定期举办全国性网球赛事。虽然较少与世界网球强国交流，但在 20 世纪 80 年代后期至 90 年代中期，技术一直领先于日本、韩国、泰国、印度等国家。

第三阶段，针对备战雅典奥运会的形势和要求，进一步明确了“以女子为重点，女子双打为突破口”的备战策略，在“多参赛，挣积分，进奥运”的目标下，运动员开始大量参加国际比赛。2004 年，中国的双打选手李婷与孙甜甜进入迈阿密大师赛的女双半决赛，同年在雅典奥运会上李婷和孙甜甜获得女双冠军；2006 年，在澳大利亚网球公开赛和温布尔登网球公开赛上郑洁和晏紫获得女双冠军；2011 年，李娜打入澳网和法网决赛，并在法网上夺得冠军；2014 年，李娜在澳网折桂，超越名宿玛格丽特·考特成为澳网最老的女单冠军，她也成为亚洲首位两夺大满贯球员，掀起了全国网球热潮。

第二节 网球基本技术

一、握拍方法（以右手持拍为例）

握拍是打网球的第一步，也是十分重要的技术。选择握拍方法时，应更多注重击球效果，而不是动作的美观程度，选择适合自己的握拍方法会使技术动作掌握和提高得更快、更好。

握拍时手掌边缘要与拍柄齐平，掌心和手掌与拍柄尽量贴合在一起，拍手一体的感觉，拇指扣住拍柄贴靠中指，食指与中指分开并弯曲贴在拍柄上，整个手型和握手十分相似，呈“扣枪式”。（图 13-1）

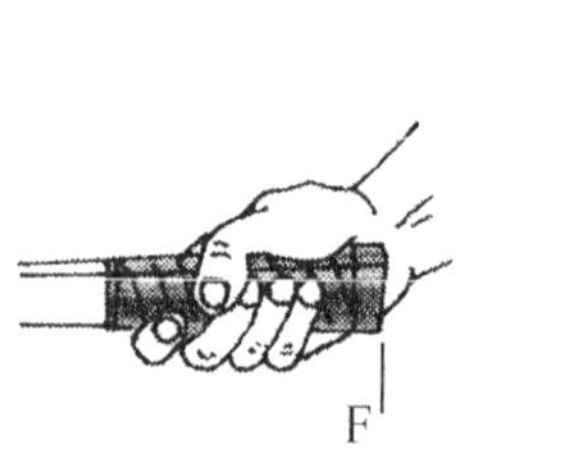

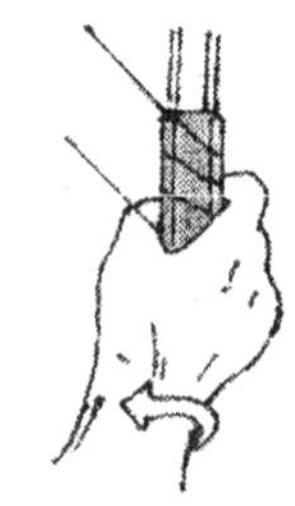

图 13-1 握拍

网球握拍方法有大陆式握拍法、东方式握拍法、西方式握拍法、半西方式握法、双手握拍法。

（一）大陆式握拍法

食指下关节和小鱼际（小鱼际所在部位）与上面接触，很自然的虎口就在手柄做垂直面上。（图 13-2）

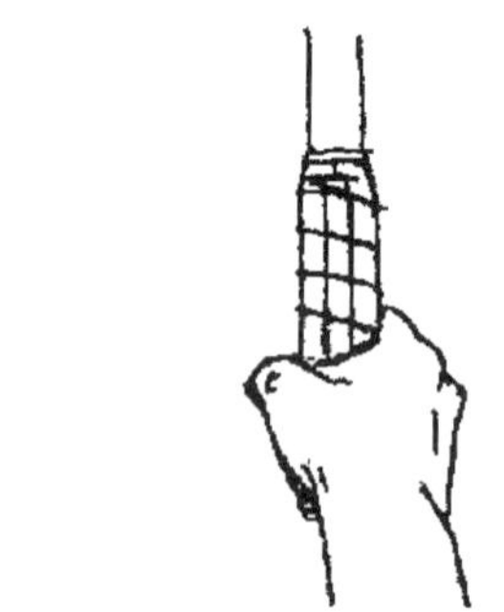

图 13-2 大陆式握拍法

大陆式握拍法适用于发球、网前截击、削球和防卫性的打法。尤其是网前截击，因为不需要切换正反手，所以可以很快地做出反应。另外，因为这种握拍法拍面相对地开放（开放的拍面是指你的拍面和球网平行，收闭的拍面是指你的拍面和球网垂直），所以在处理离地面较低的球和平击球是比较有利的。但是在底线，相对于腰部以上的来球，很难打出强有力的上旋球。

（二）东方式握拍法

用大陆式握拍法顺时针转动手腕直至食指下关节和小鱼际放在拍柄右上斜面上。（图 13-3）

这种握拍法公认是最容易学的，而且可以打上旋球和有攻击性的平击球，因而被广泛采用。但是当击球区在球员所站位置的较前方，高位时处理回球仍然吃力，所以对于主要以打上旋球为主的球员不适合采用东方式握拍法，在和对手打底线拉锯战时，仍然易处于下风。

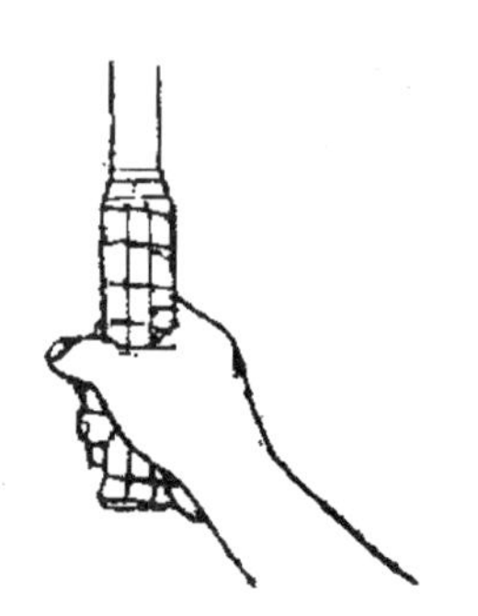

图 13-3 东方式握拍法

（三）半西方式握拍法

用东方式握拍法顺时针转动手腕直至食指下关节和小鱼际与球拍拍柄右上斜面和右垂直面间的棱面接触（图 13-4）。这是底线型选手常用的握拍方法，因为用这种握法可以更好地控制球的落点，打出稳定的上旋球。这种握拍法对处理离地面较高的球十分奏效，因为击球区在离地面更高和离身体更前的位置；但对处理低球处于被动，因为拍面是和地面平行，所以球手要格外地把球拍移到球底部把球捞起来。另外网前球也是死穴，因为不方便转换到大陆式握拍法。

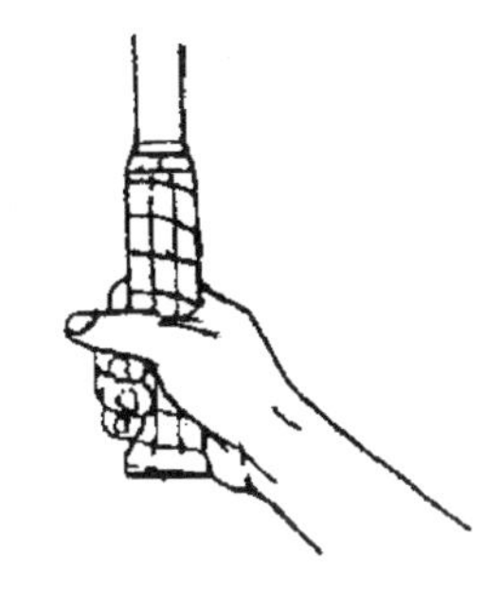

图 13-4 半西方式握拍法

（四）西方式握拍法

从半西方式握法顺时针转动手腕直至食指下关节和小鱼际与球柄的右垂直面接触，也就是说你的手掌几乎是在球柄的下方。（图 13-5）

这种握法要求球手从球的底部向上和向前打出，因而可以打出又高又强有力的上旋球，令对手停留在底线以外，它是红土球手的首选握法。另外初学者也可以选用种握法。击球区是离地面更高和离身体更前的位置，对处理高球最有效。但是处理低球十分困难，另外不适用在球速较快的硬地和草地场，因为这要求球手要用更多的腕力和更快的挥拍速度去打出有效的上旋球。同时，也不适用于网前截击。

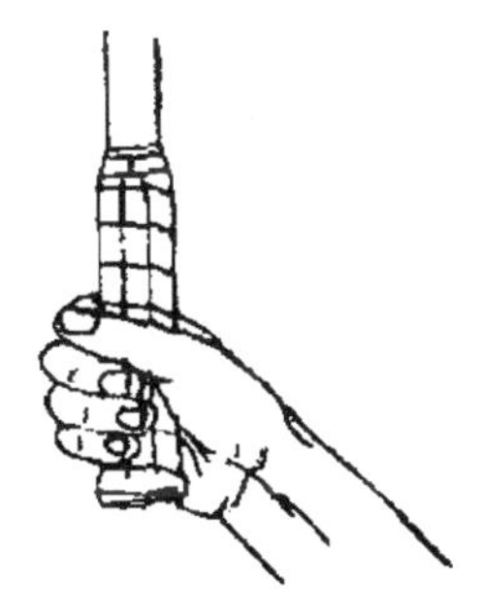

图 13-5 西方式握拍法

（五）双手握拍法

双手握拍法分为两种：一种是双手握拍正手击球，双手都采用东方式握法；另一种是双手握拍反手击球，右手用大陆式握拍法，左手用东方式握拍法。（图 13-6）

对于不习惯单手用力击球的球手来说，这是最好的选择。因为它是借助肩膀的转动和两只手的挥拍，回球的动作比单手反手更连贯和流畅，所以在处理回发球时比较理想，且动作的隐蔽性强，不易被对手预判出是直线还是斜线。处理回低球也很有效。最后就是由于有辅助手的帮助，球手可以更有效地处理高位球和低位球，并且对步法要求精确。

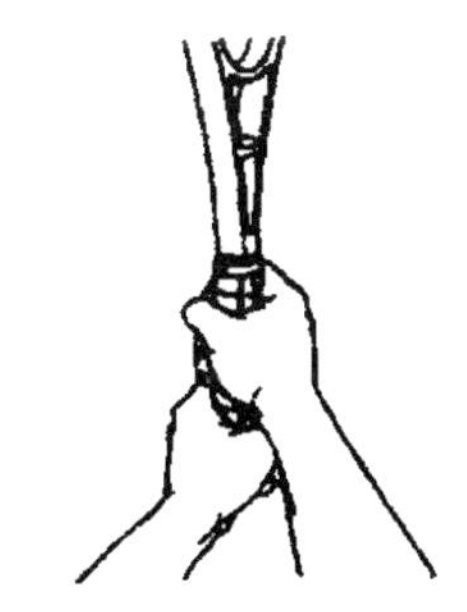

图 13-6 双手握拍法

二、准备姿势

面对对方场区站立，两脚开立略宽于肩。两膝微曲，上体略前倾，脚跟稍抬起，重心置于两脚前脚掌间。右手握拍柄，左手扶着拍颈部位，持拍于体前，拍头指向前方置于胸前高度。两眼注视对手或来球，身体放松，随时做好击球的准备。（图 13-7）

图 13-7 准备姿势

三、站姿及步法练习

站姿对于运动员而言非常重要，每一次移动是为了找到更合理的位置，通过站姿表达战术旨意。以下介绍四种站姿，没有哪个更好，只有通过来球选择合理站姿。

（一）站姿的种类

1. 开放式击球站姿

以转动肩膀开始，外侧脚向外侧迈出，重量转移到该脚，内侧脚留在原地。挥拍时，重量始终留在外侧脚，直到触球后，重量自然转移到内侧脚。

这是现代网球广泛应用的站姿。通过开放式站姿，配合半西方式或西方式握拍法，可以更好地利用身体扭转的力量击出大力、强上旋的球。建立开放式站姿时，重量将完全转移至外侧脚，内侧脚无须向前迈出。对于时间紧迫的正手外角击球，可以更快地建立站姿。

2. 半开放式击球站姿

以转动肩膀开始，外侧脚向外侧，向后迈出。重量转移到该脚，但仍有重量留在内侧脚。挥拍过程中大部分重量留在外侧脚，直到触球后，重量自然转移到内侧脚。

半开放式击球站姿类似于开放式站姿，区别是外侧脚的落地点略微靠后，身体相对目标处于更关闭的位置。半开放式与开放式站姿的结合，可以应对大多数情况。

3. 中立式击球站姿

以转动肩膀开始，外侧脚向外迈出，并将重量转移至该脚。内侧脚紧接着向前迈出，同时重量开始向该脚转移。挥拍过程中更多重量向前转移，结束挥拍时重量已全部转移到前面的内侧脚。

这是一种介于半开放式与关闭式的站姿。内侧脚将往前踏出，双脚与目标成一线。重量将在击球前就转移到内侧脚（前脚），并在击球过程中保持重量在前方。击球时会感到臀部向目标转动，让身体进入击球区。这样的站姿对于处理低球很有效，也是反手击球的基本站姿。

4. 关闭式击球站姿

直接将内侧脚向外侧迈出，重量全部转移到该脚。在击球过程中没有重量转移。

这一站姿的建立方式与中立式类似，但是内侧脚更多地踩向外侧，穿过目标线。整个身体处于几乎背对目标的状态。这个站姿会限制肩膀的旋转。因此无法有效地回击正手球，

但对于单手反手和以下手（对于右手握拍者，为右手）为主导的双手反手来说，这是一个可以接受的站姿。对于移动中的正手和反手，关闭式站姿也是必要的选择。关闭式站姿最大的两个问题：第一，身体重量无法向目标转移，造成力量流失；第二，需要更多的时间归位。

（二）步法练习方法

（1）无球移动训练法：练习接发球准备姿势，膝关节弯曲、脚跟提起，上体前倾，两脚不停地跳动；反复练习滑步、跑步、跨步、垫步、交叉步等移动步法；徒手练习前、后、左、右移动脚步的动作；利用跳绳练习单脚跳、双脚跳、移动的单脚交替跳。

（2）有球移动训练法：手眼协调训练、抛接球训练。

（3）持拍移动训练：采用多球法进行小场斜线直线组合对拉，配合性和竞争性截击训练。

四、正拍击球

（一）准备姿势

面对对方场区站立，两脚开立略宽于肩。两膝微曲，上体略前倾，脚跟稍抬起，重心置于两脚前脚掌间。右手握拍柄下半部，呈半西方式握法（东方式、西方式皆可），左手握拍柄上半部，呈反手东方式握法。持拍于体前，拍头指向前方置于胸前高度。两眼注视对手或来球，身体放松，随时做好击球的准备。

（二）转肩引拍

当预判来球到正手位，转动左肩左手向右后方推拍，同时左脚掌向内右脚掌向外辗动使左肩对准前方，重心落于后脚，上半身呈侧身状态，站姿合理即可。随着向后推拍的同时，拍头高于手腕，持拍手顺势往后拉拍，拍柄底部沿着来球方向直线发力向前，此时拍头位置从高到低，势能转化为动能。

击球质量与转肩拉拍动作放松迅速协调有关，要求预判后尽早完成，这样有更多的回球时间。

（三）击球动作

击球时，重心脚和身体往前上方蹬转，重心前移，腰部转动和手臂向前发力带动球拍，注意绷紧手腕，紧握球拍，拍面打开迎向来球，此时重心在前，膝盖适度弯曲，胸部转至前方。

绷紧手腕可以减少击球时球拍带来的振感和晃动，防止手腕受伤。另外肘部和肩部的发力动作注意做到放松、流畅。

（四）随挥跟进动作

击球后，拍面随球方向尽可能前送并做“雨刷式”收拍，随着拍头产生的惯性，带动上身转体将球拍置于左肩部，左手扶住拍柄右肩指向球网。

随挥动作也是击球动作的重要组成部分，不仅能使动作显得流畅舒展还能保证击球的力量和球向前的弧度。（图 13-8）

图 13-8 正拍击球

五、反拍击球（单、双手）

（一）准备姿势

面对对方场区站立，两脚开立略宽于肩。两膝微曲，上体略前倾，脚跟稍抬起，重心置于两脚前脚掌间。右手握拍柄下半部，呈半西方式握法（东方式、西方式皆可），左手握拍柄上半部，呈反手东方式握法。持拍于体前，拍头指向前方置于胸前高度。两眼注视对手或来球，身体放松，随时做好击球的准备。

（二）转肩引拍

右肩和右髋左转体带动左手向左后方推拍，同时右脚掌向内左脚掌向外辗动使右肩对准前方，重心落于后脚，上半身呈侧身状态，站姿合理即可。转动右肩右手向左后方推拍，肘关节自然弯曲、下垂，重心在后脚，拍柄底部沿着来球方向直线发力向前。单手反拍时，左手可轻托拍颈，伴随着向左转的协调动作；若是双手反拍挥臂，需要更充分的转体动作，右肩转向左侧的网柱。

（三）击球动作

从引拍进入向前挥动时手腕应固定，重心脚和身体往前上方蹬转，重心前移，腰部转动和手臂向前发力带动球拍，注意绷紧手腕，紧握球拍，拍面打开迎向来球，此时重心在前，膝盖适度弯曲，胸部转至前方。单手反拍时持拍手腕绷紧；若是双手反拍时左手腕绷紧。拍头轨迹是自下而上的。

（四）随挥跟进动作

击球后，拍面随球方向尽可能前送并做“雨刷式”收拍，随着拍头产生的惯性，带动上身转体将球拍置于左肩部，左手扶住拍柄右肩指向球网。完成好随挥动作有助于控制球的落点和方向。随挥动作要比后摆动作大而充分，从而保证击球动作的完整和稳定。随挥跟进动作结束，身体转向球网，迅速恢复原来的准备姿势，准备下一次击球。（图 13-9）

图 13-9 反拍击球（单、双手）

六、发球

发球是一种主要技术，好的发球可直接得分或为争取主动创造条件。发球最重要的是要抛好球。有的人不是把球抛高了就是抛低了。其实每个人都有最适合自己的抛球高度，最适合自己的击球点，这和身高是没关系的。当然，高个子发球天生就有优势，因为他发球点高。

（一）发球的基本要求

1. 正确的站位

在端线后两脚开立与肩同宽，前脚与端线成 45°，身体侧对球网，重心在后脚上。

2. 持球与抛球

持球时，可手持两个球或一个球。用拇指和另外两三个手指的顶部拿着将要发的球。抛球一般有一个标准的高度，你把球拍垂直举高，比你垂直举球拍的高度高一点就是你的标准抛球高度了，只要它落下到你举着的球拍的接近甜点的部位，就可以击球了。

抛球一般要往球场里抛一点。抛球时另一只发球的手要成 90° 往后张开，然后屈腿，跳跃，击球。屈腿时也要脚尖着地，才好飞出去。击球时手臂伸直击球，同时还要压手腕。下落时，抛球的那只手可以做出环绕着腹部的动作。这样不会影响自己下一拍，也不会被球拍打到自己。

3. 引拍和击球

当抛球手向上时，握拍手也应该向后上方运动，为击球做好准备，如两手配合不协调时，可采用“计数”法。先把球和球拍都放在齐胸处，数“一”时双手往下放，数“二”时两手往上，但抛球手在前，持拍手往身后，数“三”时击球。击球的高度在身体和握拍手臂充分伸展时球拍的上部。（图 13-10）

图 13-10　发球动作

(二)发球的种类

1. 平击发球

平击发球时要尽可能地用力击球。击球前身体侧对球网，将球抛至头部的前上方，引拍至右肩的前上方，双脚弯曲，身体向后屈。在击球的一刹那，蹬腿转髋送肩迎向来球，用快速的拍头速度击打球的后部。重点在于放松，要充分利用身体、手臂的力量，以及身体重心向前的力量。(图 13-11)

图 13-11　平击发球

2. 侧旋发球

侧旋发球的动作基本和其他发球动作一样。不同的是击球瞬间手腕向前扣击，拍面从球的后部向前上擦击，使球产生旋转。击球后，球拍向前下左侧落下，重心前移，向前上步。

3. 上旋发球

上旋发球和其他发球动作一样，不同的是抛球至头部后上方，同时做背弓动作，利用双脚蹬地和腰腹的爆发力向上向前发力击球的中下部位，拍面对球自下而上的摩擦力产生强烈的上旋。

七、截击球

截击技术是单、双打比赛中网前取得成功的关键，是一项不可缺少的技术。

（一）正拍截击

准备时双脚平行站立略宽于肩，膝盖要弯曲，重心稍前，球拍在身前。采用大陆式握拍法。击球前必须转动上体和肩部，带动球拍向后不要过大，击球时握紧球拍，固定手腕，在身体前面 15 ～ 50 cm 处迅速向前跨步迎球。拍头上翘，拍面稍向后仰，向前向下挥拍击球。（图 13-12）

图 13-12 正拍截击

（二）反拍截击

击球前要转肩使上身和球飞来的路线成平行方向，同时球拍后摆至肩部，拍头向上。击球时拍向前做简短的撞击动作，在身体前面击球。拍触球时，手腕固定，握紧球拍，迅速向前跨步迎球。（图 13-13）

图 13-13 反拍截击

八、高压球

高压球是将对方跳出的防御性的高球凌空或落点弹起后向前下打出，绝大多数高压球采用大陆式或偏东方式握拍法。

侧身对网，移动到球下落的稍后方。准备击球时在身前举起球拍，然后球拍后引至肩后，击球时前臂将拍向下快速挥动，整个手臂伸直，触球时手腕用力下压，拍面向下。（图 13-14）

图 13-14 高压球

九、挑高球

挑高球分防守性和进攻性两种。防守性挑高球是为了赢得时间，摆脱困境。进攻性挑高球是在对方上网时，将球挑到对方后场较深处，使之被动或失误。

准备时将球拍做好充分的后摆。击球时拍头低于手腕位置，侧身蹲低。打进攻性挑高球，拍面略开，挥拍轨迹由后下往前上方挥拍，产生强烈的上旋，击完球后重心保持在后脚；若是防守性挑高球，拍面朝上，击球的中下部，挥拍轨迹由后下往前上方切推送出，并做随挥动作，与底线下旋球相似。（图 13-15）

图 13-15 挑高球

十、放小球

放小球时，准备动作与底线正反拍击球技术相同，转肩侧身引拍后，拍头高于手腕，目视前方，击球时拍面微开，动作柔和地切推或轻触球的中下部，使球落于对方的网前位置。反拍放小球动作与反拍下旋球相似，但在触球时，球拍向下用力较多，减少球的前冲。同时体会拍面在球侧绕转的感觉。

第三节　网球基本战术

任何一项球类运动都有它自己的战略战术。在比赛中，战略是运动员在整场比赛中的指导思想，是针对不同的对手选择和制定的比赛方案。战术是指在比赛中运用的手段，是对战略指导思想的具体实施办法，它可以在整场比赛中不断变化，以便适应或破坏对方的战略战术。

一、战术的指导思想

（一）“稳”字当头

比赛中要有耐心，击球要稳，不要滥用自己还不熟悉的打法或想一下把对方置于死地，因为这样打球所付出的比收获的多，一般击球落点在距边线 60 cm以内的区域。

（二）把球打深

无论进攻型还是防守型的选手，都遵循一个原则，把球打深。球的落点在离端线 60 ～ 90 cm处，以使自己有充裕的时间对回击作出反应，并能阻止对方上网，以及缩减对方回球的角度。

（三）争取上网截击

上网截击可以使自己的击球范围增大，让对方疲于应付或失误，同时提高了自己回球速度，使对方来不及调制位置接球。

二、单打

（一）发球上网

发球上网是先发制人，主动进攻的战术之一，发球者发出强劲有力的平击或旋转球后，快速上网，在发球中线（根据发球的角度，可偏左或偏右）将球截击到对方薄弱的深区，再冲到网前伺机致命截击。

（二）随球上网

利用对手在底线对攻及发球中出现质量不高的短球或中场球，果断抽击对方底线，后随球上网截击的战术，也是比赛中主要得分手段之一。

发对方右区内角球，随球至中场，用正拍截击底线两侧；发对方右区外角球，随球上网，用正拍截击直线；发对方左、右区外角球，随球上网，用正、反拍截击直线。

(三)底线战术

(1)对攻：在底线用正、反手抽击球与对手对攻。以正、反手抽击的力量、速度、攻击对手弱环节。以精准的落点，调动对方，寻找机会制胜。

(2)拉攻：在底线用十分稳定的正、反手两面拉上旋或正拉反削，来调动对方，拉垮对方，创造战机。

(3)吊攻：在底线左右对攻或拉攻的瞬间，突然放一个网前短球，使对方失误或失去主动。

(4)侧攻：在底线利用强有力的正拍抽击球连续攻击对方的反手和正手，或连续打出回头球。

(5)逼攻：在底线发挥正、反手抽击的优势，迎击上升球，以快的节奏，赢得最佳落点，逐步将对手逼上险境。

(6)防反：遇到技术全面的对手，常常会处于被动，就须利用准确的挑高球，破坏对方进攻节奏，在防守中寻找反击的机会。

(四)破网战术

对付上网型的选手，应采用不同的破网战术，如斜线破网、直线破网、挑高球等，让对手心有余悸，无所适从。破网的角度要大，挑高球既要高又要深。

(五)发球战术

(1)发球要稳定，稳中取胜是比赛的关键，能发出稳妥、适当速度而又能击中对方弱处的球，是造成对手失误的关键。

(2)发球要有变化，要根据不同的场地、不同的对手、不同的站位等，发出不同速度、不同落点和不同旋转的球。在硬地上多发平击球，强化速度；在沙土及草地上要多用旋转，增加球的变向和变化。对手站位靠近时，应发快速的平击球，使其无暇判断来球；对手站位偏离时，应加大角度，加大旋转，出其不意将球发到另一侧，调动对方。

(六)接发球战术

(1)对方发球上网，勿盲目破网，应多打刚过网的低短球，使对方难以截击，被动回球。

(2)对方发球后不上网，尽可能攻其反手底线再寻机上网截击。

(3)接二发球时，站住稍靠前，抓准时机击打对方的空当、脚下或中路后随球上网。

三、双打战术

(一)双打比赛站位

(1)发球员应站在中线和单打线的中间，准备发球上网，其同伴应站在另一侧的中线与双打边线之间的中点，距网前大约 2.7 m处(以各向左右移动一步，能封住单打线与双打线之间的狭窄通道和球场中区为准）。

（2）正拍好的球员应站在右区，反拍好的球员应站在左区，击球技术好的球员应在左区，比较稳定的球员在右区。

（3）根据自身特长和搭档的特点站位，首选双上网，其次是两人同在底线，再次是一前一后站位。

（二）双打发球战术

1. 发球上网战术

发球后上网，与同伴形成双上网，上网后中场的第一次截击球要平、深、大角度。

2. 发球抢网战术

同伴用手势发出抢网讯号并提示发球员发球的落点，随时准备上网截击，给对方以极大的压力。

3. 澳大利亚式网前抢网战术

与发球抢网战术相同，仅在网前站位上有所区别，同伴的站位要靠近中线，随时准备向两侧抢网。

（三）双打接发球战术

（1）接发球抢网战术：当接球员接了一个高质量的回球时，应立即前移抢网，同伴也应在另一侧上网，形成双上网，给对方回球造成较大的压力。

（2）接发球的双底线战术：如两人的底线技术好，而对方的发球和抢网技术突出，就应坚持两人退至底线回击的战术，削弱对方的进攻成功率，并伺机打出漂亮的穿越和反击。

第四节 网球场地及基本规则

一、场地与球拍

（一）场地

网前场地是一个长 36.6 m、宽 18.3 m的长方形场地，其中单打有效区域的长 23.77 m、宽 8.23 m，球网的中央高度为 91.47 cm，两端高度为 107 cm，把全场隔成相对的两个半场，接近球网两边的 4 块相等的区域是发球区，双打场地的两边较单打场地宽 1.37 m。全场除端线可宽至 10 cm外，其他各线的宽度均不得超过 5 cm，也不得少于 2.5 cm。全场各区域的丈量，除中线外都从各线的外沿计数。网球场地分为草地、土地、硬地和塑胶场地等。（图 13-16）

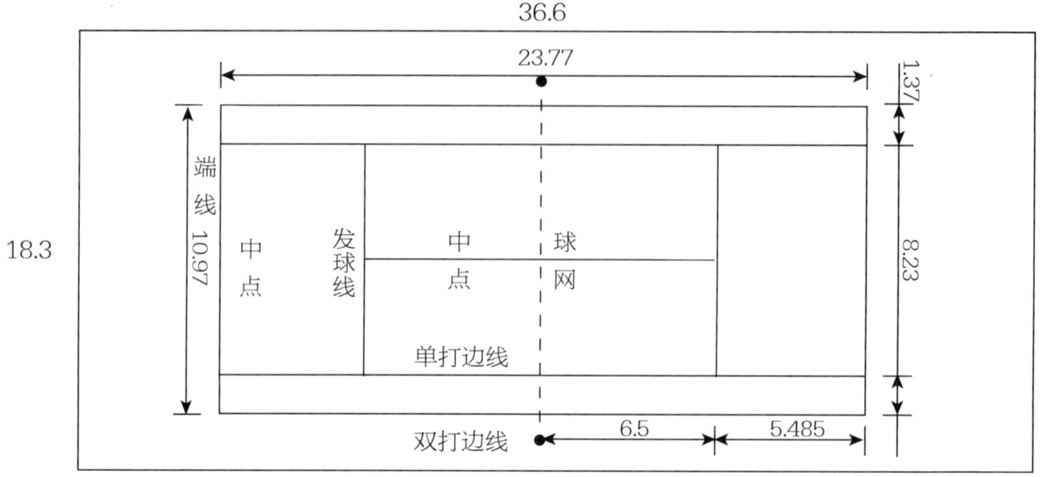

图 13-16 网球场地规格（单位：m）

（二）球拍

在选择网球拍时，要根据自己的特点从材质、重量、拍面和拍柄四个方面来考虑：

（1）材质：网球拍的质地有木质、铝质、玻璃纤维、碳纤维、钛合金之分。对于大多数人来说，比较适合使用碳纤维球拍。

（2）重量：球拍的型号分为轻型拍（L）、中轻型拍（LM）、中型拍（M）、重型拍（T）。此外，还可分为重拍头、轻拍头和平衡拍三种。女选手及初学者应选择轻型或轻拍头球拍，挥拍轻松、灵活。有一定基础且擅长底线抽球的球员，宜用重型或重拍头球拍，可增加击球速度，提高击球效果。

（3）拍面：有大拍面（110 in^2）、中拍面（100 in^2）和普通拍面（90 ～ 95 in^2）三种，目前已出现了 124 in^2 的超大拍面。女选手和初学者一般选用大拍面球拍，可扩大击球范围，提高击球率。而有一定基础，又急于晋级者，可考虑中、小拍面的球拍，以增加灵活度，提高攻击力。

（4）拍柄：根据拍柄的粗细有 1 号、2 号、3 号和 4 号四种拍型之分。1 号是 $4\frac{1}{8}$ in（1 in=2.54 cm），2 号拍拍柄的周长是 $4\frac{2}{8}$ in，3 号是 $4\frac{3}{8}$ in，4 号是 $4\frac{4}{8}$ in。女性通常使用 2 号的轻型拍（2 L）。判断尺寸是否合适，也可以用手握球拍时拇指的指甲是否盖在中指指甲的第一关节点上这一标准来判定，超过则偏细。

三、比赛规则与判法

（一）单打比赛规则

1. 发球员与接球员

运动员应各自站在球网的一边，先发球的运动员叫发球员，另一边的运动员叫接球员，发球员必须在端线后中心标志和边线的假定延长线区域内发球，而接球员可在自己一侧任意位置上接球。

2. 场地的选择

比赛之前，用掷硬币的方法来决定选择权，得胜者可首先选择场地、发球权、接发球权。如果选择了场地，对方就可选择发球或接发球；如果选择发球或接发球，对方则可选择场地。当然你也可放弃优先选择权，而要求对方先行选择。

3. 发球动作

发球员在发球前，应先站在底线后的中点与边线假定延长线之间的区域内，用手将球向空中任何方向抛起，在球接触地面之前用球拍击球。只要球拍与球接触，就算完成了球的发送。发球时，发球员不得向上抛起两个或两个以上的球，否则判重发。如果是故意的，应判失误。

4. 发球时间

发球员须待接球员准备好（做好还击姿势）后，才能发球，如接球员未做好准备，不论发出的球成功与否，均判发球无效。

5. 发球位置

每局比赛开始发球时，发球员应先从右区端线后发球，得或失一分后，换到左区发球，即双方比分之和为偶数时在右区发球，双方比分之和为奇数时在左区发球。如果发球位置出现错误而未被察觉，比分仍然有效，一旦察觉，应立即纠正。

6. 发球次序

每一局比赛终了，接、发球员均要互换角色，直到比赛结束。如发现发球次序错误，应立即纠正，发现错误前双方所得的分数都有效。如发现前，已有一次发球失误，则不予计算；如一局比赛终了，才发现次序错误，则以后的发球次序就以该局为始，按规定轮换。

7. 交换场地

双方应在每盘的第一、三、五等单数局结束后，每盘结束双方局数之和为单数时，以及决胜局比分相加为 6 和 6 的倍数时交换场地，如果一盘结束时，双方局数之和为双数则不交换场地，须等下一盘第一局结束后再进行交换。如果发生未按正常顺序交换场地的错误，一经发现应立即纠正，按原来顺序进行比赛。

8. 发球失误

发球时如果出现发球脚误（触及或超过发球线）、未击中球、发出的球在落地前触及固定物（球网、中心带、网边白布除外）等现象时，均判发球失误。

9. 发球无效

当合法的发球触及球网、中心带、网边白布后，仍落到对方发球区内，以及当合法的发球触及球网、中心带、网边白布后，在落地前触及接球员的身体，均为发球无效。

10. 失分

在网球比赛中，如果出现以下九种情况均判失分：

（1）在球第二次着地前未能还击过网。

（2）还击的球触及对方场区界线以外的地面、固定物或其他物件。

（3）还击空中球失败。

（4）在比赛进行中，运动员故意用球拍拖带或接住球，或故意用球拍触球超过一次。

（5）"活球"期间（球发出至死球前），运动员的身体、球拍（不论是否握在手中）或穿戴的其他物件触及球网、网柱、单打支柱、绳或钢丝绳、中心带、网边白布或对方场区以内的地面。

（6）来球尚未过网即在空中还击（过网击球）。

（7）除握在手中的球拍外，运动员的身体或穿戴的物件触球。

（8）抛出手中的拍去击球。

（9）比赛进行中，运动员故意改变其球拍形状。

11. 第二发球

网球比赛规则规定，发球员每分都有两次发球机会权。第一次发球失误后，应在原发球位置进行第二次发球。如第一次发球失误后，发觉发球位置错误，则应按规定改在另区发球，但只能再发一次球。

12. 压线球

落在线上及以内的球都算界内球。

（二）双打比赛规则

网球单打规则均适用于双打比赛，另外，网球双打还有自己的特殊规则。

（1）发球次序：每盘第一局开始时，由发球方决定由何人首先发球，对方则同样在第二局开始时决定由何人首先发球；第三局由第一局发球方的另一球员发球，第四局由第二局发球方的另一球员发球，以后各局均按此顺序轮换发球。

（2）接球次序：先接球的一方应在第一局开始时，决定何人先接发球，并在这盘单数局继续先接发球。对方同样应在第二局开始时决定何人先接发球，并在这盘双数局继续先接发球。他们的同伴应在每局中轮流接发球。

（3）发球次序错误与接球次序错误：发球次序错误应在发现时立即纠正，但已得的分数或已造成的失误都有效。如发现时全局已经终了，此后发球次序就以该局为准轮流发球。

（4）发现接球次序错误后仍按已错误的次序进行，等到下一接球局再行纠正。

（三）比赛计分规则

1. 盘数

正式网球比赛时，男子单打和男子双打采取三胜制。女子单打、女子双打和混合双打采取三盘两胜制。

2. 局与盘

（1）局：运动员每胜二球得一分，先得四分者胜一局。如双方各得三分时，则为“平分”，“平分”后，一方先得一分时，凑为“接球占先”或“发球占先”；“占先”后再得一分，才算胜一局。如一方“占先”后，对方又得一分，则仍为“平分”。以此类推，直到一方在“平分”后净胜两分才能结束该局。

（2）盘：网球比赛，一方先胜六局为胜一盘。但遇双方各得五局时，有两种计分方法：一是长盘制，局数为五平之后，须一方净胜两局才算胜一盘；二是决胜局计分制，决胜局计分制用于每盘的双方局数为六平时（但三盘两胜制的第三盘和五盘三胜制的第五盘不得使用此制度，应使用以上讲的长盘制），先得七分者为胜该局及该盘。若分数成六平时，比赛须进行到一方净胜两分时止。决胜局应全部采用数字计分。

发球员在右区发第一分球后，即改由对方依次在左区和右区发第二、三分球。此后，双方轮流交替发球，每人连发两分球，其中第一分球均应在左区发球，直到决出该局与该盘的胜负为止。如果发现从错误的场区发球，应立即纠正错误的站位，但发觉前已得的分数仍有效。运动员应在每六分及决胜局结束时交换场地。双打决胜局发球时，双方要轮换发球。决胜局计分制必须在比赛前宣布才有效。

（四）比赛休息时间与指导规则

（1）第一次发球失误后，发球员必须毫不延误地开始第二次发球。

（2）接球员必须按发球员合理的速度进行比赛，当发球员准备发球时，接球员必须准备去接球。

（3）交换场地期间，间歇的时间不能超过 90 s。

（4）男子比赛在第三盘打完后，女子比赛在第二盘打完后，双方球员可以有不超过 10 min的休息时间。

（5）国际网联承认的国际巡回赛和团体赛的组织者，可以决定分与分之间允许间歇的时间，但在任何时候，间歇的时间都不得超过 30 s。

（6）一般情况下不允许暂停、延误比赛。但如果运动员受伤，裁判员可允许一次暂停（约 3 min）。

第十四章 武 术

第一节 武术运动概述

武术是中国的传统民族体育项目。在漫长的历史进程中，不同的时期对武术概念的表述不尽相同，它的内涵和外延是随着社会历史的发展和武术本身的发展而发展、变化的。

随着历史的变迁，冷兵器的逐步消亡，专用武术器械的生产及拳械套路的大量出现，对抗性项目、武术竞赛规则的制定，武术已演化成为体育运动项目之一。武术的体育化使其内容、形式及训练手段等都发生了很大变化，反映事物本质属性的概念也在不断变化。发展到今天，武术的基本定义可概括为：武术是以技击为主要内容，以套路和搏斗的运动形式注重内外兼修的中国传统体育项目。

从这一定义出发来认识武术。首先，武术属于中国传统的技击术。它是以踢、打、摔、拿、击、刺等技击动作为主要内容，通过徒手或借助于器械的身体运动表现攻防格斗的能力。无论是对抗性的搏斗运动，还是势势相承的套路运动，都是以中国传统的技击方法作为其技术核心的。就人类的社会生活来说，技击术不可能是中国独有的。相较于世界各地的技击术，武术不仅在技击方法上更为丰富（诸如快摔法、擒拿法等），在运动形式上，既有套路的，也有散手的，既是结合的，又是分离的，这种发展模式，也迥然有别于世界上其他技击术。在演练方法上注重内外兼修，演练风格上要求神形兼备，无不反映了中国传统的技击术的运动特点。

其次，武术是体育项目，它明显区别于使人致伤致残的实用技击技术。套路运动中尽管包含丰富的技击方法，但其宗旨是通过演练以提高人的身体素质和攻防能力，进行功力与技巧上的较量，在技术要求上与实用技术有一定的区别，散手运动的技术固然更接近于实用技击，但由于受竞赛规则的规定，亦将其限制在体育竞技运动之内。总之，归结为一点，武术具有明确的体育属性，当今武术主要包含的社会哲学、中医学、伦理学、兵学、美学、气功等多种传统文化思想和文化观念，都是注重内外兼修的体现，诸如整体观、阴阳变化观、形神论、气论、动静说、刚柔说等，逐步形成了独具民族风貌的武术文化体系。它源远流长，博大精深，内涵丰富，寓意深刻，既具备了人类体育运动强身健体的共同特征，又具有东方文明所特有的哲理性、科学性和艺术性，较集中地体现了中国人民在体育领域中的智慧结晶。它从一个侧面反映了东方的民族文化光彩。因此，从广义上认识，武术不仅是一个运动项目，而且是一项民族体育，是中华民族璀璨夺目的文化遗产。

武术的内容丰富多彩，在所有体育项目中可以称得上世界之最，仅套路运动就有上千种之多，其中拳术就有五百多种，器械也是刀枪剑棍、绳镖鞭锤等五花八门。还有惊而无险的对练、气势磅礴的集体表演、斗智较力的搏斗运动等。其风格独特，功效极大，男女老少、体弱多病者都能得益于其中——强身健体、防身自卫、修身养性。武术植根于中国五千年生存与发展的历史，它已成为中华民族享誉世界的东方明珠。

第二节 武术基本技术

武术的基本知识与技术是学习各种拳术和器械套路的基础，要想学好武术的一招一式，必须从基础入手。

一、手型

（1）拳：四指并拢卷握，拇指紧扣食指等二指节，腕直、拳面平。（图 14-1）

（2）掌：四指并拢伸直，拇指紧扣虎口，沉腕、稍内斜翘掌。（图 14-2）

（3）勾：五指捏紧，用力屈腕，肘部要直。（图 14-3）

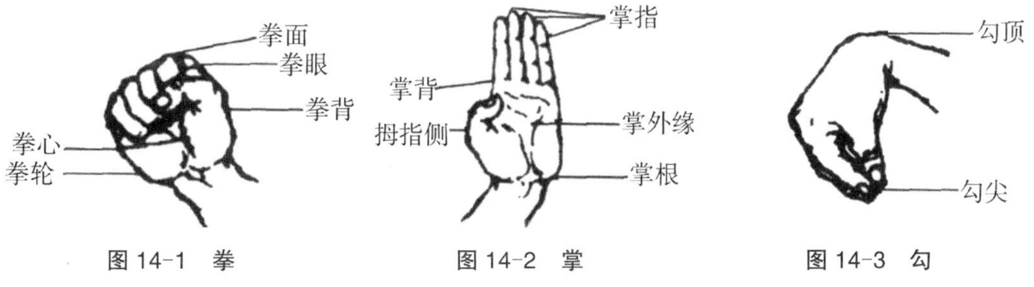

图 14-1 拳　　图 14-2 掌　　图 14-3 勾

二、手法练习

（1）冲拳：开立抱拳（“抱拳”或“收抱”均指两手握拳紧靠腰侧，拳心向上）。右拳从腰间以肘贴肋向前猛力冲出，当肘部过腰后，急旋前臂，力达拳面，同时转腰、顺肩，左肘后拉。（图 14-4）

（2）推掌：开立抱拳。推掌时，右拳变掌，指尖向前，当右臂接近伸直时，沉腕翘掌猛力向前推击，力达掌根及掌外沿。同时转腰、顺肩左肘后拉。（图 14-5）

（3）架拳：开立抱拳。右拳经下向左、向上划弧至头右上方时，突然前臂外旋上架，

拳心向上，同时左摆头。（图 14-6）

（4）亮掌：开立抱拳。右拳变掌，由下向右、向上划弧至头右上方时，突然猛力抖腕翘掌，手心斜向上，同时左摆头。（图 14-7）

图 14-4 冲拳

图 14-5 推掌

图 14-6 架拳

图 14-7 亮掌

三、步型

（1）弓步：两脚前后开立，前腿半蹲，膝与脚尖垂直。后腿伸直，脚尖内扣，两脚全掌着地。挺胸、塌腰、抱拳正对前方。弓左腿为左弓步，弓右腿为右弓步。（图 14-8）

（2）马步：两脚平行开立约为本人脚长的三倍，半蹲，膝与脚尖垂直，两脚跟外蹬。身体重心居中，挺胸、直腰抱拳。（图 14-9）

（3）仆步：右腿全蹲，膝向外展 45°，左腿伸直平仆，脚尖内扣。两脚合掌着地，塌腰、开胯、挺胸抱拳。仆右腿为右仆步，仆左腿为左仆步。（图 14-10）

（4）虚步：后脚外展 45°，重心落在后腿，前脚绷直稍内扣，脚尖虚点地面。两膝半蹲，直腰，挺胸抱拳。左脚在前为左虚步，右脚在前为右虚步。（图 14-11）

图 14-8 弓步

图 14-9 马步

图 14-10 仆步

图 14-11 虚步

（5）歇步：两腿交叉全蹲。前脚全掌着地，脚尖外展，后脚前掌着地，膝部贴近前腿外侧，臀部贴于后脚跟，拧腰，挺胸抱拳。左脚在前为左歇步，右脚在前为右歇步。（图 14-12）

四、腿法练习

（1）弹腿：右腿屈膝提起接近水平时，提膝猛力前踢，脚面绷直，力达脚尖，与腰齐平。收髋、直腰、挺胸。（图 14-13）

（2）侧踹腿：两腿交叉微屈。前腿蹬直支撑，后腿屈膝提起，勾脚内扣，向侧上猛力踹出，力达脚跟及外侧。（图 14-14）

图 14-12 歇步

图 14-13 弹腿

图 14-14 侧踹腿

图 14-15 提膝平衡

五、平衡跳跃练习

（1）提膝平衡：右腿伸直支撑，左腿屈膝提起过腰，脚面绷直，小腿斜垂内扣于右腿前侧。（图 14-15）

（2）大跃步前穿：并立。左脚上步，两掌同时向左下后摆，右腿提膝前摆，左脚立即蹬地前跃，两臂经下向上摆起。空中上体右转，右、左腿依次前落成左仆步，同时右手抱拳，左手立掌右肩前。（图 14-16）

（3）腾空飞脚：右脚上步起跳腾空右弹腿，左腿上摆提膝收控。同时两臂向上摆起，空中左手拍右手背、右手拍右脚背成连击二响，左勾侧拳。（图 14-17）

图 14-16 大跃步前穿

图 14-17 腾空飞脚

六、组合练习

（1）弓马步组合：

①起势：并步抱拳头左摆→②向侧左弓步冲右拳→③向前右弹腿前冲左拳→④左拳上架马步侧冲右拳→⑤收势：左并右脚还原成①。

（2）虚步组合：

①起势：并步抱拳头左摆→②左脚侧出，两拳腹前交叉经上向侧成马步双劈拳→③右脚后叉，左手前穿右掌成左歇步勾手亮右掌→④左脚侧踹腿→⑤侧落上右脚成右虚步侧勾手挑右掌→⑥收势：左并右脚还原成①。

（4）平衡跳跃组合：

①起势：并步抱拳头左摆→②向侧左弓步搂手连击右、左掌→③上步起跳腾空飞脚→④落地左转，左掌穿右掌成左提膝勾手亮右掌→⑤收势：左并右脚还原成①。

第三节　初级长拳

一、预备动作

（1）虚步亮掌：后撤右脚成左虚步，同时右臂右后向前划一周亮掌，左掌前穿右掌向左划弧至体后勾手。（图 14-18、图 14-19）

图 14-18　准备姿势

图 14-19　虚步亮掌

（2）并步对拳：左、右脚向前连上三步成并步，同时两臂右前向后划弧至额前对拳下按于腹前。（图 14-20）

图 14-20　并步对拳

二、分段动作图解

（一）第一段

（1）弓步冲拳：左脚侧出成左弓步，同时左拳格挡收抱，右拳前冲（凡“冲拳”均指拳眼向上的立拳）。（图 14-21）

图 14-21　弓步冲拳

（2）弹腿冲拳：提膝右弹腿，同时右拳收抱前冲左拳。（图 14-22）

（3）马步冲拳：右脚前落内扣成马步，同时左拳收抱冲右拳。（图 14-23）

（4）弓步冲拳：同（1），唯左右相反。

（5）弹腿冲拳：同（2），唯左右相反。

（6）大跃步前穿：与第二节“五（2）”同解。

（7）弓步击掌：仆步变左弓步，同时手向后划弧成勾手，右掌前推。（图 14-24）

图 14-22　弹腿冲拳

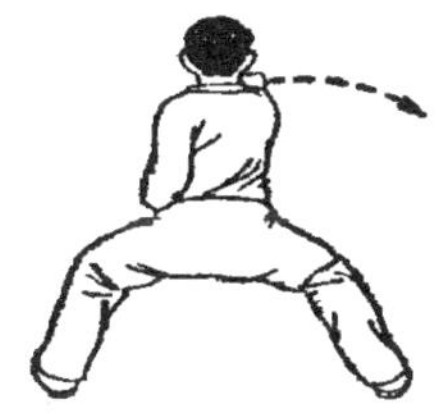

图 14-23　马步冲拳

图 14-24　弓步击掌

（8）马步架掌：弓步变马步，同时左掌经腰向左上穿右掌成亮掌，右掌立于左腋前。（图 14-25）

图 14-25　马步架掌

（二）第二段

（1）虚步栽掌：右脚提膝右转 180° 侧落成左虚步，同时右掌变勾向后提左膝，再变拳经侧上架，左臂内旋垂直向下栽拳于左膝上。（图 14-26）

图 14-26　虚步栽掌

（2）提膝穿掌：左掌经左向上划弧至右上，右拳侧落经腰上穿左掌，同时提左膝，左掌收至右腋下。（图 14-27）

（3）仆步穿掌：左脚侧落成左仆步，同时左掌顺左腿内侧前穿。（图 14-28）

图 14-27　提膝穿掌

图 14-28　仆步穿掌

（4）虚步挑掌：上右脚成右虚步，同时左掌经上向后成侧立掌，右掌经下向右侧挑掌。（图 14-29）

图 14-29　虚步挑掌

（5）马步击掌：向右上左脚成马步，同时右掌抓握收抱右推掌。（图 14-30）

图 14-30　马步击掌

（6）叉步双摆拳：右腿向左后插步，同时双臂向右划弧侧摆掌。（图 14-31）

图 14-31　叉步双摆掌

（7）弓步击掌：左脚后退成右弓步，同时右掌向上划弧至体后勾手，左掌前推。（图 14-32）

图 14-32　弓步击掌

（8）转体踢腿马步盘肘：①左转体 180° 正踢右腿，同时左臂向上划立圆一周亮掌，右臂向右划立圆一周半至体后勾手。②右脚前落成弓步，同时左掌收抱。右掌向胸前平扫盘肘。（图 14-33）

图 14-33 转身踢腿马步盘肘

（三）第三段

（1）歇步轮砸拳：后转成右歇步，同时两臂依次向上划立圆至左拳上举。（图 14-34）

图 14-34 歇步轮砸拳

（2）仆步亮掌：左脚向上步，提右膝右转 180°，同时右掌向右横击，左掌收至左腋，随即侧落右脚成左仆步勾手右亮掌。（图 14-35）

图 14-35 仆步亮掌

（3）弓步劈拳：立起左脚弧线向左上步，同时右拳收抱，左掌经下向右划弧至左侧

按掌，随即上右脚成弓步，同时右拳前劈，左掌接扶右臂。（图 14-36）

图 14-36　弓步劈拳

（4）换跳步弓步冲拳：后收右脚稍抬，即抬脚既以全掌用力下跺，左脚抬起前落成左弓步，同时右拳下挂划立圆一周收抱，左掌随右臂划弧至左前按掌，随即前冲右拳，左掌收至右腋下。（图 14-37）

图 14-37　换跳步弓步冲拳

（5）马步冲拳：弓步变马步，同时右拳收抱，左拳侧冲。（图 14-38）

（6）弓步下冲拳：再变左弓步，同时左拳经前上架，右拳左前下冲。（图 14-39）

图 14-38　马步冲拳

图 14-39　弓步下冲拳

（7）叉步亮掌侧踹拳：右脚向左脚向左腿后插步，两臂同时由左前向下划弧至右手

亮掌，左手体后勾，随即侧踹左腿。(图 14-40)

图 14-40 叉步亮掌侧踹拳

(8)虚步挑拳：左脚侧落上右脚成右虚步，同时左臂向左向上划弧收抱，右拳经下向前上挑。(图 14-41)

图 14-41 虚步挑拳

(四)第四段

(1)弓步顶肘：①右拳下挂右膝下，随即两臂向右上摆起，同时左脚起跳腾空右转 180°。②右脚落地，侧上左脚成左弓步，同时两臂右落经胸前以右掌收顶左拳面向左顶肘。(图 14-42)

图 14-42 弓步顶肘

(2)转身左拍脚：左转体 90°，绷脚正踢左腿，同时右臂向上划立圆一周前拍左脚背，左臂经左向上划弧至体前收抱。(图 14-43)

(3)右拍脚：同左拍脚，唯左右相反，并直接踢腿拍脚。(图 14-44)

图 14-43　转身左拍脚

图 14-44　右拍脚

（4）腾空飞脚：①右脚落地。②左脚向前摆起，右脚猛力蹬地跳起，左腿屈膝继续前上摆。同时右拳变掌向前向上摆起，左掌先上摆而后下降拍击右掌背。③右腿继续上摆，脚面绷平。右手拍击右脚面，左掌由体前向后上举。（图 14-45）

图 14-45　腾空飞脚

（5）歇步下冲拳：落成右歇步，同时右拳抓握收抱，左平拳下冲。（图 14-46）

图 14-46　歇步下冲拳

（6）仆步轮臂拳：左提膝左转 360°，后落成右仆步，同时左拳向上，右拳向下划立圆一周至右拳下劈，左拳侧上举。（图 14-47）

图 14-47　仆步轮臂拳

(7)提膝挑掌：右脚前弓蹬起右提膝，同时右臂向上，左臂向下划立圆一周至上挑右掌，体后左勾手。(图 14-48)

图 14-48 提膝挑掌

(8)提膝劈掌弓步冲拳：右掌下劈，左掌护右臂内侧，随即右脚向右后落地成右弓步，同时右掌搂手收抱，左拳左前冲出。(图 14-49)

图 14-49 提膝劈掌弓步冲拳

三、结束动作

(1)虚步亮掌：右脚扣左膝后，两臂右上左下交叉于体前，右掌向后，左掌向左水平划弧一周至左上右下交叉，随后落成左虚步亮右掌，左手后摆成勾手。

(2)并步对拳：左、右、左脚连退三步成并步，两掌同时经腰前穿向下划弧至额前对拳下按于腹前。

(3)还原：两臂下落体侧还原成预备姿势。

第四节 二十四式太极拳

一、第一组

(1)起势：自然直立。向左开立，两臂前抬至肩平时屈膝下按拳。(图 14-50)

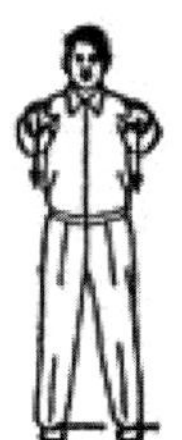

图 14-50　起势

（2）左右野马分鬃：

左：①左脚收至右脚内侧，右肘稍抬，左手向右翻掌向上，与右掌相对成右抱球状。②侧迈左脚成左弓步，同时两手分别向左上、右下分开（图 14-51）。右：③后坐左转，同时翻左掌向下，其余动作同“左”，唯左右相反。④与“右”同解，唯左右相反。

图 14-51　左右野马分鬃

（3）白鹤亮翅：左脚上半步成左虚步，同时两手经左抱球分别向左下、右上分开。（图 14-52）

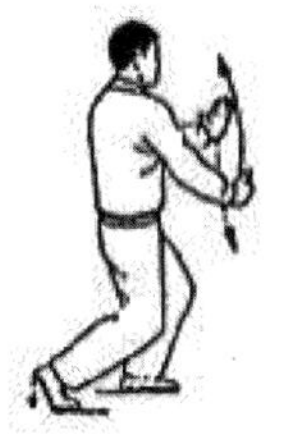

图 14-52　白鹤亮翅

二、第二组

（1）左右搂膝拗步：

左：①右手体前下落划弧至右侧举，手心向上，左手向右划弧至右肩前，手心向下，同时左脚收至右脚内侧。②左脚侧迈成左弓步，同时左手向左搂膝至左胯旁，右手经耳向前推掌。右：③后坐、左转，左手上抬左侧举，手心向上，其余动作与①、②同解，唯左右相反。④与“右”同解，唯左右相反。（图 14–53）

图 14–53 左右搂膝拗步

（2）手挥琵琶：左脚上半步，左脚勾脚跟点地，同时左掌前挑，右掌收靠左肘。（图 14–54）

图 14–54 手挥琵琶

（3）左右倒卷肱：右脚尖点地，右手向下划弧至右后平举；两手心向上。①左：左脚向左后撤步成右虚步，同时右手经耳前推掌，左手向下划弧后平举，两掌心向上。②右：与“左”同解，唯左右相反（图 14–55）。③“左”“右”再做一次。

图 14-55 左右倒卷肱

三、第三组

（1）左揽雀尾：

①掤：与左野马分鬃同解，唯左肘圆辄。②捋：左手前伸翻掌向下，右手向前翻掌向上贴于左腕下，并随后坐右转两手向下划弧至左手胸前屈，右手侧举。③挤：右手搭于左腕内侧，向前挤推成左弓步。④按：两手右上左下交叉侧分手心向下，并随后坐、勾左脚收至胸前，再向下向前按推掌成左弓步。（图 14-56）

图 14-56 左揽雀尾

（2）右揽雀尾：后坐右转扣左脚，同时右手向右划弧，其余动作与“左揽雀尾”同解，唯左右相反。（图 14-57）

图 14-57　右揽雀尾

四、第四组

（1）单鞭：后坐左转扣右脚，左脚收点右脚内侧，再侧迈成左弓步，同时两手左上、右下划立圆一周至右勾手侧举，左掌侧推。（图 14-58）

图 14-58　单鞭

（2）云手：①后坐扣左脚右转，同时左掌向下划弧至右肩前，右勾变掌。②收右脚成小开立步，同时两手左上右下划立圆一周（图 14-59）。③侧出左脚连做②三次。

图 14-59 云手

（3）单鞭：侧出左脚成左弓步，同时右勾手侧举，左掌侧推。（图 14-60）

图 14-60 单鞭

五、第五组

（1）高探马：左脚上半步成左虚步，同时右掌经耳前推，左手收至腰侧。（图 14-61）

图 14-61 高探马

（2）右蹬脚：右脚收点左脚内侧，同时两手体前交叉向外分掌划圈至胸前合抱，然后提右膝向右前方勾脚蹬出，同时两手向侧分掌。（图 14-62）

图 14-62 右蹬脚

（3）双峰贯耳：右腿收回提膝前落成右弓步，同时两手经右膝两侧握拳向后划弧至面部前方对拳。（图 14-63）

图 14-63 双峰贯耳

（4）转身左蹬脚：后坐扣右脚，两手经侧向下划弧合抱胸前，左脚收点提膝，分掌左蹬脚。（图 14-64）

图 14-64 转身左蹬脚

六、第六组

（1）左下势独立：左脚收回提膝，右掌变勾，左掌收至右肩，顺左腿内侧前穿成左仆步，接着前弓起提右膝，同时右掌上挑，左掌按胯侧。（图 14-65）

图 14-65 左下势独立

（2）右下势独立：同“左下势独立”，唯左右相反，右提膝改为右脚落地左转。（图 14-66）

图 14-66 右下势独立

七、第七组

（1）左右穿梭：

左：左脚前落，右脚收点左脚内侧向右前上步成右弓步，同时两手经抱球至右手额上架掌，左手向右前推掌（图 14-67）。右：与左同解，唯左右相反。

图 14-67　左右穿梭

（2）海底捞针：左脚上半步成左虚步，同时右手经下后上提，向前下斜插掌，左手下落至胯旁。（图 14-68）

图 14-68　海底捞针

（3）闪通臂：上左脚成弓步，同时右手架掌，左侧推掌。（图 14-69）

图 14-69　闪通臂

八、第八组

（1）转身搬拦捶：

①扣左脚右转，右脚回提再外撇侧出，同时右手向右划弧经胸前屈肘向右反撇拳，左手向上划弧至腹前。②上左脚成左弓步，同时左手向前拦掌，右拳收至腰侧向前打出，左手护右臂内侧。（图 14-70）

图 14-70 转身搬拦捶

（2）如封似闭：左手经右腕下穿出，两手心向上至胸前，沉腕下压前推掌，同时勾左脚后坐，前移重心成左弓步。（图 14-71）

图 14-71 如封似闭

（3）十字手：扣左脚右转，收右脚成开立，同时两手向外向下划弧至胸前合抱收势。（图 14-72）

图 14-72 十字手

（4）收势：两手翻掌向下，分手下落体侧，收左脚并步成自然直立。（图 14-73）

图 14-73 收势

第五节 武术比赛场地

一、武术套路比赛场地

武术套路比赛场地一般为平地或在其上铺地毯。场地长 14 m，宽 5 m，沿四周内沿标明 5 cm宽的边线。在两条长边的中点，各画一条与长边垂直的长 30 cm的线段，作中线标志，线宽 5 cm。

二、散手比赛场地

散手比赛场地一般为木（或铁）制平台。高 0.6 m，呈正方形，边长 8 m。台面铺软垫，软垫上盖帆布。台面中心画直径为1 m的阴阳鱼图案；边缘画5 cm宽的红色边线，向内 90 cm处画有 10 cm宽的黄色警戒线。台下四周铺高 20 ～ 40 cm，宽 2 m的保护软垫。

三、太极推手比赛场地

太极推手比赛场地一般为铺有地毯的平地。场地长 10 m，宽 8 m，中央画一直径 6 m（以线外沿为准）的圆，圆内画一直径 50 cm的中心点。各线宽 5 cm。

四、长兵比赛场地

长兵比赛场地呈长方形，长 14 m，宽 8 m。从长边中点画一平行于短边的中线，在中线两边各画一条距中线 2 m并平行于中线的准备线。

五、短兵比赛场地

短兵比赛场地为铺有地毯的平地或铺帆布的软垫。圆形，直径 9 m，中央画直径 20 cm的中心点。边线宽 5 cm，场地范围以边线内沿为准。自边线向外 2 m以内设保护垫。

第十五章　舞　龙

第一节　龙的传说及舞龙运动

一、龙的传说

中国古代的神话与传说中，龙是一种神异动物，具有九种动物合而为一之九不像之形象，为兼备各种动物之所长的异类。具体是哪九种动物有争议。传说多为其能显能隐，能细能巨，能短能长。春分登天，秋分潜渊，呼风唤雨，无所不能。这些已经是晚期发展的龙的形象，比最初的龙更加复杂。封建时代龙是帝王的象征，也用来指帝王和帝王的东西，如龙种、龙颜、龙廷、龙袍、龙宫等。龙在中国传统的十二生肖中排第五，其与白虎、朱雀、玄武一起并称“四神兽”。而西方神话中的“Dragon”，也翻译成“龙”。

二、舞龙运动的特点

现代舞龙运动在场地、器材、时间、套路编排到具体动作要求等方面都进行了规范革新，极大地增加了舞龙艺术的表演性和观赏性。根据国际规则的规定：现代竞技舞龙为九节布龙。龙头重量不少于 3 kg，龙身长不少于 18 m，加上龙珠队员，共 10 个人，场地为 20 m×20 m 正方形场地。

目前国内外比赛逐年增多，各地的舞龙队不断增加，技术水平不断提高，尤其大学生群体，更是成为龙狮发展的重要力量。加上器材、音乐、服装、编排等方面的创新，使得舞龙比赛越来越好看。

现代舞龙运动把舞龙动作分为五大类，即 8 字舞龙、游龙、穿腾、翻滚、组图造型。每个队可根据自己的需要将这五类动作分开来加以训练，以更快提高动作质量。一个比赛套路的时间为 7 ～ 10 min，包含各类动作 40 个左右，大大增强了表现力。

图 15-1　舞龙运动

三、舞龙的运动价值

舞龙运动是我国一项传统体育，更是中华民族精神的凝聚代表。随着我国改革开放政策和市场经济制度的发展和完善，全球化趋势进一步加强，异域文化纷纷走进我们的生活，为了使中华民族的优秀文化发扬光大，中国舞龙运动承担着很大的责任。舞龙运动的社会价值主要表现在三个方面。

（一）中国舞龙的娱乐健身作用

舞龙是我国一项历史悠久的习俗运动，可以起到锻炼人们的身心，提高人们的体质，满足人们的健身娱乐需要。舞龙运动具有极高的观赏性和娱乐性，所以能在众多民族习俗项目中脱颖而出，受到广大群众的热爱。研究表明，舞龙、舞狮运动属于大负荷强度的有氧运动项目，可以有效地发展人体的有氧工作能力，提高呼吸肌机能，降低安静时心率，是一项能促进人体心肺功能发展、具有良好健身功效的运动项目。

（二）中国舞龙的文化传播作用

中国舞龙是一种文化现象，是中华民族力量的象征。中国舞龙在几千年的形成过程中承载着有形、无形的深刻内涵，蕴藏着中华文化的层层积淀，是高度凝结中华五千年文明的有效载体。它肩负着引领文化继承的重任，在世界的各个角落，凡是有华人的地方，就有舞龙活动，作为中华文化的承载者，舞龙运动已经深入中华民族生存繁衍的各个角落并世代相传。舞龙运动有利于我国人民全面深刻地了解民族文化，体验中华民族文化底蕴，领会中华民族精神，继承和发扬光大民族优良习俗，增强民族自豪感。

（三）中国舞龙有利于增进民族认同感

民族认同感不是与生俱来的，而是后天逐渐培养和发展起来的，尤其与所处的民族文化氛围有紧密的联系。中国舞龙运动沉淀了中华民族优秀的文化底蕴，具有民族化、大众化、民间化、习俗化的特点，是彰显中华文化的有力武器，它提供了丰富多彩的文化大餐，使国人在众多异域文化面前不会失去自我。中国欢腾喜悦的舞龙背后隐含着中华民族的精神，那就是万众一心、战胜困难，团结奋进、敢于胜利，不畏艰险、勇往直前的民族精神。看到激越豪放的中国舞龙，中华儿女就会顿生民族自豪感、自信心，这是一道坚不可摧的民族认同感的心理屏障。

第二节 舞龙基本动作

一、握把姿势

左手握杆的最下面，右手握中间，左手手臂垂直平胸摆放，右手手臂伸直举把杆，人挺胸收腹以保持饱满的精神状态，在跳窜的动作中更加应该注意把杆的握法，把杆下不可多出以免刺伤演出人员。

二、舞“8”字

舞“8”字时每个人之间相距一手臂距离，步伐成马步，在舞“8”字时，是一个把位接一个把位地舞，不能抢把，龙头一落下，后面就一个一个接着落下，龙头左下、上、右下、上，这样为一个“8”字，熟练过后可以多做几个“8”字巩固。

三、螺旋跳转

螺旋跳转是舞“8”字基础上的另外一个动作。首先需要先做四个“8”字。然后龙头原地。从上到下，再由下到上绕圆第二把位到龙尾。都需要跳过龙身，跳龙身时，都是跳过自己把位的后面的龙身。例如：现在手持第二把位跳龙身时需要跳跃第二把位和第三把位之间的龙身。

四、开花与戏龙珠

（1）开花：开花加上戏龙珠是一连串的动作。首先由龙珠带着龙绕圈走，然后龙身的最中间（第五把位）到舞台最中间时喊准备的口令，第二圈时，再次到舞台中间时喊下的口令，然后再由龙头喊聚，所有人向中间靠拢，龙头要朝向舞台中间，聚拢后由龙头发出口令散，除了龙头其余把位向外撑开。

（2）戏龙珠：戏龙珠是开花后，持龙珠者小步跑着拿着龙珠去戏龙头，尽量灵活才能使得龙头更加活灵活现。

五、抬龙珠

抬龙珠是一个极其危险的动作，训练时必须有人保护，并且一定要正确地握把，在抬龙珠之前需要转圈。当第五把位背对讲台时，喊出聚的口令，然后持龙珠者向中靠拢。第二、四、六、八的把位，将棍把相互交叉成十字形并蹲下，持龙珠者踩上棍把，

二、四、六、八的把位缓缓站起，然后一只手抓住龙珠的脚踝缓缓地转圈，转圈时龙珠喊下或上的口令。当发出下的口令时，除了二、四、六、八的把位，其余的把位向外撑开，当发出上的口令时，除了二、四、六、八的把位，其余的把位向上伸，下来时二、四、六、八缓慢地蹲下，龙珠跳下。如果在表演中出现失误，持龙珠者应该立即把龙珠往外丢，其余的把位护住持龙珠者。

六、抬龙头

抬龙头是一个极其危险的动作，训练时必须有人保护，并且一定要正确地握把，在抬龙头之前也要转圈。当第五把位面对讲台时，喊出聚的口令。所有的把位向中靠拢，三、四、六、七的把位相互交叉，成两个一字形并蹲下，龙头踩上棍把。三、四、六、七的把位缓缓站起，然后一只手抓住龙头的脚踝。然后龙珠在前面戏龙头，尽量动作夸张使龙头活灵活现。

第十六章 舞 狮

第一节 舞狮运动及其特点

一、舞狮运动概述

舞狮，是中国优秀的民间艺术，古时又称为“太平乐”。舞狮有南北之分，南狮又称醒狮。

在舞狮技艺中，北狮重写实，南狮重写意。在南狮表演中要体现狮子时而威武勇猛、雄壮威风，时而嬉戏欢乐、幽默诙谐，那么就要将喜、怒、醉、乐、猛、惊、疑、动、静、醒等神态表演得惟妙惟肖、出神入化、淋漓尽致。

二、南狮的运动特点

南狮是从北方黄狮脱胎而来，从中原流传到南方，也称“醒狮”“武狮”等。南狮性格和顺，动作灵巧活泼、潇洒威武。狮型为：头圆嘴似猫，额上多一角（石独角兽）。头有黑、红、黄三种，表示桃园三结义刘、关、张的性格，头有角，以示威武。南狮的发展过程：由黄常狮、独角狮、佛山狮发展为现代的综合狮。南狮的表演形式主要以单狮（由两人组成）在“桩阵”上表演为主，地面表演为辅。因为南狮的“狮头”和“狮被”是连接在一起的，队员之间不搁在一起，运动比较自由，动作速度快，灵活多变，运动幅度大、难度高、惊险性大，突出在蹦、跳、飞跃、踩青等动作上，桩上飞跃技巧是南狮动作之精华，成为南狮表演的一大亮点。

三、舞狮的运动价值

（一）教育

国家体育教改委颁发的《全国普通高校体育课程教学指导纲要》中明确指出：“汲取世界优秀体育成果与继承弘扬我国民族传统体育相结合，要注意教材的时代性、多样性，并充分体现教材的民族特色和中国特色。”舞狮运动，是对人们的动作技能和身体素质、意志力等方面的综合性教育与锻炼，也增进对民族传统文化的学习。

（二）健身娱乐

舞狮通过鼓乐将武术和舞蹈有机地结合起来，它具有精彩热烈、气势非凡及充满吉祥欢乐等特点，从古代民间传统的娱乐活动发展成为具有健身功能的体育运动。舞狮运动在今后的改革和发展中应注重其娱乐、健身价值的发掘。

（三）表演

舞狮表演在激昂的鼓、钹、锣的敲击声中，通过狮子采青等一系列程序的表演，塑造雄狮形象，展示中华民族自强自立、勇敢进取的精神面貌。民族舞狮多在春节或在大型活动和祭祀活动时表演，以其鲜明的表演性为人们所珍视。它利用人体的多种姿态，在动态行进和静态造型中将力度、幅度、速度、耐力等糅合舞狮技巧，完成各种高难动作，具有强烈的视觉效果。舞狮技艺有着广阔的表演空间，经过精彩演绎，极具表演性和观赏性。

第二节 舞狮的基本动作

一、单个动作

（一）基本动作（图16-1）

（1）握狮方法：单阴手、单阳手、双阴手、双阳手。开口式：多用于舞中架、下架狮时，根据狮神态意思需要确定张开口的大小、角度及狮舌动的程度。合口式：一般于舞高架狮时合上，或狮神态需要，或喜、擦、提动作需要时用合口式。

（2）站立姿态：

上架站立姿态：并腿、开立步、四平步、弓步、虚步等站立，高狮不露头，并成45°角，身体稍前倾。

中架站立姿态：狮头位于躯干部位，可向前左右摆动，原地站立有开立步、四平步、弓步、虚步，左右有麒麟步等及配合三星鼓的动态。

下架站立姿态：狮头向下左右，身体弯腰做底俯、寻探状，有开立步、四平步、弓步、跪马步、仆步等，均为低桩步架式。

（3）三弯要求：弯腰、弯膝、弯肘，身体稍前倾。

（4）力度使用（角度摆动）：用力及角度大小是随狮艺狮态需要而定；高架时，正向前倾，在45°角以手腕部位用力为主，左右摆动约45°。

（5）狮尾配合（要领）：

站立姿态：开步弯腰、开立步，两脚前后左右开立比肩宽或四平步、弓步弯腰站立不抬头。

配合握腰单手握法：一手大拇指插入舞狮头者腰侧的腰带部位，成虎口握腰带，令四指轻抓舞狮头者腰带部位，另一手可做开摆尾、摆背等动作。

双手握法：双手同时用单手握法与狮头配合，做各种动作时用力紧握摆尾；随狮艺动态可用手摆动或臀部扭动。

（6）首尾配合踩脚跟：协调步形、步法，狮子行走时与同侧脚的狮尾脚踩狮头脚跟，狮尾的步形、步法主要协调平衡狮头的动作、造型等需要。一般情况下，狮头、狮尾动作步形、步法相同。

正面

侧面

图 16-1 基本动作

二、配合动作

（一）高举（图 16-2）

狮尾发出准备信号，狮头蓄力跳起，狮尾顺着狮头向上跳的力顺势将狮头举到最高点。需注意，下落过程中狮尾不能将狮头直接扯下地面，应在下落过程中给狮头一个缓冲力，避免狮头落地后受伤。狮头落地后，狮尾应双脚同时向后做滑步，回到狮子原本的形态。

（1）动作要点：狮头需要克服心中恐惧，在空中重心不要前扑，要将核心收紧。

（2）延伸动作：踢腿，向左（右）旋转 90°或 180°，大跳等。

①

②

③

④

图 16-2 高举

踢腿：狮头被高举到最高点后朝着正前方摆动自己的小腿，呈空中踢腿的样子。

90°或 180°旋转：狮头在到达最高点后，狮尾以一脚为中枢脚，垂直地面地旋转自己的身体，以完成在空中变化自己的面对方向。

（二）坐肩（图 16-3）

狮尾发出准备信号，狮头蓄力垂直跳起，狮尾顺着狮头向上跳的力将狮头举到最高点后拉到自己的肩膀上，狮头坐到狮尾的肩膀上后，将自己的双脚勾在狮尾的背上，用以保持平衡。准备下来时，狮尾呈马步，让狮头踩在自己的大腿上，踩稳后狮尾低头，狮头从狮尾肩上跳下。狮尾双脚同时向后做滑步回到狮子原本的形态。

动作要点：狮头跳起后应放松腿部，收紧核心，坐到狮尾肩上后马上用自己的脚勾住狮尾背部保持平稳。狮头如果坐到肩上后位置不佳，狮尾应帮助调整狮头坐的位置。

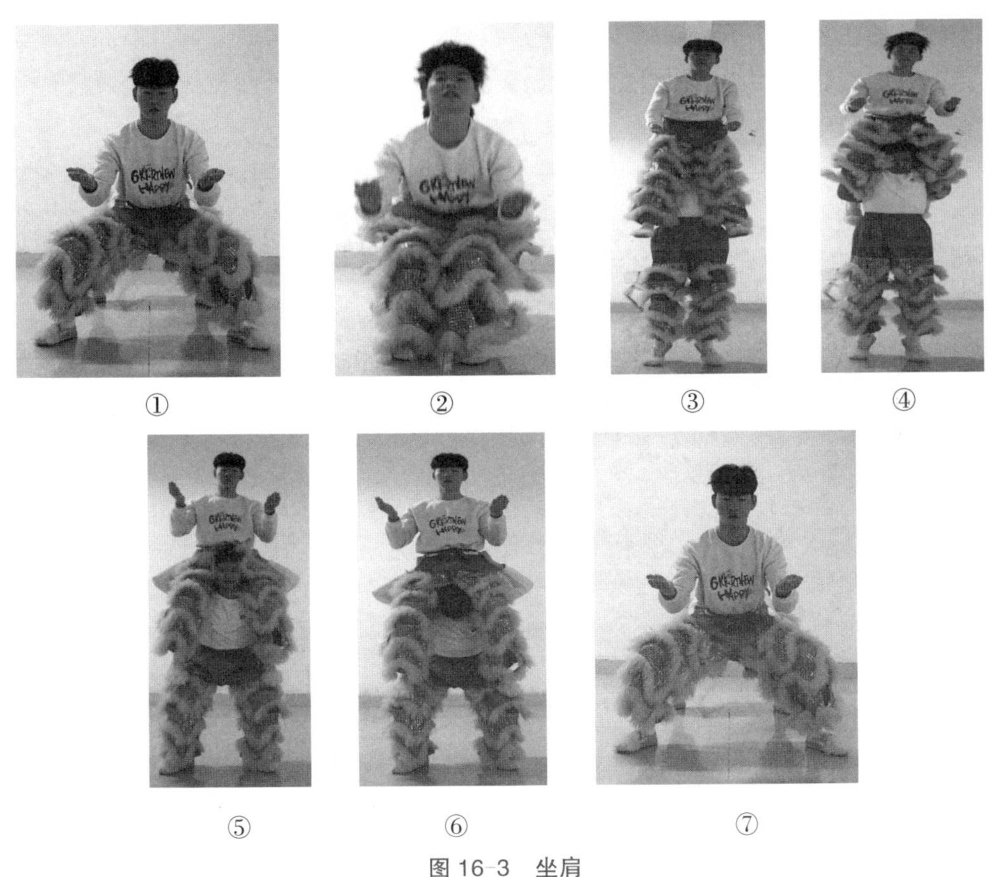

图 16-3 坐肩

（三）夹腰（图 16-4）

狮尾发出准备信号，狮头蓄力向后上方跳起，狮尾顺着狮头的力将狮头拉到自己身上，狮尾将狮头拉回后，狮头应马上将自己的双脚交叉勾住狮尾的腰部，核心用力将自己的腰挺直。狮尾拉回狮头固定好后，狮尾开始以一脚为轴，向一个方向旋转顶髋上下摆动狮头，转一到两圈后停下。停下后狮尾给狮头发出信号，狮尾将狮头顶出去，狮头顺势松脚落回地面。狮头落回地面后，狮尾应马上双脚同时做向后滑步动作回到狮子原本的形态。

动作要点：狮头用脚钩住狮尾时，不应勾得太高或太低，否则狮尾难以发力。狮尾拉住狮头转圈时应该用顶髋转动来达到上下起伏转圈的视觉效果。

①　②　③　④

⑤　⑥　⑦　⑧

图 16-4　夹腰

第十七章　健美操

第一节　健美操运动概述

健美操是在音乐的伴奏下，运用各种不同类型的操化动作，融体操、舞蹈、音乐为一体的身体练习，是健身美体、陶冶情操的大众健身方式，也是竞技运动的一个项目。

健美操竞赛项目包括男子单人、女子单人、混合双人、三人（男三；女三；混合三人）、集体五人操、有氧舞蹈和有氧踏板。比赛按性质分锦标赛和冠军赛两类。

一、健美操的起源

健美操的起源应追溯到两千多年前，古希腊人对人体美的崇尚举世闻名。他们认为，在世界万物之中，只有人体的健美才是最匀称、最和谐、最庄重、最有生气和最完美的。古希腊人喜欢采用跑跳、投掷、柔软体操和健美舞蹈等各种体育项目进行人体美的锻炼。他们提出了"体操锻炼身体，音乐陶冶精神"的主张。

19 世纪末 20 世纪初，欧洲出现了许多体操流派，他们在理论和实践上的创新对健美操的发展起到了推波助澜的作用。20 世纪 60 年代初，则是健美操的萌芽时期。它最早是由美国太空总署的医生库帕博士为太空人设计的体能训练内容。而 20 世纪 80 年代初，随着遍及全球的健身热和娱乐体育的发展，健美操以其强大的生命力风靡世界。美国影星简・方达根据自己的健身体会和经验，撰写了《简・方达健美术》一书。该书自 1981 年出版后，引起了世界的轰动。她以现身说法，促进了健美操在世界范围内的推广，与此同时，自 1985 年开始，美国正式举办一年一度的健美操锦标赛，并确定了竞赛项目和规则，使健美操成为竞技性运动项目。

二、健美操的发展

健美操不仅在美、英、法等发达国家迅速发展，而且在一些发展中国家和地区也得到不同程度的开展。苏联早已把健美操列入大、中、小学的体育教学大纲。

随着人民生活水平的不断提高，健美操所特有的保健、医疗、健身、健美、娱乐等实用价值受到广泛的重视，吸引了不同年龄的爱好者参与，形成了一定规模的消费群体。各级电视台纷纷制作以健美操竞赛、普及为内容的专题节目，其收视率远远超过其他节目。

由于健美操比赛可在体育馆和舞台上举行，加之健美操运动场地运用集中的特点，给企业结合比赛进行广告宣传创造了机会。健美操项目受到越来越多企业的青睐，近几十年来，健美操已经风靡世界。

三、健美操的赛事

（一）国际健美操比赛

健美操发展的动向和技术发展趋势，加深了我们对国际规则和健美技术的理解，相信今后国际交流的逐步多样化，必将极大地促进我国健美操运动的发展和技术水平的提高。

1. 世界竞技健美操锦标赛

世界竞技健美操锦标赛是国际体操联合会（FIG）组织的正式比赛，首届世界竞技健美操锦标赛于1995年在法国巴黎举行，同时还颁布了第一本竞技规则《竞技健美操评分细则》。此后世界竞技健美操锦标赛每年举办一届，2000年第六届后改为每两年举办一届，至今已举办11届，每届都有30多个国家、百名以上运动员参赛。

2. 健美操世界杯赛

健美操世界杯赛是国际健美操联合会（IAF）组织的正式比赛，每年有近百名运动员参加比赛，世界杯的比赛资格是公开的，IAF的会员国或非会员国都可以派队员参加，每个国家在每个项目上最多2人（项），前三名运动员将获得400万日元的奖励。

健美操世界杯赛分为青少年组和成人组。其中，青少年组（15～17岁）分为女单、男单、三人；青少年2组（12～14岁）分为单人、三人；成人组分为女单、男单、混双、三人。

3. 世界健美操冠军赛

世界健美操冠军赛是国际健美操冠军联合会（ANAC）举办的比赛，每年举行一次，迄今为止已成功举办了16次，ANAC世界健美操冠军赛包括加拿大—美国优胜者杯、阿根廷公开赛、世界健美操锦标赛和世界青少年健美操锦标赛，在这些比赛中挑选胜利者进行比赛，决定谁是当年世界最高水平的健美操运动员。

4. 世界运动会健美操比赛

世界运动会是非奥运会项目的综合性运动会，每4年举行一届。各项目世界锦标赛的前8名选手才有资格参加。1997年在芬兰举行的世界运动会上，竞技健美操被确立为正式的比赛项目。

2004年第八届世界健美操锦标赛，中国的六人操项目获得突破，在欧洲获得铜牌，取得了参加世界运动会的资格。随后，在德国举行的第七届世界运动会上，中国的六人操以高超的技艺、独创的编排，击败对手获得了金牌。

（二）国内健美操比赛

早在 1987 年，我国健美操运动发展早期，康华健美研究所、北京体育大学、中央电视台等单位联合举办了全国首届“长城杯”健美操比赛。20 纪 90 年代初期，随着中国健美操协会的成立，我国健美操逐步走向正规化，每年举行的正式全国性健美操比赛包括全国健美操锦标赛、全国健美操冠军赛和全国大学生健美操比赛。首届全国健美操锦标赛在江苏南京举行，每次健美操锦标赛都有来自全国各省市代表参加，是各省市健美操精英间的较量。

1. 全国健美操锦标赛

2000 年，首届全国健美操锦标赛在江苏南京举行。全国健美操锦标赛青年组按比赛成绩分为精英组、新人组、行业组和院校组，同时还增设青少年和中老年组的健美操比赛，项目分别设有男子单人操、女子单人操、混合双人操、三人操、五人操、有氧舞蹈和有氧踏板等 7 个单项，表演项目分为有氧舞蹈、有氧踏板、徒手健身操舞、轻器械健身操舞 4 个单项，这样增加了比赛项目的多样性，吸引更多人参与其中。

2. 全国健美操冠军赛

全国健美操冠军赛由国家体育总局体操运动管理中心、中国健美操协会主办，每年举办一次，旨在推动健美操在广大青少年中的广泛开展，发现和培养更多健美操人才，提升健美操竞技水平。竞技类项目分为：男子单人操、女子单人操、混合双人操、三人操、五人操等 5 个单项；表演类项目分为：有氧舞蹈、有氧踏板、轻器械健身操舞 3 个单项；年龄分为 18 岁以上的成年组、15 ～ 17 岁的年龄二组、12 ～ 14 岁的年龄一组、9 ～ 11 岁的预备组。参赛内容为自选套路和规定套路。

3. 全国大学生健美操比赛

全国大学生运动会是根据国务院批准的《学校体育工作条例》，由教育部、国家体育总局、共青团中央联合主办，每 4 年进行一届的综合性运动会，共设田径、篮球、排球、足球、健美操等 9 个比赛项目，并根据运动技术水平分为普通院校组和高水平运动队试点校及体育院校组分别进行比赛。

四、健美操运动的现状

据报道，美国跳健美操的人数超过 1800 万，几乎与打网球人数不相上下。从 1985 年开始，美国还多次举行全国性的健美操比赛，使健美操发展到了竞技性阶段。

目前，美国健美操运动处在世界领先地位。法国在美国之后也开始盛行健美操运动，应运而生的健美操中心遍布全国各地，仅在巴黎就有 1000 多个。

法国目前跳健美操的人数已超过法国体操联合会的人数，达到 400 多万人。日本、菲律宾、新加坡等亚洲国家，健美操也很流行，包括徒手健美操、艺术杂耍、韵律健美操、健身操、爵士健美操、迪斯科健美操等，形式多种多样。

现代健美操在我国发展的历史并不长，但发展速度却非常快。自 1979 年以来，我国在北京、上海、广州等地相继举办了各种健美操班，其中有的以芭蕾舞基本动作为主，有的以现代舞动作为主，并结合我国具体情况创编了多种多样的徒手健美操、健美球操、棍操等。1985 年北京体育学院成立了健美操研究组，开设了健美操选修课。全国其他一些大、中、小学以至幼儿园，也在体育课中增加了健美操的内容。

1985 年 4 月在广州举行了我国第一次女子健美操邀请赛，同年 7 月在北京举行了首届“康康杯”儿童健美操比赛。

1987 年 5 月在北京举行了首届“长城杯”健美操友好邀请赛，第一次把健美操列为正式比赛项目。

1989 年 5 月，国家体委（现国家体育总局）批准中国健美操协会在北京成立，这标志着我国此项运动进入了一个有序发展、科学指导的新阶段。随后，健美操运动在全国风风火火地开展起来。先是在北京、上海、广州等地举办训练班，一些体育院校也将此项列入体操教学大纲的内容，为其推广普及培养了大批骨干。此后，广州、天津、北京、南京等大城市相继举行全国性的健美操比赛：

2010 年全国健美操锦标赛在江苏无锡举行。

2011 年举办了大学生健美操比赛。

2012 年 4 月、7 月分别在北京、山西省举办了全国健美操锦标赛。

2013 年 7 月，全国健美操锦标赛在山东省泰安市举行。

2014 年 6 月，全国健美操锦标赛在江山市体育馆开幕。

2015 年 8 月，全国健美操锦标赛在福建省三明市大田县举行。

2016 年 8 月，全国健美操锦标赛在山东泰安举行。

2017 年 4 月，全国健美操联赛（每年一次）在厦门理工学院打响。

2017 年 7 月，第十三届全国学生运动会健美操比赛在杭州举行。

2017 年 7 月，全国健美操锦标赛在江山市体育馆举行。

2017 年 11 月，全国健美操冠军赛在福建省三明市大田县举行。

2018 年 11 月，全国健美操冠军赛在厦门举行。

2019 年 5 月，全国健美操锦标赛在广东肇庆市举行。

2019 年 11 月，全国健美操冠军赛在山东泰安举行。

2020 年 11 月，全国健美操锦标赛在江山开幕。

健美操竞赛项目由少到多，内容不断充实，形式逐步完善，参与者的层次自然地进行分流，向国际接轨，逐步形成了竞技型和大众型两大类的运动架构。竞技型健美操水平提高很快，新人辈出，为我国健美操运动的发展打下了坚实的基础。

总之，健美操正沿着健身和竞技的方向迅速发展，并以其独特的魅力吸引着越来越多的人参加这项运动。健美操运动，作为一项具有极高健身价值的美的运动，必然会随着人们物质生活水平的不断提高而在世界各地更加广泛地开展起来。

五、健美操锻炼的价值

（一）增进健康、增强体质

经常进行健美操锻炼可以提高关节的灵活性，使肌肉的力量增强，体积增大，弹性提高，使软骨、韧带、肌腱等结缔组织富有弹性，增强运动系统的功能。

长期参加健美操锻炼，可使心肌纤维增粗，心肌收缩力增强，心排血量增加，提高供血能力，有助于脑细胞供氧、供能，提高大脑的思维能力。同时，通过循环系统向全身细胞提供更多的氧气和养料，可改善新陈代谢，减少脂肪沉积，延缓血管硬化，促进心血管系统机能的提高。

（二）塑造健美形体，培养端庄体态

形体美主要是指人体外形的匀称、和谐和健美，健美操是动态的健美运动，动作频率较快，跳跃动作较多，讲究力度，不仅能消除体内多余的脂肪，而且利于发展某些部位的肌肉，使人的形体按健美的标准得以塑造。此外，经常性正确的形体动作训练，能矫正不正确的身体姿势，培养正确端庄的体态，使锻炼者的形体和举止风度均发生良好变化。

（三）发展身体素质，提高艺术素养

健美操练习时间和锻炼强度较大，要求练习者有较强的克服疲劳的意志力和较好的耐力素质。同时，健美操成套由不同类型、方向、路线、幅度、力度、速度的各种动作组合而成，经常练习可以提高人的动作记忆和再现能力，提高神经系统的灵活性、均衡性，从而发展人的协调性。

此外，健美操是在音乐伴奏下进行的身体练习，音乐是健美操的灵魂，健美的动作充满青春活力。人们在欢乐的气氛中进行锻炼，心情愉快，不易疲劳，还可排除精神紧张，使人的心灵和情操得到陶冶和净化。

第二节　健美操分类和特点

一、健美操的分类

根据健美操的目的、任务，健美操可分为健身健美操和竞技健美操两大类。

（一）健身健美操

健身健美操以健身为目标，旨在全面活动身体，增强体质，其强度和难度相对较低，可为社会不同年龄、层次的人所采用，也就是通常所说的大众健美操。

（二）竞技健美操

竞技健美操以竞技为目的，有特定的竞赛规则和评分方法，需完成一些特定动作和特定要求，对人体的心肺功能、身体素质、技术技能和艺术表现力均有较高要求。

竞技健美操可分为男子单人、女子单人、混合双人、三人（包括男子三人、女子三人、混合三人）、集体五人操、有氧舞蹈和有氧踏板。

二、健美操的特点

（一）健身美体的实效性

健美操是依据人体解剖学、运动生理学、体育美学等多学科理论，为使人体健康健美发展而进行编排的。因此，它的内容丰富，形式多样，美观大方，有一定的针对性、负荷量，对人的身心影响比较全面，所以参加这项运动锻炼可收到健身美体的实效。

（二）鲜明的节奏感和韵律感

健美操必须在音乐伴奏下进行练习，音乐是健美操的灵魂，健美操强调动作的力度。因此健美操的音乐更趋于鲜明强劲，风格更趋热情奔放。健美操不同的动作和风格，配上适宜的音乐，就更能体现出健美操的节奏感、韵律性和风格特征。音乐的高低、长短、强弱、快慢等有节奏的变化，使健美操更富有韵律感。因此，健美操的音乐，不仅能使练习者在完成单个或成套动作时准确地把握每一节拍，更重要的是能激发练习者的情绪，培养节奏感和韵律性，陶冶情操，提高健美操的练习效果。

（三）广泛的群众性

健美操是时代的产物，它给人们带来热情奔放的情感体验，符合现代人追求健美、自娱自乐的需要，因此深受广大群众的喜爱。由于健美操的运动负荷和难度可以选择，不同年龄、性别、形体、素质、个性、气质的练习者，可根据自己的身体状况、身体素质择项参加，并通过练习提高或弥补自身的某些不足。因此，健美操能被男女老幼所接受。此外，健美操对场地器材等条件要求不高，可以因地制宜、因材施教，练习起来简便安全，易于普及与开展，具有广泛的群众性。

第三节　健美操基本动作及练习方法

一、健美操基本动作

健美操基本动作由基本手型、上肢及躯干动作和基本步伐组成。健美操基本动作是健美操运动的基础，是最小单元的元素动作，千姿百态的健美操组合动作都是在健美操基本动作的基础上变化和发展而来的，将健美操基本动作按一定的需要进行不同的组合和创编，则会产生不同难度、不同风格等视觉效果。

（一）健美操基本手型（图 17-1）

（1）并拢式：五指伸直，相互并拢。大拇指微屈，指关节贴于食指旁。

（2）分开式：五指用力伸直，充分张开。

（3）芭蕾手式：五指微屈，后三指并拢、稍内收，拇指内扣。

（4）拳式：握拳，拇指在外，指关节弯曲，紧贴于食指和中指。

（5）立掌式：五指伸直，手掌用力上翘。

（6）西班牙舞手式：五指用力，小指、无名指、中指自掌指关节处依次屈，拇指稍内扣。

（7）花式：在分开式的基础上小指伸直向掌心回弯到最大限度，无名指会随小指回弯。

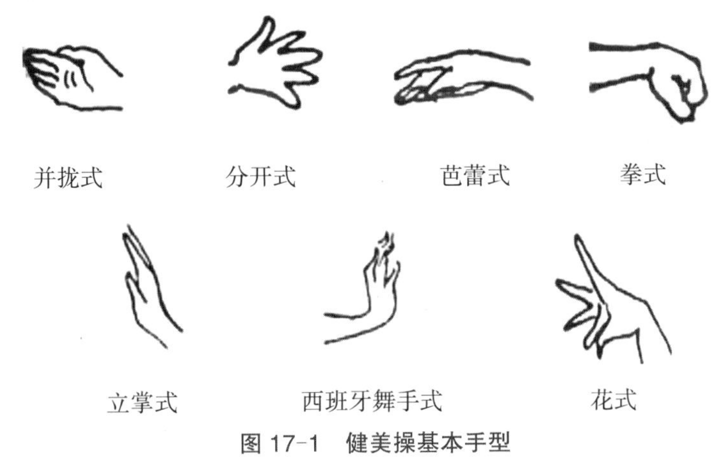

图 17-1　健美操基本手型

（二）身体各部位基本动作

1. 头、颈部动作（图 17-2）

（1）屈：指头颈关节角度的弯曲。包括向前、后、左、右的屈。

（2）转：指头颈部沿身体垂直轴的转动。包括向左、右的转。

（3）绕和绕环：指头以颈为轴心的弧形和圆形运动。包括左、右绕和左、右绕环。

要求：做各种形式头颈动作时，上体保持正直，速度要慢，头颈移动的方向要准确，颈部被动肌群充分伸展。

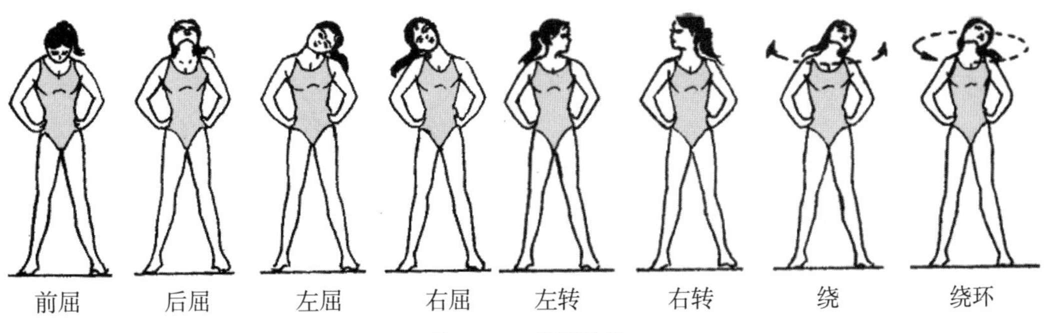

图 17-2　头颈动作

2. 肩部动作(图 17-3)

(1)提肩：指肩胛骨做向上的运动，包括单肩、双肩的同时提和依次提。

(2)沉肩：指肩胛骨做向下的运动，包括单肩、双肩的同时沉和依次沉。

(3)绕肩：指以肩关节为轴做小于 360°的弧形运动，包括单肩向前、后绕，双肩同时或依次向前、后绕。

(4)肩绕环：指以肩关节为轴做 360°及 360°以上的圆形运动，包括单肩向前、后绕环，双肩同时或依次向前、后绕环。

(5)振肩：指固定上体，肩急速向前或向后的摆动。包括双肩同时前、后振和依次前、后振。

动作要求：提肩时尽力向上，沉肩时尽力向下，动作幅度大而有力。绕肩时上体不能摆动，两臂放松，头颈不能前探；动作连贯，速度均匀，幅度大。振肩动作要有速度、力度和弹性。

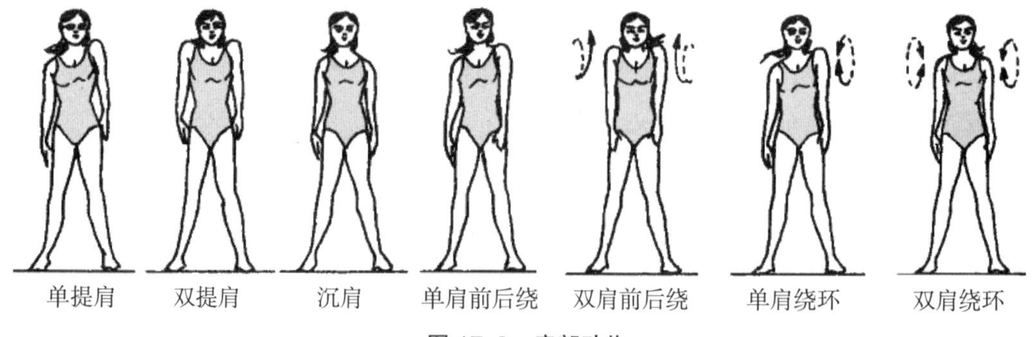

图 17-3 肩部动作

3. 上肢(手臂)动作

(1)举：指以肩为轴，臂的活动范围不超过 180°而停止在某一部位的动作，包括单臂和双臂的前、后、侧上举、侧下举等。(图 17-4)

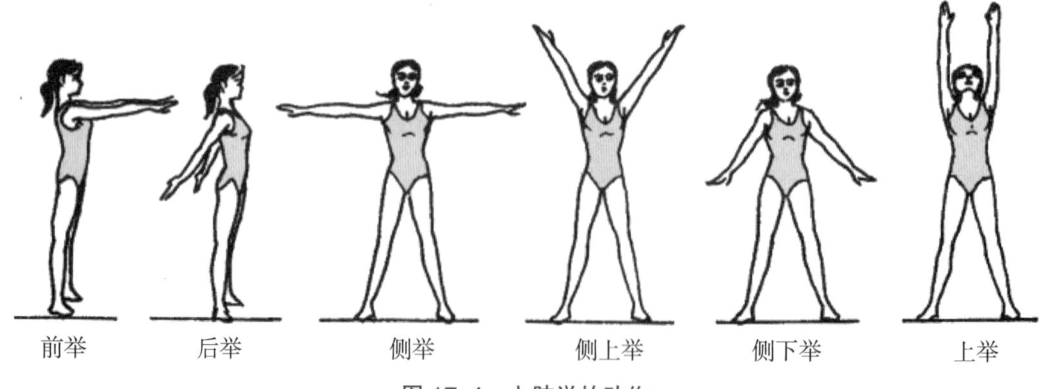

图 17-4 上肢举的动作

(2)屈：指肘关节产生了一定的弯曲角度，包括头上屈、头后屈、肩侧屈、肩上侧屈、肩下侧屈、肩上前屈、胸前屈、胸前平屈、腰间屈、背后屈。

（3）绕：指双臂或单臂向内、外、前、后做180°以上、360°以下的弧形运动。

（4）绕环：指以肩关节为轴，双臂或单臂做向前、向后、向内的绕环。（图17-5）

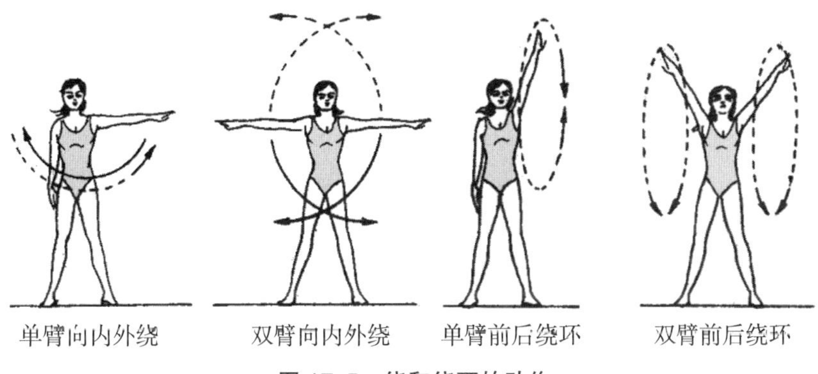

图17-5 绕和绕环的动作

（5）摆：指以肩关节带动手臂来完成臂的摆动动作。包括单臂和双臂同时或依次向前、后、左、右的摆。

（6）振：指以肩为轴，手臂用力摆至最大幅度，包括上举后振、下举后振、侧举后振。（图17-6）

（7）旋：指以肩或肘为轴做臂的旋内或旋外动作。（图17-7）

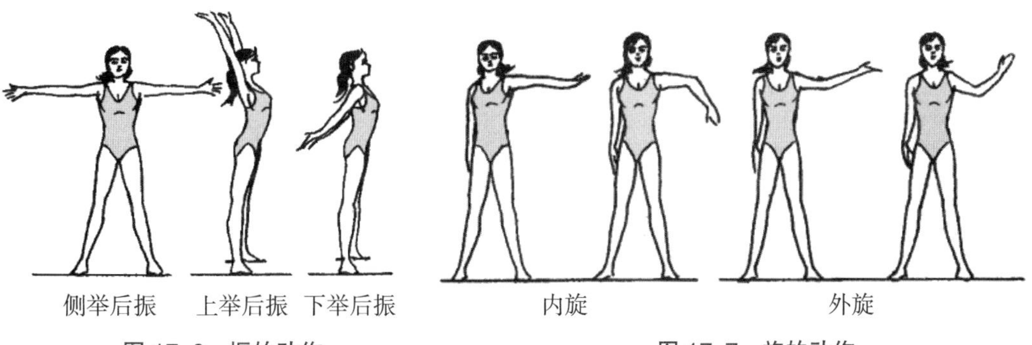

图17-6 振的动作

图17-7 旋的动作

动作要求：做臂的举、屈伸时，肩下沉。做臂的摆动时，起与落要保持弧形。上体保持正直，位置准确，幅度要大，力达身体最远端。

4. 胸部动作（图17-8）

（1）含胸：指两肩内合，缩小胸腔。

（2）展胸：指两肩外展，扩大胸腔。

（3）移胸：指髋部固定，做胸左、右的水平移动。

动作要求：练习时，收腹、立腰。含、展、移胸要达到最大极限。

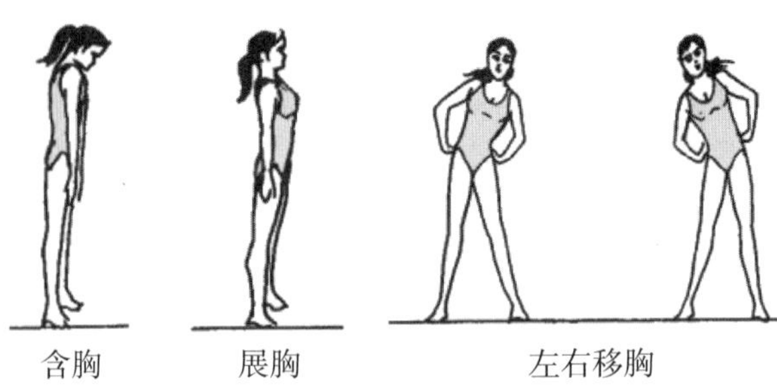

图 17-8 胸部动作

5. 腰部动作（图 17-9）

（1）屈：指下肢固定，上体沿矢状轴和水平轴的运动。包括前、后、左、右的屈。

（2）转：指下肢固定，上体沿垂直轴的扭转。包括左、右转。

（3）绕和绕环：指下肢固定，上体沿垂直轴做弧形和圆形运动。包括左、右绕和绕环。

动作要求：练习时，身体远端尽力向外延伸，绕环幅度要大，充分而连贯，速度放慢。腰前屈、转时，上体立直。

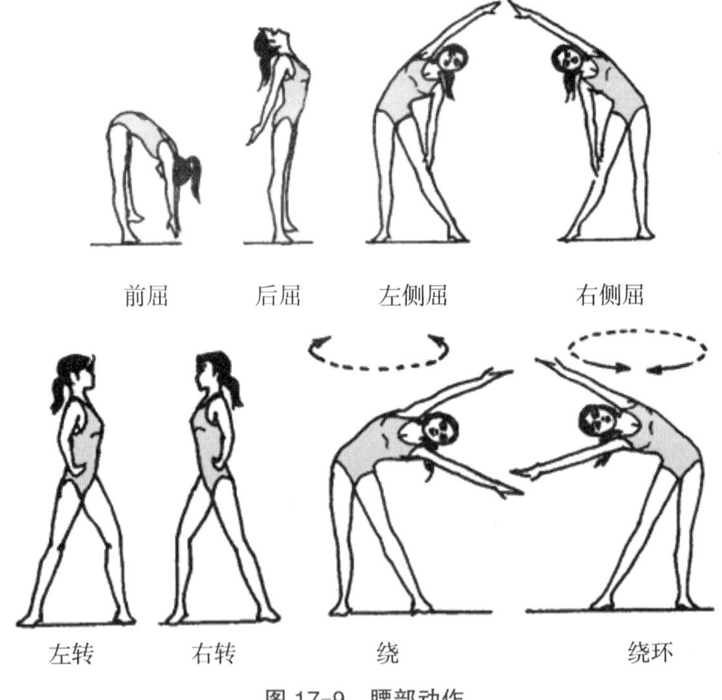

图 17-9 腰部动作

6. 髋部动作（图 17-10）

（1）顶髋：指髋关节做急速的水平移动，包括前、后、左、右顶髋。

（2）提髋：指髋关节做急速向一侧上提的动作，包括左、右提髋。

（3）绕髋和髋绕环：指髋关节做弧形、圆形移动，包括向左、右的绕和绕环。

动作要求：髋关节做顶、提、绕和绕环时应平稳、柔和、协调，稍带弹性，上体要放松。

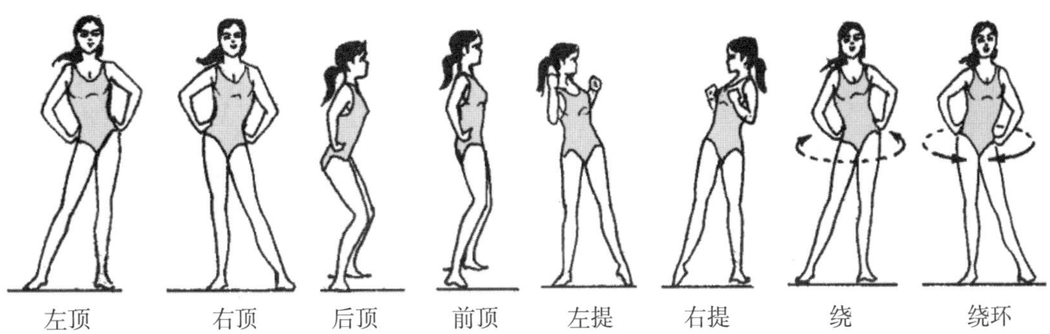

图 17-10　髋部动作

7. 下肢动作（图 17-11）

（1）滚动步：两脚同时交替做由前脚尖至全掌依次落地动作。

（2）交叉步：一脚向另一脚前或后交叉行进。

（3）跑跳步：两脚交替进行，跑后支撑阶段有一次跳的过程。

（4）并腿跳：双腿并拢，直膝或屈膝跳。

（5）侧摆腿跳：单腿跳起，同时另一腿向侧摆动。

动作要求：跳跃要轻松自如，有弹性，注意呼吸配合。

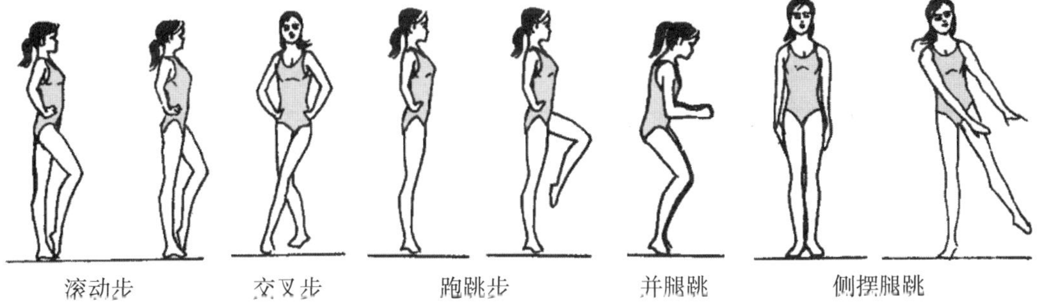

图 17-11　下肢动作

（三）基本站立动作

1. 立（图 17-12）

（1）直立：指头颈、躯干和脚的纵轴保持在一条直线上。

（2）开立：指两脚左右分开与肩同宽或宽于肩。

（3）点地立：指一腿直立（重心在站立脚上），另一腿向各方向伸直，脚尖点地。包括前点立、侧点立、后点立。

（4）提踵立：指两脚跟提起，用前脚掌站立。

图 17-12 立的动作

2. 弓步

指一腿向某方向迈出一步，膝关节弯曲成 90°左右，膝部与脚尖垂直，另一腿伸直。包括左、右腿的前、侧、后弓步。（图 17-13）

3. 跪立

指大腿与小腿成直角的跪姿。包括双腿跪立、单腿跪立。（图 17-13）

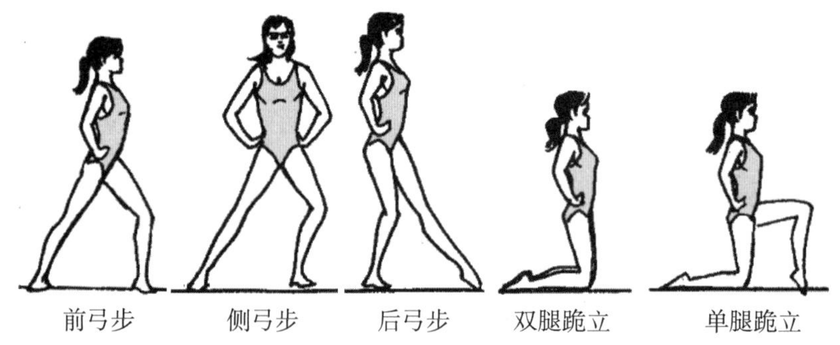

图 17-13 弓步与跪立

动作要求：站立时，头正直，上体保持挺直、沉肩、挺胸、收腹、收臀、立腰、立背、直膝。弓步时，前弓步和侧弓步的重心在两腿之间，后弓步的重心在后腿。提踵立时，两腿内侧肌群用力收紧，起踵越高越好。

三、健美操的基本步伐

基本步伐作为健美操运动中最小的单位，是构架健美操练习的基本元素，通过基本步伐的练习，能培养练习者的协调性和韵律感。健美操基本步伐，根据人们运动时对地面的冲击力大小，可分为无冲击力步伐、低冲击力步伐和高冲击力步伐三大类。

（一）无冲击力步伐分类（图 17-14）

弹动、半蹲、侧弓步、前弓步、提踵。

半蹲

前弓步

图 17-14　无冲击力步伐

（二）低冲击力步伐分类（图 17-15）

（1）踏步类：踏步、走步、一字步、V字步、漫步。

（2）点地类：脚尖点地、脚跟点地、脚尖侧点地、脚尖后点地。

（3）迈步类：并步、迈步点地、迈步屈腿、迈步吸腿、迈步弹腿、侧交叉步。

（4）单腿抬起类：吸腿、踢腿、弹腿、后屈腿。

踏步类：踏步

迈步类：侧交叉步

点地类：侧点

单脚抬起类：后屈腿

图 17-15　低冲击步伐

（三）高冲击力步伐分类（图 17-16）

（1）迈步起跳类：并步跳、迈步吸腿跳、迈步后屈腿跳；

（2）双脚起跳类：并腿纵跳、分腿半蹲跳、开合跳、并腿滑雪跳、弓步跳；

（3）单腿起跳类：吸腿跳、后屈腿跳、弹踢腿跳、摆腿跳；

（4）后踢腿跑类：后踢腿跑、侧并小跳（小马跳）。

动作要求：跳跃要轻松自如，有弹性，注意呼吸配合。

后踢腿跑

弹踢腿跳

开合跳

图 17-16　高冲击步伐

二、健美操基本动作练习方法

（一）分解和完整练习法

健美操的组合动作是由若干个健美操基本动作组合而成。分解练习法是指将健美操的组合动作分解成多个基本动作，进行练习时，要注意单个基本动作之间的有机联系，切忌破坏动作本身的结构；完整练习法是指从动作开始到结束，不分解的练习，这种方法适合简单的组合动作。在日常练习时，经常采用分解和完整练习相结合的方法。

（二）循序渐进练习法

一般在健美操基本动作练习时，采用循序渐进法，强度从小到大、负荷从弱到强、组合动作从简到难，这种方法是使身体逐渐克服生理惰性后进入工作状态，更有利于动作练习的规范性。

（三）递增循环练习法

递增循环练习法是指在进行健美操第一个组合动作练习后，进行第一个组合+第二个组合的练习，再进行第一个组合+第二个组合+第三个组合的练习，如此递增循环。这种方法既不破坏组合动作间的衔接和结构，又达到强化的效果。这种方法综合了分解和完整练习法、循序渐进练习法的优点。

第四节　健美操的创编

一、健美操创编的原则

第一，明确的目的性。创编成套健美操，首先明确创编的目的、任务，因为具体的目的任务不同，创编的要求也随之不同。

第二，鲜明的针对性。根据不同年龄、性别、职业、能力、爱好、身体情况及发展或改善身体某部分的需要，编制各种形式的健美操，具有很强的针对性。创编健美操要针对不同对象的不同生理和心理的特征及时间、场地、器材条件，提出的任务应与练习对象的要求相一致。

第三，全面性原则。创编健美操中，选择的内容要注意到对人体的全面锻炼，使人体各部位的关节、肌肉、韧带得到全面发展，内脏器官机能得到改善，使身体得到均衡的全面的锻炼。

第四，合理性原则。创编健美操时要做到恰当编排动作，使整套操对人体的锻炼全面充分，切实有效。合理设计动作顺序，基本做到从远端至身体中心，由局部到整体，幅度由小到大，强度由弱渐强再渐弱，使身体各个部位得到锻炼。另外要科学安排运动负荷，健美操的最佳运动强度是人体最高心率的70%左右（心率为140～160次/分）。

二、健美操的创编步骤

（1）确定目的和任务，明确编什么样的操，具体的目的任务及要求。

（2）明确对象，即明确对象的性别、年龄、特点、水平、身体状况、场地器材条件等。

（3）确定风格，设计动作，风格就是要有特色，有鲜明的个性特点。

（4）选择音乐，要求音乐的节奏、旋律和风格与动作协调一致。

（5）组织编排成套动作的顺序和运动负荷，成套动作编好后要测定全套操的运动量，编排运动量曲线图，进行运动量分析，对不合理部分要进行修改。

（6）记写成套动作，编排之后，需把每节操的图解文字、注意事项记下来。

（7）练习与调整，按设计好的动作进行练习，在练习过程中进行多方面的检查，修改调整。

第十八章 啦啦操

第一节 啦啦操运动概述

啦啦操是体育运动中的一个新兴项目，起源于美国，遍布于美国的篮球、橄榄球、棒球、游泳、田径、摔跤等比赛现场。最初为美式足球赛场旁边的呐喊助威活动，到现在已成为世界范围内的一项体育运动，受到全世界人民的喜爱。

啦啦操是在音乐或口号的衬托下，借助标语、道具等表达手段，以徒手或手持轻器械的技巧动作或舞蹈动作为载体，以团队的组织形式出现，通过展示各种具有强烈鼓动性、感染性的动作，旨在体现团队意识与集体主义精神，反映朝气蓬勃的精神面貌，具有竞技性、观赏性、表演性的一项体育运动。

一、啦啦操的兴起与发展

现代啦啦操的历史要追溯到19世纪80年代的美国大学校园里。当时，美国许多大学都有自己的橄榄球队，在比赛过程中，一位领队会站在球队的粉丝群前面领导他们为自己的球队呐喊助威，他们认为团体的助威鼓劲可以帮助球队取得更好的成绩，而一支好的球队能吸引大家对本学校的注意。当时橄榄球赛场旁边充满激情与活力的呐喊助威活动便是啦啦操项目的雏形。

进入20世纪，啦啦操的表演形式开始丰富起来，喇叭筒在啦啦操中开始流行，在大学和高中开始使用纸张做成花球来作为加油道具。女性在啦啦操中发挥的作用越来越重要，还开始将体操、舞蹈动作融入呐喊中。

20世纪90年代，美国各大州的大、中学校都拥有啦啦队及团体协会，并且建立了自己的啦啦操网站，啦啦队在美国的学校中都有极高的声誉。在美洲的影响下欧洲也兴起了啦啦队，不同的是欧洲大部分的啦啦队是业余的，以俱乐部形式进行各种培训和组织活动，在亚洲日本也有了自己啦啦队协会。

1998年，国际竞技啦啦队联合会（International Federation of Cheerleading，简称IFC）在日本东京成立，这是啦啦操发展史上的一个重要转折点。2001年11月，在日本东京举办的首届世界啦啦队锦标赛（世界啦啦队锦标赛每两年举办一届，时间为当年11月的前两个星期）吸引了全世界8支队伍参与，有芬兰、德国、日本、挪威、斯洛文尼亚、瑞典、英国和中国台湾，正式将啦啦操提升为世界竞技运动。2003 年，在英国的曼彻斯特举办了第二届世界啦啦操锦标赛，有 9 支队伍参加，包括芬兰、德国、日本、挪威、斯洛文尼亚、瑞典、英国、俄罗斯和中国台湾。2005 年 11 月，在日本东京举行第三届世界啦啦操锦标赛，有 12 支队伍参加，包括澳大利亚、丹麦、芬兰、德国、日本、挪威、俄罗斯、斯洛文尼亚、瑞典、英国、乌克兰和中国台湾。2007 年 11 月在芬兰赫尔辛基举办了第四届世界啦啦操锦标赛，来自世界各地共 25 支队伍同场竞技。2013 年，世界啦啦操锦标赛在佛罗里达州奥兰多环球中心完美落幕。

经过百余年的发展，啦啦操项目凭借团队、时尚、活力的项目特性，在国际啦啦操联合会（ICU）的努力下，迅速风靡了 109 个国家和地区。2013 年 5 月 31 日，经国际单项体育联合会在圣彼得堡投票表决，正式接受国际啦啦操联合会进入国际体育单项组织联合会，标志着啦啦操正式成为独立于国际体联的单项运动赛事，拥有和篮球、足球等项目相同的地位。2016 年 12 月 6 日，在瑞士洛桑召开的国际奥委会（IOC）执委会会议上，国际奥委会授予了国际啦啦操联合会 3 年的临时认可，预示着国际啦啦操联合会将能够得到来自国际奥委会的资金用于本项目的发展计划，离成为国际奥委会正式承认的国际单项体育组织又迈进了一步。

二、我国啦啦操的兴起与发展

啦啦操运动于 20 世纪末进入中国，在 2008 年北京奥运会作为重点展示项目而广为人知。2009 年国家体育总局正式接手啦啦操项目，并于 2010 年开启全国啦啦操联赛体系。为了推动啦啦操运动在中国的健康可持续发展，2014 年 1 月，经国家体育总局体操运动管理中心批准，整合成立了如今的全国啦啦操委员会，它成为中国运行和推广啦啦操项目的专门机构。

2016 年起，全国啦啦操委员会已经建立起完整的培训和赛事体系，向全社会的啦啦操爱好者提供更加专业和便捷的啦啦操服务和展示平台。同年也启动了啦啦操星级俱乐部和考级中心（点）建设，为国家储备优秀的啦啦操人才奠定了基础。目前，啦啦操项目已经成为国家体操运动管理中心、教育部体卫艺司、学生体育协会等多部门力推的国家战略项目。啦啦操项目的火爆，也在一定程度上与校园足球相呼应，繁荣和推进了校园文化。教育部体卫艺司推出的江阴模式“一校一球一操”，使啦啦操运动也如雨后春笋般迅速在全国蔓延。据不完全统计，全国已有啦啦操注册运动员 10 万余人，全国有 28 个城市申请了“全国啦啦操实验区”，近 3 万所学校已经在大课间普及了啦啦操。在不久的将来，啦啦操将成为中国全民运动项目中规模最大的运动项目之一。

第二节　啦啦操分类和特征

一、啦啦操的分类

啦啦操内容丰富，形式多样，种类繁多。根据啦啦操动作风格与动作技术的不同可将啦啦操项目分为技巧啦啦操和舞蹈啦啦操两大类。（图 18-1）

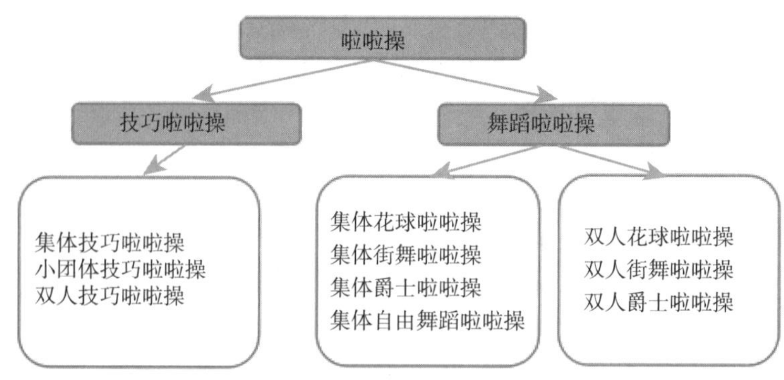

图 18-1 啦啦操的分类

(一)技巧啦啦操

成套动作有个性舞蹈、翻腾、托举、金字塔、篮抛等动作内容，同时结合各种跳步、啦啦操基本手位动作及其他舞蹈元素等，充分利用多种空间转换、方向与队形变化，展示高超的团队技能技巧及啦啦操运动项目特征。成套动作前必须有 30 秒口号。其技术特征主要体现为肢体动作通过快速制动、控制定位来体现干净利落的力度；在运动过程中强调重心平稳、步伐及体位迅捷精确，注重用躯干多方位变化带动上肢快速发力的形式来突出其特有的幅度和强度。

(二)舞蹈啦啦操

1. 花球啦啦操

团队手持花球动作应占成套动作的 100%，由啦啦操基本手位、个性舞蹈、难度技巧(跳步、翻腾、转体、平衡与柔韧)等动作元素组成，融合了爵士和街舞等舞蹈技术元素和舞蹈风格概念。强调队形不断变换、多人配合、托举、造型创意、整体层次感及对不同颜色花球的运用等视觉效果来展现花球项目的运动舞蹈特征。技术特征主要体现为肢体动作快速制动、控制定位、干净利落。在运动过程中强调重心平稳、步伐及体位迅捷精确，注重用躯干多方位变化带动上肢快速发力的形式来突出花球舞蹈特有的幅度和强度。

2. 街舞啦啦操

成套动作以街舞风格的舞蹈动作为主，强调街头舞蹈形式，注重动作的风格特征、创意、多人配合、托举、造型、身体分离动作及身体各部位的律动与控制，要求动作的节奏、一致性与音乐和谐一致，同时也可附加一定的难度动作，如大小地板步、翻腾、不同跳步的变换及组合或其他配合动作。其技术特征主要体现为街舞特有的律动及身体各个关节与肌肉群的协调运动。它是通过旋绕、屈伸、摆动、震动、波浪、造型等的外部形态动作可表现出音乐节奏的强弱变化及内心情感的动态舞蹈。

3. 爵士啦啦操

成套动作由爵士风格的舞蹈动作、难度动作(跳步、翻腾、转体、柔韧与平衡)及过渡连接动作等内容组成，通过托举、多人配合、造型、队形、空间、方向的变换，同时附加一定的运动负荷，表现参赛运动员的激情及团队良好的运动舞蹈能力。动作技术特征主要体现为在音乐感染及内心情感的驱动下的肢体伸展与收缩，力度的突发与延展对比，各个关节的摆动、扭动，用以体现音乐的变化特别是爵士切分节奏的动态舞蹈。

4. 自由舞蹈啦啦操

以某种区别于爵士、花球、街舞的形式出现，同时具有啦啦操舞蹈特征的其他风格特点、形式的运动舞蹈，如各种具有民族舞蹈风格特点的运动舞蹈。

二、啦啦操的项目特征

（一）表演形象的动感活力性

啦啦操充分体现着一种朝气蓬勃、健康向上的精神。因此，啦啦队员必须拥有一个青春的形象、健康的体魄和健美的体形。男运动员要有明显的肌肉线条，体形匀称呈倒三角，女运动员要具有肌肉曲线美，上下肢比例匀称，皮肤色泽光亮健康。所有的啦啦队员要求五官端正、仪态端庄、青春靓丽，具有当代青少年的青春美和健康美。

啦啦队通过具有丰富含义的手势、响亮震撼的口号、整齐划一的动作、色彩鲜明的道具及各种复杂的队形变化及空间技巧的转换，达到传达一种健康的生活态度和自信乐观的精神面貌的目的。

（二）表演技术的风格突出性

技术特点是指啦啦操所特有的技术风格。啦啦操的技术特点不同于健美操和舞蹈，它更加体现所有肢体类动作在过程中通过短暂加速和定位制动来实现啦啦操特有的力度感，适当的慢板动作是允许的，但只作为过渡动作出现，要求运用各种啦啦操基本手位、步伐、跳跃并结合多种舞蹈元素、口号等，通过多种空间、方向与队形、节奏的变化展示出啦啦操的项目特征。

短暂加速是指肢体保持明确的节奏感，这种节奏主要体现在动作过程中加速快、时间短，而不是在动作的整个过程中都在加速。成套动作过程中，短暂加速是动作力度的基本前提。技术水平越高，体现短暂加速的能力越强。运动员的音乐节奏感与动作的动律性协调一致，才能够体现出啦啦操的风格。定位制动是指在整套动作过程中，无论动作怎样复杂多变，在一个动作技术结束时要通过定位制动来实现动作的力度。即便在长时间复杂多样的手臂组合过程中及在高难度的配合技巧和翻腾与跳跃动作的前后，都要具有定位制动的能力。

啦啦操特有的力度感更容易调动观众的观赏气氛，加强了与观众的互动，成为啦啦队表演的首选项目。

（三）表演组织的团结协作性

啦啦操是以集体形式展开活动的。国际全明星啦啦操协会（简称IASCA）规定啦啦操的参赛人数为 6 ～ 30 人，性别不限。只有在人数上达到一定的要求，才能完成更多的队形变换及空间转换，才能编排更多层次的动作，完成更多的复杂技巧和创造性的动作，才能真正体现啦啦操的无限魅力。啦啦操在技能上，需要队员间的技术经验交流以达到技能的实施和配合的默契。啦啦操在托举、抛接、金字塔组合中彰显队员的团结协作，强调通过成员之间的相互配合、相互激励，使队伍的整体机能得到最大限度的发挥，以争取团队目标的实现。

第三节　啦啦操基本动作及竞赛规则

一、啦啦操基本手位动作

啦啦操有 32 个基本手位动作，根据动作的形状特征及动作的方位，用字母或具有代表性物体的形状直观表现出来，共分为加油、M类、W类、V类、T类、X类、A类、H类、L类、K类、R类、弓箭类、短剑、斜线类、冲拳类。（图 18-2）

图 18-2　啦啦操的基本手位动作

二、啦啦操基本竞赛规则

（一）比赛场地及时间

竞赛区域为 13 m×13 m，标志带为 5 cm是场地的一部分。比赛时间从比赛音乐第一声提示音开始计时，在最后一个动作或音乐的最后一个音符时结束。集体项目的成套动作时间不超过 2 分 30 秒，小团体项目竞赛时间不超过 1 分钟，双人项目竞赛时间不超过 1 分 30 秒。

（二）比赛服装

所有的服装、化妆都应该符合参赛队员年龄且能为大众接受。女运动员不可穿着过分暴露的衣服（不可露背或露出大部分腹部，如服装设计镂空应加以肉色布料遮挡），服装为紧身三角裤、热裤或超短裤的参赛队员应该穿有连体紧身衣或袜裤。男运动员不可以赤膊上场，必须穿着上衣，上衣可以是无袖。服装上任何与竞赛无关联的外带装饰均要取下。

（三）裁判组成及评判标准

我国啦啦操竞赛规则依据的是国际体操联合会艺术体操、蹦床、健美操项目等竞赛评分规则的模式，采用艺术裁判、完成裁判与难度裁判三组共 10 人，分别从艺术、完成、难度三方面进行评判。其中艺术裁判 4 名，完成裁判 4 名，难度裁判 2 名。辅助裁判员包括：记录长 1 人、记录员 2 人、检录长 1 人、检录员 2 人、放音员 1 人、播音员 2 人。

成套动作艺术分 50 分，完成分 50 分，难度分为加分，难度越高，分数越高。艺术裁判的评分范围（总分值 50 分）包括：成套总体设计、舞蹈动作内容、音乐运用、表演与包装。完成裁判的评分范围（总分值 50 分）包括：技术技巧、一致性、综合评价。难度裁判（实际得分）评分范围：各类难度要求与完成标准。最后评分分别去掉艺术与完成裁判组最低与最高得分后计算出艺术与完成平均得分，再与难度得分相加，得出成套的最终得分，得分基于百分制，并有可能超过 100 分。得分高者名次列前：一等奖、二等奖、三等奖及各单项奖。分数相同的情况下裁判会算出小数点以打破平局。

艺术分与完成分在不同的竞赛项目中可适当调整。《2017—2020 版中国大学啦啦操规定动作竞赛规则》中舞蹈类完成分为 60 分，艺术分为 40 分（表 18-1）。技巧类完成分 80 分，艺术分 20 分。（表 18-2）

表 18-1 花球啦啦操 100 分制评分表

完成（60分）	基本技术技能（30分）	完成花球动作的执行能力（10分） 干净的手臂线条和水平高度，准确的手臂位置，动作迅速、有力且精确。 舞蹈动作的完成能力（10分） 手、手臂、躯干、臀部、腿、脚到正确身体姿势及高度定位、紧绷与松弛的转换变化，身体的控制能力，延展和平衡，动作中的风格体现。 技术技巧动作的掌握与执行能力（10分） 正确完成跳步、转体、平衡与柔韧、多人配合、托举等技术。
	团队协调统一（30分）	动作与音乐同步性（10分） 动作与音乐节拍吻合，团体动作整齐划一。 动作的统一（10分） 队伍的每个人都能同步，动作干净、清晰、明确。 空间/队形间距一致（10分） 全套完成过程中各队员之间能够保持相等、正确的间距及精准的空间。
艺术（40分）	编排（30分）	舞台效果/视觉效果/场地与空间的运用效果（20分） 选择自编部分动作的原创性，融合各种舞蹈技术元素和风格，多样的变化设计及团队层次变换。场地与空间运动的变化效果，队形和过渡动作分层次流动转化变化，依次对比动作及花球图案的创意设计使用，新颖造型，团队协作表现出视觉冲击力、层次感、震撼感等。 难度（10分） 难度级别、难度动作及运动负荷的变化、展现效果、节奏速度变化、重心变化、难度设计与音律音效所赋予的艺术特点相融合。
	总体评分（10分）	交流/公众形象/观众号召力和接受程度（10分） 运动员表现出情感交流与表演的能力，对观众的吸引能力和号召力。 以适合运动员年龄段及大众欣赏的服装、艺术编排来提升表演效果。

表 18-2 技巧啦啦操 100 分制评分表

完成（80分）	基本技术技能（75分）	托举（25分） 技巧与难度动作的难度性、同步性和多样性，底座的人数，托举的组数。安全正确的技术使用。 金字塔（25分） 难度性，在完成金字塔过程中的整体连接，金字塔的同步性、完成情况和创新性、安全正确的技术使用。 翻腾（10分） 集体性，技术技巧的执行，难度性，安全正确的技术要领，同步性。 篮抛（15分） 技巧与难度动作的执行、高度、难度性，同步性和多样性，篮抛的组数、安全正确的技术使用。
	团队协调统一（5分）	空间与队形/动作与音乐吻合/过渡连接的一致性（5分） 动作吻合音乐的节拍，团队动作整齐划一；队伍的每个人都能有同步的、干净的、清晰精准的动作；全套完成过程中各队员之间能够保持相等的、正确的间距及精准的空间；动作与组合的连贯性。

续表

艺术（20分）	编排（10分）	口号（10分） 感染观众的能力，在实施口号时托举和金字塔的适当使用，鼓励使用母语；口号渲染赛场气氛、鼓舞士气、带动观众、吐字清晰、洪亮整齐。安全正确的技术使用。
	总体评分（10分）	交流/公众形象/观众号召力和接受程度（10分） 运动员表现出情感交流与表演的能力，对观众的吸引能力和号召力。 以适合运动员年龄段及大众欣赏的服装、艺术编排来提升表演效果。 选择自编部分动作的原创，依次对比动作，队形和过渡动作的创意转换，场地与空间应用的变化效果。新颖造型，团队表现出的视觉冲击力、层次感、震撼感等。

第十九章　游　泳

第一节　游泳运动概述

游泳是在水里凭借肢体动作同水的相互作用力而进行的活动技能，是在水的特殊环境里进行的一项体育运动。

游泳简单易行。江河纵横、湖泊水库星罗棋布的我国，为开展游泳活动提供了有利的地理条件，而人工游泳池的不断建设和开辟，更为开展游泳活动提供了可靠的保证。不过，应当告诫大家：无论到何处去游泳，都必须注意安全。

从健康的意义上来说，经常从事游泳锻炼，可以增强内脏器官的功能，改善循环系统的机能，提高健康水平。

游泳运动不仅能增强体质，而且对国防和生产建设都有很大的实用价值。掌握好游泳技术有利于练就一套水上制敌的本领，也有利于许多水上作业的实施。

按照体育运动的分类，游泳可分为实用游泳和竞技游泳两大类。实用游泳包括踩水、侧泳、反蛙泳、潜泳和武装泅渡；竞技游泳包括爬泳（自由泳）、仰泳、蛙泳和蝶泳。通常，实用游泳强调动作的实用价值，以娱乐健身为主要目的；竞技游泳强调动作的竞争价值，以竞速和奖牌为主要目的。由于竞技游泳中各种泳式动作规范，观赏性强，因此它正在向民间普及。过去，民间的游泳主要是作为一种消暑形式，如今，随着人们健身意识的加强，“冬泳”已在我国的大江南北得到广泛开展。

在我国的奥运争光计划中，竞技游泳被列为重点项目，因为它是奥运会“奖牌大户”之一。可以认为，抓好游泳对我国体育称雄奥运有着举足轻重的意义。

第二节　蛙泳主要技术

蛙泳是模仿青蛙动作的一种游泳姿势。蛙泳动作对称，间歇性强，大腿肌肉群充分参加工作，所以游得远而且能保持一定的速度，既省体力又能负担较大的重量，它是竞技比赛和日常锻炼中最常见的一种游泳方式。

一、蛙泳技术要点

（1）蛙泳的准备状态是身体俯卧在水中，稍微抬头挺胸。（图 19-1）

图 19-1 蛙泳身体位置

（2）蛙泳蹬腿动作是推动蛙泳向前的主要力量，蹬腿动作包括收腿、翻脚与蹬夹等三个主要技术环节。（图 19-2）

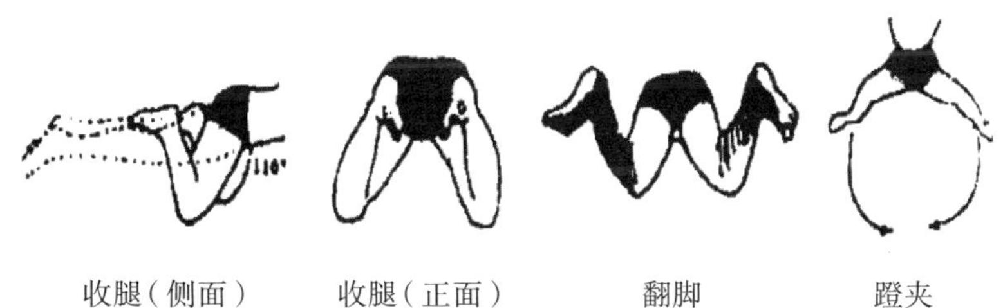

图 19-2 收腿翻脚与蹬夹

（3）蛙泳臂的划水同样可以产生很大的推进力，且与呼吸动作紧密配合，它们之间的关系是臂划水时抬头吸气，臂前伸时低头吐气。（图 19-3）

图 19-3 吸气与吐气

（4）蛙泳臂的动作包括划水、收夹肘、伸臂等三个主要技术环节。（图 19-4）

图 19-4 划水夹肘与伸臂

（5）蛙泳的完整动作配合：一次对称的蹬腿配一次对称的划水，并做一次呼吸气，动作口诀是“划水不动腿，收手又收腿，伸臂再蹬腿，伸直漂一会”。蛙泳完整动作如图 19-5 所示。

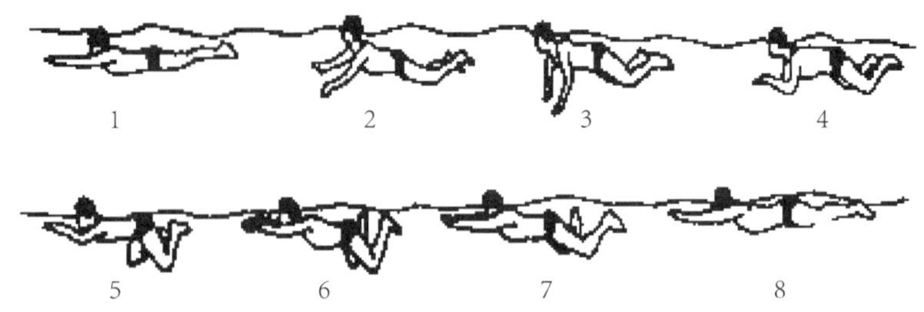

图 19-5 蛙泳配合动作

二、蛙泳练习方法

（1）浅水蹬离池底俯卧漂浮，练习时要主动埋头提臂，将身体展平躺在水面上。（图 19-6）

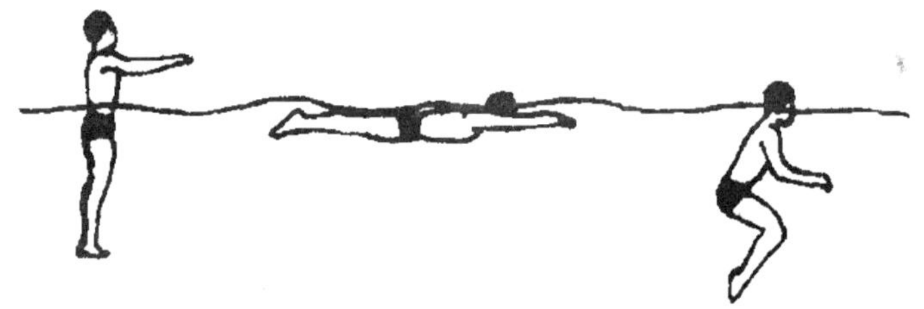

图 19-6 蹬池底漂浮

（2）浅水区蹬壁滑行。（图 19-7）

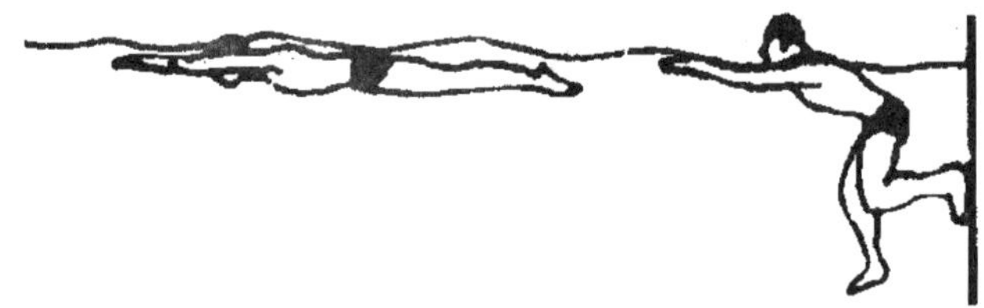

图 19-7 蹬壁滑行

（3）陆上蛙泳蹬腿模仿（图 19-8），注意练习中收腿后要翻脚，即将两脚尖转向两侧。

图 19-8 蹬腿模仿

（4）水上扶池壁蹬夹水（图 19-9），初学者练此动作时身体常下沉，因此帮助人要将其腹部托起。

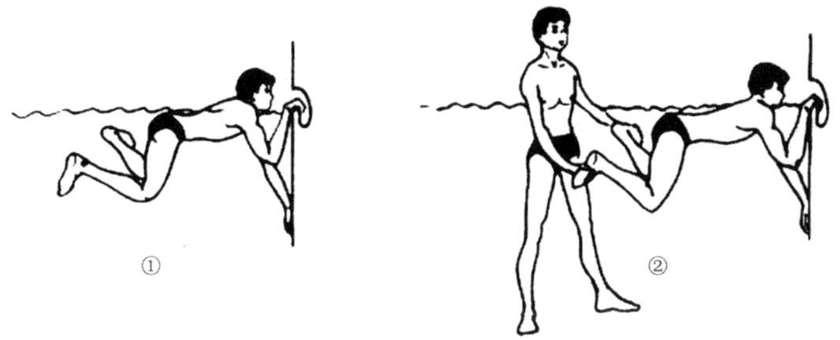

图 19-9 扶池壁蹬腿

（5）水中滑行扶打水板蹬夹水，在此基础上再过渡到不扶打水板的蹬夹水。（图 19-10）

图 19-10 扶板蹬夹水

（6）在陆上划水动作模仿的基础上，在浅水区做划手与呼吸的配合动作。（图 19-11）

图 19-11 浅水区划水

（7）在滑行中做划手抬头吸气与低头吐气的动作（不动腿）。（图 19-12）

图 19-12 抬头吸气

三、蛙泳练习提示

（1）蛙泳将人体在陆上的习惯直立位改变为水中的水平位，由于缺乏地面作支撑，必须寻求新的支撑点或支撑面，否则，人体就将沉没于水中，理解这一点，对于初学蛙泳者尤为重要。

（2）蹬腿和划水就是为蛙泳的身体位置创造适宜的支撑点或支撑面，以确保身体的上浮和向前。

（3）蛙泳的蹬腿是要最大限度地发挥大小腿对水面的作用力。因此收腿后的翻脚是一个重要的技术环节。

（4）蛙泳的臂部动作较为简单，所以蛙泳学习应以练腿部动作为主，而腿部动作又应以练习蹬夹水动作为主。

（5）呼吸是配合蛙泳的关键。切记，要先吐气后吸气，要主动张嘴吸气和吐气，而不要像通常那样仅靠鼻子作呼吸。

（6）害怕呛水的女生可以始终把嘴露出水面，注意在做这种抬头蛙泳时，动作的关键是手臂的划水幅度要小于正常蛙泳。也就是说，做抬头蛙泳动作时，手臂的前伸和收夹都不要做得太充分。

（7）臂划水时要抬肘，以形成两臂抱水动作；在臂划水至肩关节延长线处时，两手要做快速地收手夹肘动作。

（8）游泳时一定要注意先划水、再收腿。如果在划水的同时收腿，收回的腿形成一个屏障挡住臂向后划去的水流，这无异于你拖着一个挡水板在游泳，既费力又难以快速前进。

（9）蹬腿技术有宽蹬腿与窄蹬腿之分，划水技术也有宽划水与窄划水之分，选择哪种技术，应根据自己的条件而定。

第三节　爬泳主要技术

爬泳是因其动作像在水中爬行而得名的。它是四种竞技游泳技术中速度最快的一种泳式。在自由泳项目的比赛中，运动员都采用爬泳，所以爬泳常被称为“自由泳”。

在动作结构上，爬泳和仰泳、海豚泳（蝶泳）属于同一类型，掌握了爬泳，就能为学习仰泳和海豚泳创造良好条件。

在现代竞技游泳中，爬泳是一项竞赛设项最多的泳式，也是游泳教学训练中的主要练习手段。因此，应努力学好爬泳，丰富自己的水上活动内容。

一、爬泳技术要点

（1）爬泳从俯卧在水面开始，正确的爬泳动作如图 19-13 所示。

（2）爬泳的打腿是依靠大腿发力带动小腿，两腿交替做上下的鞭状打水动作。（图 19-14）

图 19-13 爬泳姿势

图 19-14 打腿

（3）爬泳的划水采用两臂交替进行，臂的一个划水过程可分为入水、抱水、划水、出手、移臂等五个部分。（图 19-15）

图 19-15 移臂与划水

（4）臂应在同侧肩的前方入水，入水的顺序是先掌后肘，插入水中；手划水至髋部后出水，出水的顺序是先肘后掌，以肩带动。

（5）手臂入水后要做前伸抓水动作，然后逐渐过渡到屈臂抱水与划水。

（6）爬泳的腿臂配合是打六次腿，划两次臂，或者是打四次腿、划两次臂。

（7）爬泳呼吸与手、腿的配合一般是每一个循环动作做一次呼吸气。呼吸与臂划水的配合是臂入水与划水时呼气，划水至推水和提臂出水时转头张嘴吸气。

（8）空中移臂要以肩关节为轴，移臂过程中肘高于手，快速移动。

二、爬泳练习方法

（1）坐在池边或俯卧四方凳上，做上下打腿的模仿练习。（图 19-16）

图 19-16 陆上打腿模仿

（2）手扶池壁做水中上下打腿动作，注意练习中脚面绷直，脚踝内扣，两脚形成内“八”字打腿动作。（图 19-17）

图 19-17 扶池壁打腿

（3）扶板或不扶板的打腿练习，练习从蹬壁滑行开始，打腿时可将头没入水中，一边练习打，一边练习转头吸气。（图 19-18）

图 19-18 扶板打腿

（4）陆上两脚并拢站立，弯腰并伸双手于体前，两手交替做抱、划、推水的模仿练习。

（5）陆上两脚前后开立成弓箭步，弯腰并伸双手于体前，双手交替做划水与空中移臂的模仿练习。

（6）站立池底，在水中做两臂交替划水的走动练习。（图 19-19）

图 19-19 浅水区划水

（7）蹬壁俯卧直体滑行，然后做两臂交替划水的练习。

（8）做一次性憋气腿、臂配合泳练习。

（9）在爬的基础上做腿、臂、呼吸的配合游。（图 19-20）

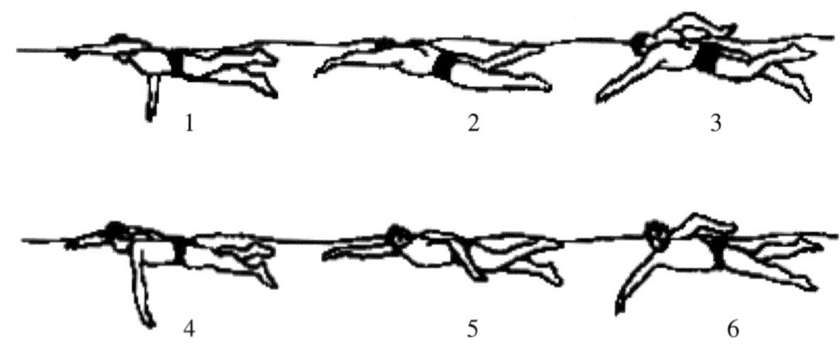

图 19-20 爬泳配合

三、爬泳练习提示

（1）爬泳的手、腿配合方式改变了人在陆上行走时迈一步摆一次臂的习惯方式，每划一次臂打三次或两次腿的手腿配合动作，要求人们在学习爬泳时必须建立新的手腿协调的条件反射。因此爬泳虽是靠划水产生主要推进力，但打腿是学习爬泳的关键。

（2）要建立打腿技术的动力定型，在练习打腿时，要始终坚持用大腿带动小腿的快速打腿，初学时应做到膝关节不要过于弯曲，每次练习都要竭尽全力。

（3）只有熟练地掌握了打腿技术，换言之，只有获得打腿向前的推进力，并能较轻松地扶板打腿 50 m以上，才能进而学习爬的腿臂配合。

（4）刚开始练习爬泳腿臂配合时，应以一次性憋气配合游为主要形式，为防止腿下沉，应尽量将头埋于水中。

（5）爬泳的呼吸是掌握爬泳配合游的难点。长距离慢游是摸索呼吸技术的主要练习手段。注意在学习呼吸的过程中，要始终坚持转头侧向呼吸，而不要抬头正面呼吸。

（6）学习爬泳最忌讳扭摆身体前进，造成这种状况的原因是移臂不是靠肩关节转动而是靠上体摆动。为防止游动中蛇形前进，肩关节不灵活的学生可以做直臂移臂与入水动作。

（7）臂入水后要尽量做前伸抓水动作，须知划水幅度的加大对手腿配合协调具有帮助。

（8）两臂划水千万不要脱节，要做到每一动作循环中至少有一只手在支撑身体前行。

（9）在整个划水中手掌的抓水、拉水、抱水、推水是一个完整的过程，中途不得停顿。

（10）为加大划水面积，手掌和前臂要始终对准水。高水平的划水有后程加力加速的特点。

第四节　各项泳式比赛规则

一、自由泳

（1）自由泳比赛中，可采用任何泳式。但在个人混合泳及混合泳接力赛中，自由泳是指除蝶、仰、蛙以外的泳式。

（2）转身和到达终点时，可用身体任何部分触池壁。

（3）在整个游程中，运动员身体的一部分必须露出水面，在转身过程中允许运动员完全潜入水中，但在出发和每次转身后潜泳距离不得超过 15 米，在 15 米前运动员的头必须露出水面。

二、仰泳

（1）在出发信号发出前，运动员面对出发端，两手抓住握手器，两脚（包括脚趾）应处于水面下。

（2）出发和转身后，运动员应蹬离池壁，除在做转身动作外，运动员在整个游进过程中始终呈仰卧姿势。仰卧姿势允许身体做转动动作，但必须保持与水平面小于 90°的仰卧姿势。头部位置不受此限。

（3）在整个游进过程中，运动员身体的某一部分必须露出水面。在转身过程中，允许运动员完全潜入水中。但在出发和每次转身后，运动员潜泳距离不得超过 15 米，在 15 米前运动员的头必须露出水面。

（4）在转身过程中，当运动员肩的转动超过垂直面后，可进行一次单臂划水或双臂同时划水动作，并在该动作结束前开始滚翻。一旦改变仰卧姿势，就必须做连续转身动作，任何打水或划水动作必须是连续转身动作的一部分。运动员必须呈仰卧姿势蹬离池壁。转身时运动员身体的某部分必须触壁。

（5）运动员在到达终点时，必须以仰卧姿势触壁。触壁时允许身体潜入水中。

三、蛙泳

（1）出发和每次转身后，从第一次手臂动作开始，身体应保持俯卧姿势，任何时候不允许呈仰卧姿势。

（2）两臂和两腿的所有动作都应同时并在同一水平面上进行，不得有交替动作。

（3）两手应同时在水面、水下或水上由胸前伸出，并在水面或水下向后划水。除转身前最后一个动作、转身过程中和终点触壁前的最后一个动作外，在手臂的完整动作中，两肘不得露出水面。除出发和每次转身后的第一次划水动作外。两手向后划水不得超过臀线。

（4）在蹬腿过程中，两脚必须做外翻动作，不允许做剪夹、上下交替打水或向下的海豚式打水动作。只要不做向下的海豚式打腿动作，允许两脚露出水面。

（5）在每次转身和到达终点时，两手应在水面、水上或水下同时触壁。触壁前的最后一次划水动作结束后，头可以潜入水中，但在触壁前的一个完整或不完整的配合动作中，头的某一部分应露出水面。

（6）在每个以一次划臂和一次蹬腿顺序完成的完整动作周期内，运动员头的某一部分应露出水面。只有在出发和每次转身后，运动员可在全身没入水中时，做一次手臂充分地向后划至腿部的动作和二次蹬腿动作；但在第二次划臂至最宽点并在两手向内划水前，头必须露出水面。

四、蝶泳

（1）从出发和每次转身后的第一次手臂动作开始，身体应保持俯卧姿势，允许水下侧打腿。任何时候都不允许转成仰卧姿势。

（2）两臂必须在水面上同时向前摆动，并同时在水下向后划水。

（3）所有腿部的上下打水动作必须同时进行。两腿或两脚可不在同一水平面上，但不允许有交替动作，不允许有蹬蛙泳腿。

（4）在每次转身和到达终点时，两手应在水面、水上或水下同时触壁。

（5）在出发和每次转身后，允许运动员在水下做一次或多次打水动作和一次划水动作，这次划水动作必须使身体升到水面。在整个游程中，运动员身体的一部分必须露出水面。允许在出发和每次转身后潜泳，距离不得超过 15 米，在 15 米前运动员的头必须露出水面。运动员必须使身体保持在水面上，直至下次转身或到达终点。

五、混合泳

（1）个人混合泳须按照下列顺序进行比赛：蝶泳；仰泳；蛙泳；自由泳。

（2）混合泳接力须按照下列顺序进行比赛：仰泳；蛙泳；蝶泳；自由泳。

（3）在个人混合泳和混合泳接力项目的比赛中，每一泳式都必须符合竞赛规则的有关规定，在仰泳转蛙泳过程中，运动员必须呈仰泳姿势触及池壁。

第五节　游泳的常见问题处理

一、游泳中容易出现的危险

（一）腿抽筋

小腿抽筋也叫“腓肠肌痉挛”，主要是指脚心和腿肚抽筋。发作时不仅疼痛难忍，而且还不能活动。

应对措施：游泳时一旦发生小腿抽筋，务必保持镇静。此时要深吸一口气，把头潜入水中，使背部浮上水面，两手抓住脚尖，用力向自身方向拉，同时双腿用力，可以反复几次。对于刚学会游泳或正在学习游泳的人，则应马上靠岸或靠近水线，如果情况危急应大声呼救。

（二）头晕

出现头晕主要是游泳时间过长，血液聚集于下肢，脑缺血，机体能量消耗较大，身体过度疲劳造成的。

应对措施：泳者应立即上岸休息，全身保温，并适当喝些淡糖水或盐水。

（三）头痛、恶心、呕吐

游泳时头痛，可能是慢性鼻炎、呛水或身体寒冷、暂时性脑血管痉挛引起供血不足等多种原因造成的。

应对措施：泳者应迅速上岸，用大拇指在头顶百会穴、太阳穴及列缺穴按揉，然后用热毛巾敷头，再喝一杯热开水即可。

（四）胸闷

下水后，水对人体的压力会变大，此时老年人和刚刚学习游泳的人可能出现胸闷不适。

应对措施：泳者可以先上岸，多做几次深呼吸或重新做一次热身运动。

（五）耳痛、耳鸣

耳痛、耳鸣多是耳朵里灌进水或鼻子呛水引起的，此时要及时排水。

应对措施：深呼吸，闭紧嘴，将腮帮鼓起，并将头歪向耳朵进水的一侧，用手拉住耳垂，用同侧腿进行单足跳；手心对准耳道，用手把耳朵堵严压紧，左耳进水就把头歪向左边，然后迅速将手拨开，水即会被吸出；游泳结束后，要及时去除耳道内的积水，抹几滴醋和酒精，能防止耳朵因进水而受到危害。

（六）腹痛、腹胀

刚吃过饭或空腹游泳时会产生腹痛、腹胀。

应对措施：泳者应上岸仰卧，用拇指尖点压中脘穴、上脘穴或足三里穴。

二、游泳注意事项

（1）饭后、酒后不宜游泳；

（2）有开放性伤口、皮肤病、眼疾不宜游泳；

（3）感冒、生病、身体不适或虚弱不宜游泳；

（4）雷雨的天气不宜游泳；

（5）水温太低不宜游泳；

（6）游泳时禁止与同伴过分地开玩笑；

（7）不要随性下水，特别是野外；

（8）风浪太大、照明不佳不要游泳；

（9）不明水域不要游泳、跳水；

（10）水浅、人多不可跳水；

（11）要在有救生员及合格场所游泳；

（12）下水前先做暖身运动；

（13）下水的装备要带全，一定要戴泳镜、泳帽，保护头部；

（14）水中切忌慌、乱，如遇抽筋，保持冷静，改用仰漂。

三、保护眼睛

在酷热的夏日里，游泳是人们向往的运动，它既能增强体质又能使人享受夏季的乐趣，但在游泳前后也要注意保护眼睛。

怎样在游泳后保护自己的眼睛呢？

（1）应该严格禁止“红眼病”患者或有其他传染病的人到公共游泳场所游泳，加强游泳前体检。

（2）尽量选择水质好、污染少的游泳场所游泳。

（3）患有高度近视眼者不能头朝下跳水，以免引发视网膜脱离。

（4）游泳池必须按照规定及时换水和进行消毒。

（5）有条件最好在游泳以后及时用净水洗脸、洗澡。

（6）潜水时尽量把眼睛闭上，有条件者可戴防护眼镜。

另外，游泳以后经常发生结膜炎的人，在每次游泳以后及时点抗生素眼药水数次，对于预防结膜炎有一定作用。

四、谨防晒伤

夏季去户外玩水、游泳特别容易被晒伤。当轻度晒伤时，皮肤就会发红，严重时皮肤会有灼烧感、疼痛感，好像被烫伤一样，这是皮肤遭受损伤刺激的急性反应。此时，最好使用冰敷，可消除疼痛，然后用炉甘石洗剂搽洗晒伤皮肤，起到散热、收敛、消炎等作用，除了减轻症状，同时也防止紫外线再次进一步刺激皮肤。一般来说，当皮肤被晒伤时，身体会加快新陈代谢，尽快脱皮以恢复正常。

对于游泳时预防晒伤，专家有以下建议：

（1）去户外游泳时，暴露部位全部都要用防水的防晒霜，在一定时间和一定程度上可以保护皮肤免受紫外线伤害。

（2）在潜水、冲浪、游泳之后，上岸可按需要再次涂抹防晒霜。

（3）紫外线有利有弊，适当晒晒太阳不仅能促进身体内钙的吸收，增强骨密度，还能让皮肤生成一定数量的黑色素，增强皮肤对紫外线的防御能力。因此专家说，那种完全要隔离紫外线的想法比较荒谬，适当晒太阳接收紫外线，对身体健康是有好处的。

（4）晒太阳时，避开日光强烈的中午，可选择上午 10 点之前和下午 4 点之后，早晚晒 30 min。

五、其他注意事项

（1）在海边游泳要注意潮水的时间，高潮后就将退潮，尽量不要在退潮时游泳，以免退潮时往回游时体力消耗过大发生意外。

（2）不在非游泳区游泳，非游泳区水域水情复杂，常常有暗礁、水草、淤泥和漩流，稍有大意，就可能发生意外。

（3）游泳前勿喝酒，酒后游泳体内储备的葡萄糖大量消耗会出现低血糖。同时因酒精会影响大脑的判断力，因而会增加游泳意外的发生。

（4）上岸后要防止曝晒，注意保护皮肤，为了避免强烈的阳光照射，最好涂上防晒霜。

（5）饭前饭后不宜游泳，空腹游泳会影响食欲和消化功能，也会在游泳中发生头昏乏力等意外情况；饱腹游泳亦会影响消化功能，还会产生胃痉挛，甚至呕吐、腹痛现象。

（6）剧烈运动后不马上游泳，否则会加重心脏负担，令抵抗力减弱，易引发感冒、咽喉炎等。

（7）女性月经期不游泳，月经期间游泳，易引起感染。

（8）不长时间曝晒游泳，否则会产生晒斑，或引起急性皮炎，亦称日光灼伤。

（9）游泳后不马上进食，游泳后宜休息片刻再进食，否则会突然增加胃肠的负担，久而久之容易引起胃肠道疾病。

（10）游泳时间不宜过长，持续时间一般不应超过 1.5 ～ 2 小时。

（11）高血压患者不游泳，特别是顽固性的高血压，药物难以控制，游泳有诱发中风的潜在危险，应绝对避免。

（12）心脏病患者不游泳，如先天性心脏病、严重冠心病、风湿性瓣膜病、较严重心律失常等患者，对游泳应“敬而远之”。

（13）中耳炎患者不游泳，不论是慢性还是急性中耳炎。

（14）患急性眼结膜炎者不游泳，在该病流行季节即使是健康人也应避免到游泳池内游泳。

（15）某些皮肤病患者不游泳，如各类型的癣、过敏性的皮肤病等，不仅容易诱发荨麻疹、接触皮炎，而且易加重病情。

第二十章　轮　滑

第一节　轮滑运动概述

一、轮滑起源

轮滑运动最早人们称为旱冰运动。从该项目的技术结构和动作轮廓来看，与冰上运动大体相似，两者有着不可分割的亲缘关系。

轮滑运动是一项历史悠久并具有国际性的体育运动。早在 18 世纪初期，荷兰有一位兴趣广泛的滑冰运动员经常在冰面上进行练习，当冰融化了，他便冥思苦想、专心设计了另一种代替滑冰的方法，他用 4 个大的木制线轴，按在一双旧皮鞋上，然后穿着它在地面上进行滑行，这样他就发明了世界上第一双轮滑鞋。

1815 年，当时法国人加尔森为了能在夏天进行溜冰练习，从而创造了轮滑溜冰鞋。1992 年举行的第 25 届奥运会上，轮滑首次被列为表演项目。轮滑运动于 20 世纪 30 年代初期传入我国，1980 年 9 月，我国正式加入国际轮滑协会。1982 年举行了第一次全国轮滑比赛。

二、轮滑运动的特点

由于轮滑运动是脚下支点移动的运动项目，因此对人体的平衡能力要求较高。进行轮滑运动时，人体要保持各种特殊的平衡姿势，以做出各种高速度、高强度、高难度的技术动作。这就要求练习者有良好的肌肉力量和身体的协调性、灵活性。所以，轮滑运动能全面发展人体的各项素质，改善人体的心肺功能，增强各关节的灵活性，同时培养勇敢、顽强的意志品质，果敢的判断力等。轮滑运动是一项将人体协调，灵敏与力量融为一体的趣味性极高的休闲时髦的体育运动，是体育与艺术的有机结合，能使身心得到锻炼，充分享受娱乐和休闲，体验生活乐趣，培养勇敢顽强、勇于奋进的优良品质。

第二节 轮滑运动基本技术

一、基本站立

正确的站立是滑行的基础。一般初学者初次穿上轮滑鞋站起来，会因轮子意外的滑动而难以保持身体平衡。因此首先必须掌握基本的站立方法。

(一)丁字站立法

该方法是前脚丁字步站立，前脚卡住后脚的脚跟，两膝微屈前倾。由于前脚跟卡在后脚两轮之间，轮滑鞋不能滑动，人体站立比较稳定。

(二)八字站立法

两脚尖自然分开，形成自然开角，两脚跟自然靠近。上体稍前倾，两膝自然下垂。重心落在两脚之间可以避免身体前后滑动。(图 20-1)

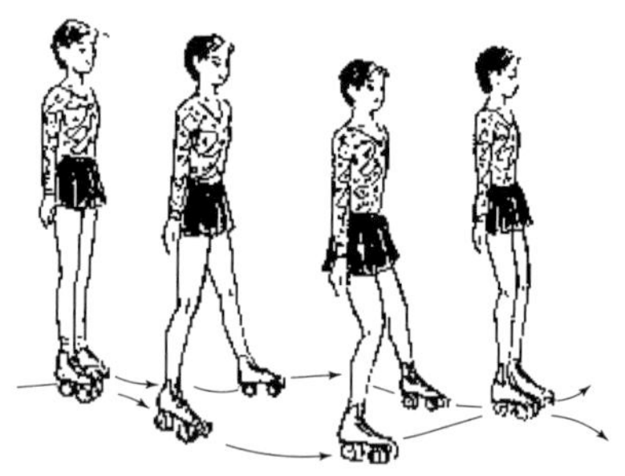

图 20-1 八字站立法

(三)平行站立法

动作要领：两脚分开，比肩稍窄，两脚尖稍内扣，保持两脚并行。膝部微屈，上体稍前倾。重心落在两脚之间，平稳站立。(图 20-2)

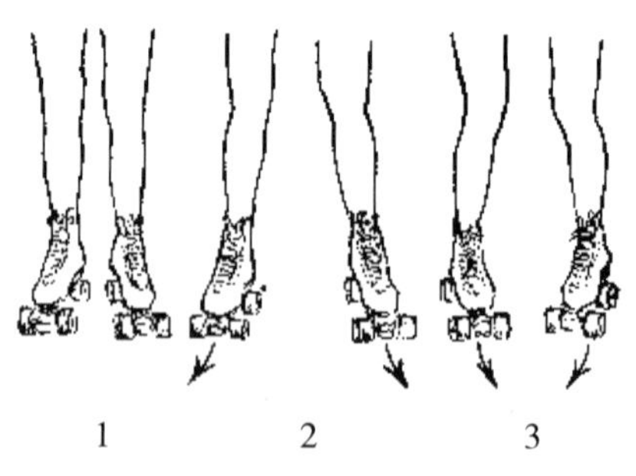

图 20-2 丁字站立法

以上三种基本站立，是初学者必须掌握的。在练习中要注意：两大腿要稍微绷紧点，控制腿的稳定性，不让任何一腿随便滑动。站立时，上体和两臂要保持相对稳定，不能在腰、腿、脚没有准备的情况下乱动。

二、重心

（一）原地移动重心

原地移动重心是在不向前滑动的前提下所做的动作，旨在练习控制重心移动时的稳定性和掌握平衡的能力。

1. 原地左右移动重心

动作要领：在两脚平行站立的基础上，上体向一侧移动，并逐步将身体重心完全移到这一支撑腿上。待平稳后，上体再向另一侧腿上移动，并将身体重心完全移动到该腿上，左右移动重心的练习要反复进行。

2. 原地踏步练习

在八字站立的基础上，重心移到左脚上，另一腿微屈上抬，使脚离地约 5 ～ 10 cm，再落下。重心移动到右脚上，左脚再抬起。

3. 原地蹲起练习

两脚平行站立或八字站立，做向下蹲再起来的动作。开始时可半蹲，逐渐加大蹲的程度，最后做深蹲。开始时可慢慢做，然后再逐渐加快速度。练习时，应保持上体直立，不可向前屈体再直立，而是只做腿的蹲屈动作。注意：在屈伸踝、膝、髋 3 个关节时，应注意动作的协调性，保持重心的垂直升降。

（二）原地支撑移动

1. 原地单腿支撑练习

在双脚平行站立的基础上，将身体重心完全移到一条腿上，然后慢慢将另一条腿抬起，脚稍离地，并停留片刻，支撑腿微屈，重心要平稳地落在支撑腿上。平稳地停留一定时间后，抬起的脚落地，再换另一腿反复练习。（图 20-3）

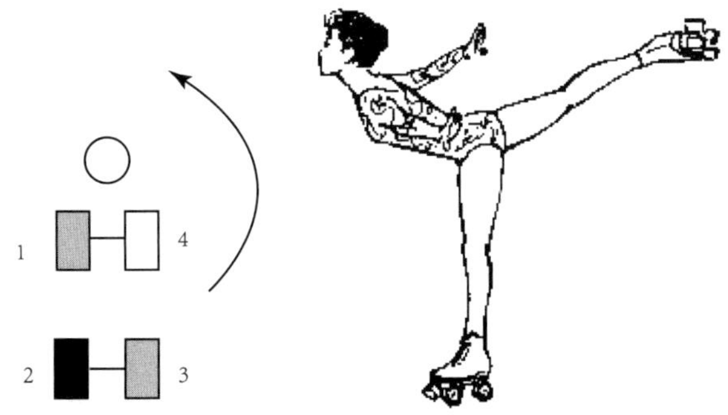

图 20-3 原地单腿支撑练习

2. 两脚原地前后滑动

在两脚平行站立的基础上，做一脚向前、另一脚向后来回滑动动作。两臂前后摆动，像走路一样，同两脚配合。两脚滑动时，应该始终保持平行，重心要始终抬起保持在两脚中间，两腿伸直，由大腿发力做前后滑动动作。这是提高对重心的控制能力

和对滑动的适应能力的练习。（图 20-4）

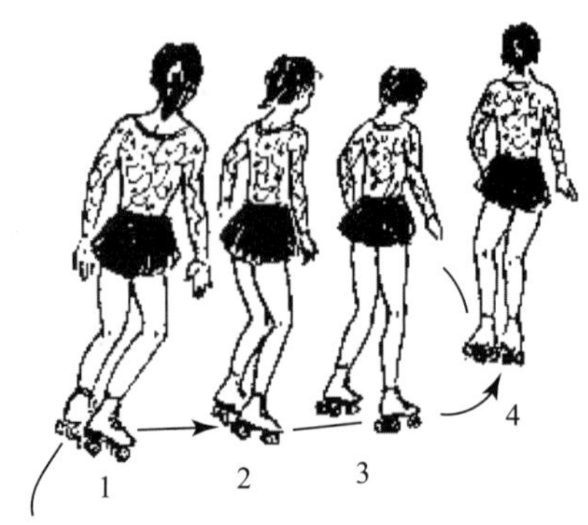

图 20-4 两脚原地前后滑动

4. 原地高抬腿练习

在原地踏步的基础上，每次抬腿逐渐加高，直抬至大腿与地面平行。抬腿时，应该注意身体协调配合，保持重心稳定，防止重心后移，身体后仰。这一练习，应具有初步滑行技术又有一定控制重心的能力时再做。

（三）迈步移动重心

初学者在较好地掌握了原地移动重心的基础上就应进行向前、向左右移动重心的练习。学会正确移动身体重心和迈步是正确滑行的基础。

1. 向内八字走

在丁字步站立或八字步站立的基础上，一脚抬起向前迈出一小步，脚尖稍偏外，呈八字形落地，同时身体重心迅速跟上，待重心完全落于前脚时，后脚抬起再向前迈出，移动身体重心。

2. 横向迈出移动

在平行站立的基础上，一侧脚向同侧迈出一步，身体重心随之迅速跟上，另一侧腿收回，在内侧靠拢着地，并承接体重，然后换腿练习。这是在滑行中横向移动重心的重要基础。

3. 横向交叉步移动

其动作与横向移动基本相同。二者的区别是，横向交叉步移动练习的一侧腿的收回是从支撑腿的上方超过，成交叉步向侧移动重心。（图 20-5）

初学者在学习迈步移动重心时，身体不要直立。因为直立姿势重心高，容易摔倒。正确的姿势应该是力求降低身体重心，上体前倾一些，腿部还要适当蹲屈，这样既可提高身体的平衡性，又有利于掌握动作。

图 20-5 横向交叉步移动

三、滑行

（一）初步向前滑行

初学者在掌握了走步移动身体重心后，就可以开始学习向前的滑行动作。

1. 走步双滑

在学会向前八字走的基础上，每次连续走几步可产生一定的惯性，然后两脚迅速并拢，并由八字变为两脚平行，借助惯性向前滑行，体会身体向前滑的感觉。然后走几步再并拢双脚滑行，力争连续做几次。平行滑行的关键是保持重心在两脚中间。（图20-6）

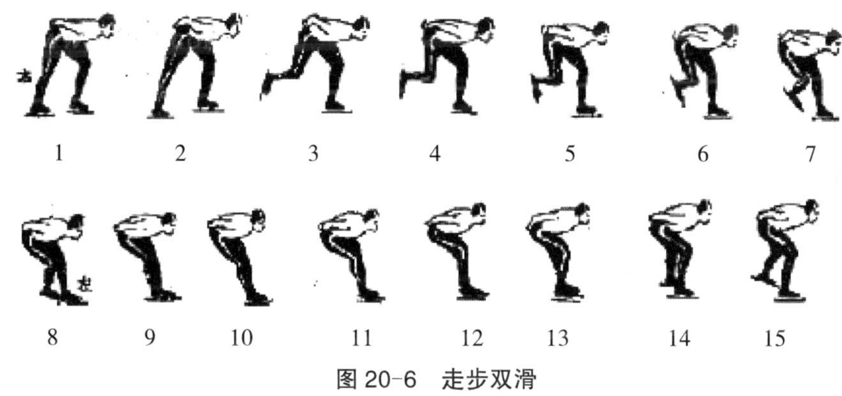

图 20-6 走步双滑

2. 高姿势交替蹬地交替滑行

双脚呈八字步站立，膝、踝微屈，上体直立。开始时，双脚同时向两侧蹬地，使双脚同时开始前滑，重心随之稍向左腿。左腿成支撑腿，右脚再稍多做一点蹬地动作后迅速收回，向左腿靠拢，脚尖稍偏外侧，落地自然形成八字步，同时，重心向右腿上移，左腿开始侧蹬地，蹬地后也迅速收回，脚尖外分落地，再承接重心由右腿蹬地。两脚交替蹬地，即可连续滑行。

3. 低姿势交替蹬地交替滑行

此练习是在上一练习的基础上，用速度轮滑的深蹲基本姿势做。由于该练习的腿弯曲较大，在动作幅度上比以上的练习大，用力时间也较长、较大，所以滑起来较快，可体会速滑的感觉。做此动作时，右脚侧蹬地，重心随之移向左脚，成左腿支撑滑行，右脚蹬地结束后放松收腿，当右脚靠近左腿时，重心开始回移，左腿开始蹬地，右脚落地后成右腿支撑滑行，然后收回左腿。两脚交替蹬地、交替支撑滑行。

4. 交替蹬地接双脚滑行

当初步做到两脚交替蹬地、交替滑行后，可把其与双脚惯性滑行结合起来练习。其方法是交替蹬地 3 ～ 4 步或 5 ～ 6 步，取得一定的前进惯性后，双脚并拢平行，借助惯性向前滑一定距离，然后再交替蹬几步，再惯性滑行，反复练习。

（二）速度滑跑技术

速度轮滑的滑跑技术有直道滑跑技术、弯道滑跑技术、冲刺技术。在这一节中我们简单介绍直道滑跑技术。

1. 直道滑跑技术

（1）单脚蹬地双脚滑行：右脚用内刃蹬地，将重心推送至向前滑行的左腿上，右腿蹬地后迅速与左腿并拢成两脚滑行。接着用左脚蹬地，将重心推送至向前滑行的右腿上，左腿蹬地后迅速与右腿并拢两脚滑行。

（2）单脚蹬地单脚滑行：上体前倾，两臂自然下垂，两脚稍分开，成外“八”字站立，重心移至右脚上，用右脚内刃蹬地，左脚用力向前滑出，随着蹬地动作结束，把重心推送至左腿上，左腿成半蹲支撑惯性滑行，接着向前收右腿，同时左脚蹬地，随左腿蹬地动作结束，把重心推送至成半蹲支撑惯性滑行的右腿上。反复进行。

（3）初步体会直道滑行方法

上体前倾，肩背稍高于臀部，两手互握放于背后或自然摆动，腿部弯曲，上体与地面成 15°～20°角，膝关节成 90°～110°角，踝关节成 50°～70°角。保持这种姿势做单脚蹬地、单脚支撑惯性滑行练习。（图 20-7）

（4）直道滑行的摆臂动作：有力的摆臂是顺着身体纵轴前后加速摆动，当两臂向上摆动时，可增加蹬地腿的蹬地力量。同时，两臂摆动越快，身体重心的移动也越快。所以要提高滑动的频率，就必须减小摆臂的幅度，加快摆臂的频率。（图 20-8）

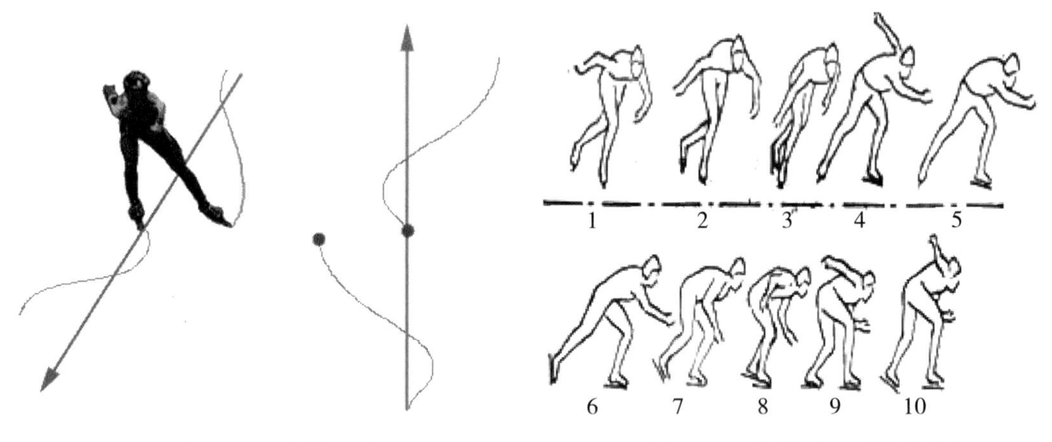

图 20-7　直道滑行　　　　图 20-8　直道滑行的摆臂动作

2. 弯道滑跑技术

初学者在进行简单的直线滑行时，也应进行一些简单的转弯练习。如果直线动作和弯道动作结合练习，相互提高，进步会更快，效果会更好。

（1）走步转弯：在向前做八字走或半走半滑时，若想向左转弯，迈步脚落地时，脚尖都要向左转动一点，身体也随之向左转动一点，逐渐呈弧形的走滑路线。向右转弯时动作相同，但方向相反。

（2）惯性转弯：当向前滑行有了一定速度后，两脚平行稍靠近，如果向左转弯时则左脚略靠前，右脚靠后，重心落在两脚之间前三分之一处。最好是前脚略弓，后腿直。身体重量压在左脚和右脚的左侧轮，利用惯性向左滑一较大弧线。右转时，动作相反。

（3）短步转弯：此练习是在学会慢慢转弯动作的基础上，身体姿势较低，重心完全落在右脚上，甚至超出左脚支点（向左转时），右脚向右侧蹬地后迅速收回，靠近左脚落地做非常短暂的支撑，此时，左脚迅速向左稍转脚尖，右脚再迅速向侧蹬出。连续做此动作即可迅速连续转弯。右转时，动作相反。

3. 速度轮滑的冲刺技术

速度轮滑的冲刺技术是保证运动员在比赛中获得胜利的很重要的部分，特别是在近代的速度溜冰比赛中，运动员水平都比较接近，无论在长距离和短距离的比赛中，运动员几乎都是集中滑跑，只是在最后的几百米、几米时，才决定名次。

（1）速度轮滑的冲刺动作要领：速度轮滑的冲刺一定要果断，要突然启动，使对手反应不过来。长距离滑跑冲刺的距离应长些，应该早一点发起冲刺；短距离滑跑冲刺的距离短一些。长距离的冲刺，一般在离终点 200 ～ 400 m开始；短距离冲刺一般在100 ～ 200 m开始。冲刺的发起时间一定要掌握好，发起冲刺晚，容易失去战机，被对手拉下；发起时间早了，容易被对手赶过。

（2）撞线的动作要领：撞线是速度滑冰运动员接近终点时一种特殊的滑跑动作。接近终点线 3 ～ 4 m处，身体向前倾，一腿猛力伸出，踏过终点线。撞线时一定要改变原来的滑跑节奏。撞线的距离不能过长，一般在 3 ～ 5 m。

（三）滑跑技术练习

1. 直道滑行练习

（1）直线滑跑辅助练习：由滑跑的基本姿势开始，左腿左侧蹬后引收回动作，当左腿收至原位置时，继续前提，右腿向左前侧方迅速蹬直，使左腿落在原位的左前方支撑身体，重心落在左腿上，右腿的大腿带动小腿，收至两腿靠拢时，左腿再迅速向右前侧方蹬直，重心落在右腿上。两腿交替进行，形成陆地的滑步进行动作。

动作要求：收腿时，大腿带动小腿；蹬腿时，重心直接顺势向前侧方支撑腿移动，切忌上下起伏。

动作目的：提高蹬地力量，并改善肌肉的放松能力。

（2）动作协调性练习：在原地侧蹬收回练习的基础之上，加摆臂动作，掌握动作后，加快频率，增加动作的协调性。

动作要求：重心不能起伏，保持平衡。

动作目的：使上下肢配合更合理。

（3）侧向跨步跳练习：原地基本姿势开始，左腿上提至胸前后，向左侧跨步，同时，右脚用内脚掌向左侧上方蹬离地面，重心随之落到左腿上，右腿随之收到胸前，再向右侧跨步，重复练习。

动作要求：重心始终在支撑腿上，初学者跨步幅度要小，随着动作的掌握，可增加步幅和频率。

动作目的：增加腿部力量。

（4）直道滑行陆地模仿方法：为了更好地掌握基本轮滑姿势，首先要做好陆地模仿练习。所有陆地模仿练习都是为滑跑打基础。

原地静蹲：上体前倾、肩稍高于臀，目视前方 6 ～ 7 m处，两脚平行、屈膝，两臂自然下垂能触及地面，重心在两脚之间。两脚平行站立，与肩同宽；身体下蹲。

侧蹬收回：由原地基本姿势开始，一条腿侧蹬，另一条腿按照原来的姿势支撑身体，收回后呈原姿势，再换另一条腿，反复练习。重心交替移动，注意三点一线。养成侧向用力的习惯，同时发展大腿内收肌。

单脚支撑：由原地基本姿势开始，将一条腿后引，另一腿按原姿势支撑身体，收回后引腿呈原姿势，再换另一条腿做。两脚交替进行，注意保持重心稳定。练习单脚支撑的能力，发展腿部力量。

重心移动：由原地侧蹬姿势开始，重心移至侧蹬脚上，使原支撑腿变为侧蹬腿，重心反复移动。支撑腿与头三点一线，上体不要起伏，体会重心平稳移动。

侧蹬后引、收腿：由原地静蹲基本姿势开始，做后蹬、后引、收回练习，脚走的路线呈三角形，注意收腿时大腿带动小腿，不要翻肩。

摆臂练习：初学者往往不知道滑跑时如何摆臂，要求身体呈预备姿势，两臂前后摆动，向前自然弯曲，不能摆过身体中线，后臂伸直。

2. 弯道滑行技术

（1）台阶弯道练习：初学者为了更好地掌握弯道技术，可在台阶由下至上做弯道交叉练习。

动作要求：身体左侧对着台阶，上体稍前倾，两脚微曲。左脚支撑身体向左侧倾倒，右脚向左脚前方摆动，同时左腿向右侧方蹬直。左腿再向上一台阶迈进。大腿带动小腿，身体不要过大起伏。左腿在前时，注意头与左膝、踝的三点一线。右腿在前时，注意头与右膝、踝的三点一线。开始也可以平地练习。

（2）侧倒练习：由基本姿势开始，上体向右侧倾倒，当身体平衡被打破后，重心难以支撑身体时，右脚向右迈出一步，左腿蹬直，身体重心落在右脚上，呈左脚侧蹬姿势，收回左腿，再向左侧做相同动作。

动作要求：身体重心平稳、不起伏，身体始终同时移动。

动作目的：体会重心移动、倾倒，迅速承接体重，克服滑跑时重心移动的恐惧心理。

（3）屈膝走练习：由滑跑的基本姿势开始，一腿向前迈出半步，同时身体重心向前跟上，成弓步单脚支撑，另一腿在体后，大腿与地面基本垂直，小腿与地面基本平行，接着后退的大腿带动小腿前提，经过重心后，继续向前迈半步，重心前移，又移成弓步单脚支撑。两脚交替进行。

动作要求：前弓腿的膝关节尽可能前弓，使脚始终在膝盖垂直面的后面。两肩及髋部始终与地面平行。后腿直接后蹬，脚跟、脚掌、脚尖依次离开地面。后腿前提时，重心仍然落在支撑腿上，继续前送时，脚尖抬起，成前踢的动作。

动作目的：由于此练习身体姿势与滑跑姿势极其相似。因此，用于基础技能训练。

四、急停技术

（一）八字刹

（1）内八字刹：内八字刹车使用于平缓长下坡，由于需要长时间刹车，若使用T字刹，侧脚易酸麻，故宜维持等速，避免加速太快时使用，亦可用于速度较慢式刹车。两脚张开，扳成内八字，两腿弯曲蹲低，身体微向前倾，抬头两眼直视前方。由于脚内八，所以会往内滑，此时两脚用力往外撑，就可以慢慢刹车。需要多练习才能将刹车力道均匀地施于两足。（图 20-9）

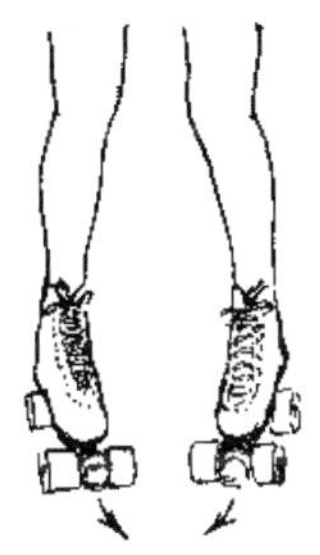

图 20-9 内八字刹

（2）外八字刹：内八字刹是将重心置于后方，外八字刹是置于前方。

（3）后八字刹（行进方向）：身体向前倾斜，脚尖不是向内而是两脚的脚跟向内才对，大腿外侧的肌肉用力向下压。

（二）“T”字刹

双脚成“T”字形状，一只脚在前，一只脚在后面拖，“｜”代表自由足，“—”代表溜冰足，就是以自由足的轮子，取代刹车器的功用。首先单脚前溜，后脚自由足伸直垂直地放在滑行足后面，类似弓箭步，重心完全置于溜冰足上，抬头挺胸收小腹，上身保持正直，后脚与前脚的轮子保持垂直轻轻接触地面，此时仍是前溜，但由于后脚与前进方向垂直，轮子与地面摩擦，慢慢会停下来。（图 20-10）

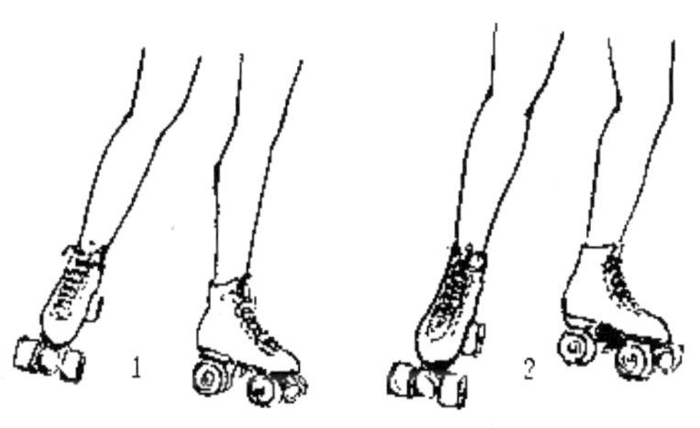

图 20-10 “T”字刹

五、摔跤

学轮滑难免会摔跤，戴好护具学会正确地摔跤，就不会受伤了。摔跤分为向前摔和向后摔。

（1）向前摔的时候，手指要张开，头要抬高，才不会擦破手指和下巴。利用护具接触地面，人向前，像个“大”字。

（2）向后摔的时候，两手像小鸟的翅膀一样向后扑扇，手和屁股同时着地，可不要让屁股先着地了。记住两手向后伸，手指千万不要向前，更不能只用一只手撑地。可以自己学着假装摔摔看。（图 20-11）

图 20-11　向后摔的动作

（3）爬起来时单腿跪地，抬起屁股挺直上身，两手用力压在跪着的膝盖上，一边向下撑膝盖，一边抬起整个身体，双手不要离开膝盖，站起来后，马上变成小鸭子站立或平行站立。教练不要去扶学生，只可以用手扶住学生跪腿的脚踝处来帮助完成。

六、穿戴轮滑鞋注意事项

（一）练习前准备

轮滑练习的运动量大，在没有穿上轮滑鞋之前，应先进行一些像慢跑、各种伸展性和柔韧性练习的准备活动，然后再做以下准备：

（1）选择好适宜的轮滑鞋，穿上的轮滑鞋松紧适合即可，然后带上必要的防护用具。（图 20-12）

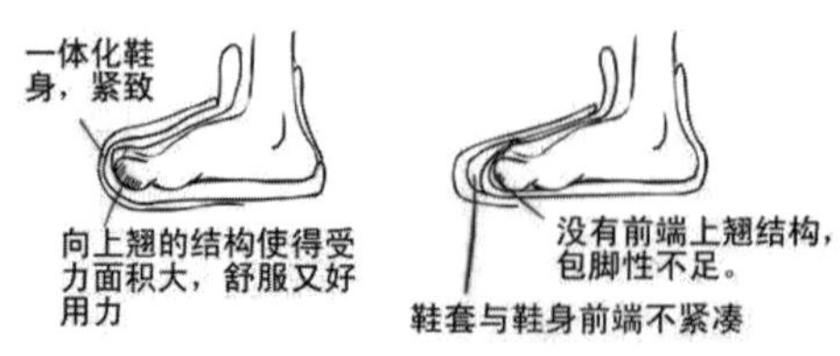

图 20-12　轮滑鞋切面

（2）穿上一只轮滑鞋后，可在地上试一试滑度如何，也可以慢慢地用一只脚蹬地，而后用穿轮滑鞋的另一只脚滑行一段距离。

（3）穿另一只轮滑鞋后，初学者尤其是第一次穿轮滑鞋的人一定要注意，此时最容易摔倒，所以先要蹲稳，然后将身体重心移到两脚之间再慢慢站起来，必要时也可以扶栏杆或在其他人协助下站立。

（二）轮滑口诀

轮滑总诀：滑需团身，弯曲求稳；欲进先侧，斜中求正；先侧后蹬，先蹬后滑。弯道分决：右脚先入，左腿收浮；变位转向，十字交叉；侧斜蹬冰，内紧外松。倒滑分诀：左脚在前，右脚稍后，上体后移，向侧蹬冰；重心向内，三转一夹。

下篇

体育赛事篇

第二十一章　体育竞赛欣赏

体育既是人体文化，又是人本文化。体育竞赛不仅体现了健与美的结合，竞争与协调的融会，同时也展示着体育的精神价值，既突出为国争光、振奋民族精神的激励价值，又发扬竞争精神的竞争价值和宣扬公平、公开、公正精神的道德规范价值。体育竞赛既有观赏价值，又有现实的教育意义。

体育竞赛与一般身体锻炼不同，它的特征就是争胜负、比输赢。这一特征决定了竞赛中双方运动员都全身心地投入，并动员机体发挥最大的机能和充分发挥技术、战术水平去争得胜利，夺取金牌。

但我们往往发现，在竞赛中取得优胜固然受到人们的赞美，可体现于竞赛之中的顽强斗志及高尚风格等优良品质和道德规范同样也为公众所称道。由此可见，竞赛不仅需要夺取优胜和奖杯，还必须追求高尚的情操，它们之间并行不悖，体现了体育竞赛的基本宗旨。

第一节　观赏体育竞赛的意义

一、享受生活乐趣

经常观赏体育竞赛的观众，应该都有这样的体会，体育竞赛除可以享受各种运动美感外，还常被那绚丽多姿的文化氛围和社交环境所感染。这表明，体育竞赛有着无穷的魅力，它有多种因素可以使观众的心理与之同步运动，从而得到满足精神需求的作用。如运动中的腾飞、旋转、冲刺和追逐等，文化中的道德、伦理、风俗、习惯等，艺术中的造型、乐感、旋律、色彩等，人际关系中的交往、和谐、举止、风度等因素。特别是竞技有胜负之分，观众经常受那些不确定的悬念所驱动，总是使自己的情绪处于兴奋中。因此，我们在学习、工作之余，若能通过观赏体育竞赛，体验在日常生活中难以涉及的既复杂又多变的空间感受，无疑将为我们的生活增添无穷的乐趣。

二、领悟人生真谛

按照自然法则，人类生存与发展都是竞争的结果。体育竞赛中的竞争，实质是体力、智力和意志力的较量，它对现实生活的启迪，在于为人们提供实现人生价值应具有的信念、勇气和力量。由于这些极具内涵的精神品质，通常更容易在竞技场上得到最形象化的表现，因而通过观赏体育竞赛，在享受运动美感的同时，若能进一步深刻体会运动员为争取比赛胜利，在激烈竞争中表现出的坚定不移、临危不惧和顽强拼搏等优秀品质，内心情感就会发生变化。而由此产生的激励作用，往往可以使人从逆境中奋起，领悟唯有勇往直前、遇难也永不退缩，才能实现自身价值的人生真谛。

三、品味体育文化

各类体育竞赛发展至今，都有极其深远的历史背景。若就文化内涵而言，它们作为人类智慧的结晶，又集中反映了不同国家、民族的风俗民情和意识观念。比如，极富内向、务实和封闭性色彩的东方体育竞赛，与表现外向竞争和开放性特征的西方体育竞赛，就属于两种风格迥异的体育形式，这需要我们去细细品味。

体育文化的外在表现，则反映在围绕体育竞赛而进行的文化艺术活动中，它包括竞赛期间的文艺演出、绘画展览、火炬接力、新闻报道、电视转播、发行邮票及纪念币等内容。这些活动的开展，使色彩各异的体育文化形式得以在全世界传播。因此通过观赏体育比赛，人们除了可以了解各种人文景观，还能品尝独具风采的文化艺术表演。

四、陶冶道德情操

良好道德情操的形成，受内在和外部两方面因素的影响。作为外部影响因素，体育竞赛所创造的文化环境是以其特有的价值观念、道德意识和审美情趣，在健康、进取、意志、信念等方面，对人的行为施加影响，并为协调人际关系和化解社会矛盾创造有利条件。因此，人们通过观赏体育竞赛，不仅可以体验奥林匹克精神和原则，使自己的行为与社会保持一致性，而且还能从运动员遵守道德、服从裁判、公平竞争等行为表现中，接受道德情操的教育，树立良好的社会风尚。

五、振奋民族精神

凡属重大国际比赛，均规定以国家为参加单位，为了表达对优胜者的崇敬，且有升国旗、奏国歌、颁奖杯、授金牌等礼仪。即使以个人名义参加的大型比赛，运动员也总是代表自己的国家。这表明，尽管世界各国的政治观点和生活方式不同，但凡世界性体育竞赛，都直接关系到国家与民族的尊严和荣誉，它必然对观众的思想、情感、精神和意志产生巨大的影响，并从本国运动员的胜利中，民族自尊心得到满足，自信心不断增强，爱国主义情感更加浓厚。但体育竞赛场上的胜负，毕竟又不能与国家的强盛等同起来，如果过于宣传狭隘的民族主义精神，观众面对失败就容易产生逆反心理，反而会导致行为上的越轨。因此，我们对振奋民族精神的认识，是要从体育竞赛的精神内涵中寻求动力，而决不单纯以胜负论英雄。

第二节　怎样观赏体育竞赛

一、树立正确的审美观点

在漫长的历史长河中，人类相信“美”具有满足憧憬未来的动力。于是承认美的价值，并怀着无限的向往去追求和创造美。体育之所以有如此魅力，即在于它所表现的“体育美”，是以复杂多变的直观形象作用于观赏者的视听器官，进而引起各种平日难以体验的奇特审美观点。

距今几千年的古希腊文化，因受尚武精神的影响，一直是以崇尚“强健的身体”为审美追求，把人体、力量和运动作为判断体育美的标准。但在现代社会中，由于物质、文化水平的提高，伦理道德观念有所变化，人们为追求现代化生活方式，在充分肯定以人体、力量和运动为外在审美对象的同时，还强调把审美的意蕴引向内部，即通过观赏体育竞赛使自己的道德情操、意志品质、审美情趣受到美的熏陶。这就是说根据外观与内涵结合的现代审美观，我们在直感体育美的基础上，还应注意观察运动员的内在表现力、意志力、想象力、创造力和艺术感染力，并坚持摒弃那些有碍健康、伦理、道德及缺乏价值的审美观点。

二、不同体育的审美欣赏

（一）欣赏形体美

美学家认为，人的美感最先产生于对“轮廓”的良好印象。这里说的“轮廓”是指人体的外观形象，亦可简称为形体，它包括人的体型、姿态和风度等内容。体育竞赛作为人体生理性对抗的一种运动方式，通常以空间活动表现人的体型、姿态和风度，故具有复杂多变、造型奇特、动态鲜明等特点。因此，由人体运动姿态、艺术造型和表演风格构成的形体美，离不开对身体匀称、曲线和姿态，当然还有肌肉形态、皮肤色泽、面部表情和气质风度等内容进行评价。特别是那些艺术造型的竞技项目，往往通过超凡的力量、动作技巧和造型艺术，把运动员匀称的肌肉、矫健的身姿、优美的体型雕刻得玲珑剔透，通过极富神韵的表演风格，把运动员的雍容仪态和内在情感展现得淋漓尽致，使观赏者体验到一种朝气和青春活力。

（二）欣赏健康美

健康作为人体生存的基础，对追求和创造美的生活具有重要意义，观赏体育竞赛可以体验健康美。当观众见到运动员体态匀称、肌肉强健、动作敏捷、技艺超群、肌肤滑润等外观形象，就能产生“由表及里”的视觉效果，并把这些体育健康美的感觉印刻在心。如果按“启迪自我”的高标准要求，还可以从自我健康的对比中，接受活泼、欢快、纯洁、开朗和创造热情等健康因素的感染，进一步认识体育锻炼对塑造人体健康所起的作用，由此建立对健康追求的信念，从中获得改善自我健康的勇气和力量。

（三）欣赏运动美

根据体育竞赛的竞技性特点，由动作、技术和战术综合表现的“运动美”，是观赏体育竞赛的核心内容。

“动作”对人体运动的影响至关重要。运动员唯有完成各种动作，才能使人体运动具有实质性内涵。观众对动作美感的体验，主要从身体姿势、动作方向、幅度、力量、速度、节奏、频率的变化和起伏跌宕中获得。

为了提高运动水平，必须寻求合理有效完成动作的方法，于是“战术”又成为体育竞赛的关键因素。而运动员为追求理想的动作模式，在高、难、险、新技术方面所做的努力，又使“技术”更添美的魅力。

由“战术”表现的美感，可在比赛双方战术的选择、应用和变化中得到反映。此时，观众若能注意观察运动员根据各自情况，在合理分配体力、调节力量方面采取的措施，欣赏他们巧施计谋，在比赛中“以柔克刚”“出奇制胜”，就能从更高层次体验美的意蕴。

（四）欣赏行为美

按伦理学观点，体育道德规范是判断体育行为美和丑的标准，其内容包括：对集体、国家的责任心和使命感；同心协力、顽强拼搏的精神；胜不骄、败不馁的道德风尚；遵守纪律、尊重裁判和观众的体育道德原则等。

欣赏体育竞赛中的“行为美”，是针对运动员的行为道德、思想作风而言的。诚然，体育竞赛是取胜为目的的一种运动方式，但如果运动员心怀集体、魂系祖国，且已竭尽全力表现出为国争光和赶超世界水平的坚定信念，即便比赛可能失败，观众也会对他们的执着、勇敢、顽强和拼搏精神持肯定态度。我们常说的“虽败犹荣”，其实正是对高尚体育道德行为的赞美之词。相反，若为取胜而不择手段、投机取巧，或畏强欺弱，甚至采取蛮横等手段，就必须对这种卑劣行为予以谴责。实践证明，观众对“行为美”的正确判断和评价，不仅有助于良好社会风尚的形成，也是对自身文化、教育和审美修养的考验。

第三节　不同运动项目的欣赏

随着竞技体育广泛发展，用于体育竞赛的运动项目也日益增多，它们以其不同的竞赛规则，独有的竞技方式和表现风格，吸引着世界数以亿计的观众，为我们提供了丰富的文化、艺术享受内容。显而易见，要对如此众多的运动项目作全面介绍，实在是件很难的事。但无论是什么形式的运动项目竞赛，都有其共性。在我们欣赏体育的时候，无不为运动员在比赛或表演中动作的美、力量的美、速度的美、战术的运用及运动员们顽强拼搏、团结协作的优良品质所吸引。

一、测量类项目的欣赏

欣赏测量类项目时，由于此类项目的共性是以高度、远度、重量和通过一定距离所需要的时间确定比赛的成绩，因此具有最大限度克服生理障碍、挖掘人体潜能的特点。

二、评分类项目的欣赏

欣赏评分类项目是按一定标准，对完成动作质量进行评分确定比赛成绩的项目，包括竞技体操、艺术体操、竞技健美操、技巧、健美、跳水、花样滑冰、花样游泳等。它们以一连串的动作组合为基本的表现形式，具有空间运动、动静变幻、神形兼备等特点。观赏这类运动项目的比赛，应把动作准确、娴熟、协调、完美放在首位，注意编排结构、艺术造型和完整套路的变化，并从中领悟刚柔相济及蕴含于风姿绰约中的内在魅力。

三、得分类项目的欣赏

得分类项目是根据规则按每局得分达到规定数目确定比赛胜负的项目，包括乒乓球、羽毛球、网球、排球等。由于比赛双方各占场地一方，隔网相对，且根据得失分转换速度较快，具有运动员可在重新发球或接发球间歇中有较充裕时间思考的特点。观众应针对攻、防技术和战术的灵活应用，注意观察运动员的想象力、创造性和心理自制能力。

四、命中类项目的欣赏

命中类项目是以命中目标数确定比赛成绩的项目，包括设防型和无防型两个分类。

（一）设防型项目

在设防型项目中，运动员通常按技术规范和事先布置的战术，在规则的严格控制下参与比赛，具有直接对抗、攻防变换、竞争激烈等特点。为了取得比赛胜利，运动员的个人技术和体力固然重要，但更强调勇敢顽强、集体配合和战术意识，其中包括观察、判断和预测能力。如篮球、足球等项目，具有较强的观赏性。

（二）无防型项目

无防型项目是在无人防守、干扰的情况下，运动员凭借个人技术和体力优势，以命中目标多少计算成绩的项目。具有单兵作战、内紧外松的特点。沉着冷静、耐心细致、意念集中是取胜的关键。如射击、斯诺克台球等。

五、制胜类项目的欣赏

制胜类项目决定成绩的方法比较特殊，它既含命中对方而得分的因素，又可直接制服对手而获胜。譬如在欣赏拳击项目比赛时，运动员是如何利用各种组合拳突然向对方发起进攻，并给予对手致命一击的精彩场面。在欣赏摔跤项目比赛时，主要欣赏在攻防中采用的过胸摔、过背摔、跪撑、搭桥等技巧，以及运动员的个人“绝技”和顽强的意志品质。在欣赏柔道项目比赛时，主要欣赏运动员如何占据在合理位置，使用关节技、绞技、固技和巧劲，摔倒并制服对手的精彩场面。

第二十二章　田径体育赛事及名人

第一节　国际田联概述

一、国际田径联合会概况

国际田径联合会（International Association of Athletic Federation，IAAF），简称国际田联，1912 年在瑞典首都斯德哥尔摩成立，是一个国际性的田径运动的管理组织。国际田径联合会现有协会会员 214 个，分属欧、亚、非、中北美、南美及大洋洲等 6 个地区联合会。国际田联的任务是在世界上开展田径运动，制定国际比赛的章程和规则，解决在田径运动中出现的有争议的问题，与奥运会组委会合作举办田径比赛，确认世界纪录。2019 年 6 月，国际田联在摩纳哥举行的第 217 届理事会上通过了更改名称和会徽的决议，国际田联更名为“世界田径（World Athletics）”，大会同时发布了新的会徽。（图 22-1）

图 22-1　国际田联新会徽

1912 年 7 月 17 日，来自 17 个国家的田径联合会代表在瑞典斯德哥尔摩召开第一次代表大会，标志着国际业余田径联合会（International Amateur Athletics Federation，国际田联前身）成立。其宗旨是保护国际业余田径运动的权益，在各田径协会间建立友好合作关系，反对种族、宗教、政治及其他形式的歧视。1993 年起国际田联将总部设在摩纳哥。1978 年，中国田径运动协会加入国际田联。

二、主要赛事

（一）奥林匹克运动会

奥林匹克运动会是国际奥林匹克委员会主办的世界规模最大的综合性运动会，每四年一届，每届会期不超过 16 日，是世界上影响力最大的综合性体育盛会。

奥运会分为夏季奥林匹克运动会、夏季残疾人奥林匹克运动会、冬季奥林匹克运动会、冬季残疾人奥林匹克运动会、夏季青年奥林匹克运动会、冬季青年奥林匹克运动会、世界夏季特殊奥林匹克运动会、世界冬季特殊奥林匹克运动会、夏季聋人奥林匹克运动会、冬季聋人奥林匹克运动会等。奥运会中，各个国家通过比赛交流各国文化，切磋体育技能，其目的是鼓励人们不断进行体育运动。

奥林匹克运动会发源于2000多年前的古希腊，因举办地在奥林匹亚而得名。古代奥林匹克运动会停办了1500年之后，法国人顾拜旦于19世纪末提出举办现代奥林匹克运动会的倡议。1894年奥委会成立，1896年举办了首届奥运会，1924年举办了首届冬奥会，1960年举办了首届残奥会，1976年举办了首届冬季残奥会，2010年举办了首届青奥会，2012年举办了首届冬青奥会。

（二）世界田径锦标赛

世界田径锦标赛，是国际田径联合会主办的国际性田径赛事。1913年，刚成立不久的国际业余田径联合会决定，奥运会的田径比赛，实际就是承担了田径世锦赛的使命，所以世界顶级的田径运动员，每四年才能“狂欢”一次。这一决定，起效长达50多年，直到20世纪60年代的尾声，不少国家的田协开始呼吁搞专门的田径世锦赛。1976年，在波多黎各举行的国际田联大会上，终于确定，要在奥运会之外，专门举行一个田径的世锦赛。首届时间是1983年，候选城市有两个：西德的斯图加特和芬兰的赫尔辛基。最终，确定了后者，并决定在赫尔辛基奥林匹克体育场举办这届大赛，这一场地正是1952年奥运会的主会场。1976年奥运会的男子50公里竞走被拎出来，成为当年“世界锦标赛”的唯一项目，这只是田径世锦赛的前身。1980年依然有所谓的“世界锦标赛”，仅包含两个女子项目：400 m栏和3000 m。终于到了1983年，真正意义上的田径世锦赛红红火火地办起来了。第一届，只有154个代表队的1300多名选手参赛。逐渐，规模越来越大。刚开始，四年一届，从1991年第三届之后，改为两年一届。除了参赛人数越来越多，项目也越来越完整——1987年增加了女子10000 m和10 km竞走；1993年增加了女子三级跳远；1995年女子5000 m取代了3000 m；1999年增加了女子撑竿跳高和链球，女子20 km竞走取代了10 km竞走；2005年增加了女子3000 m障碍赛。

（三）国际田径联合会世界室内田径锦标赛

国际田径联合会世界室内田径锦标赛（IAAF World Indoor Championships in Athletics）是一项由国际田径联合会举办的国际室内田径赛事，首届于1985年在法国巴黎举行，当时赛事名称为世界室内运动会（World Indoor Games），直至两年后第二届赛事重新命名世界室内田径锦标赛。

世界室内田径锦标赛每两年举行一届，除了2003年及2004年连续举行两届赛事，原因是国际田径联合会将赛事提前一年，这样能够与世界田径锦标赛轮流每隔一年举行。

2017年11月26日晚，国际田联第212届理事会在摩纳哥举行，国际田联主席塞巴斯蒂安·科宣布，中国南京获得2020年世界室内田径锦标赛的举办权。这是中国首次举办世界室内田径锦标赛，也是继2015年北京世界田径锦标赛之后，又一落户中国的国际田径重大赛事。

（四）国际田联钻石联赛

1. 国际田联钻石联赛概况

国际田联钻石联赛（IAAF Diamond League），简称钻石联赛，是国际径联于2010年推出的一项覆盖全球的田径系列赛。该赛事取代原来局限在欧洲的国际田联黄金联赛，季末大奖也从金条改为钻石。钻石联赛共设包括中国上海站在内的14站，设立32个单项，奖金41.6万美元，每个项目年度排名前20位的选手方具备参赛资格，获得冠军和钻戒的运动员还将获得国际田联认定的各单项年度世界排名第一。

2. 钻石联赛的变化

首先，这是在过去每年一度的黄金联赛基础上扩大的，加上国际田联每年举行的超级大奖赛和A级大奖赛，将以前的6站黄金联赛变成14站钻石联赛，地点从过去均在欧洲扩大到亚洲、欧洲和美洲。

其次，比赛项目从黄金联赛的男女共10个项目扩大到男女32个项目，包括男女100 m、200 m、400 m、800 m、1500 m、5000 m、400 m栏、跳高、跳远、撑竿跳、三级跳、铅球、铁饼、标枪和男子110 m栏、女子100 m栏等。由于项目大幅度增加，比赛场次也增加了两倍多，因此将吸引更多运动员参与。应该指出的是，这32个男女项目并非都在每站举行，而是每个项目只在14站比赛中出现7次，具体哪一站举行，国际田联将与赛事主办者进行协商，目的是减少主办者的压力，给运动员选择更多的比赛机会。

再有，比赛规则和计分方法也是全新的。以前只有获得全部6站黄金联赛冠军的运动员才有资格分享百万美元大奖。而钻石联赛没有对运动员参赛获奖次数做出硬性规定，而是通过积分来确定每个项目选手名次。最终获奖的将从黄金联赛最多10人（从未有过）变成铁定的32人，总奖金也从黄金联赛的百万美元增加到钻石联赛的663万美元。其中，前3名选手分别得4分、2分、1分，决赛前3名选手得分加倍，即8分、4分、2分。每个项目积分最高者将获得钻石奖杯和一个4克拉的钻戒，价值8万美元。如果两位选手积分相同，获得冠军次数多者为第一，如果依然相同，那么以总决赛成绩来决定。

另外，获得冠军和钻戒的运动员还将获得国际田联认定的各单项年度世界排名第一，这个非挑战性的荣誉是所有运动员都希望得到的，诱惑力很大。这也是国际田联钻石联赛更具有影响力和号召力的原因之一。而中国上海能够成为钻石联赛其中的一站，也说明了中国田径水平近年来不断提高，影响力加大，因此得到国际田联的高度重视。

第二节　田径赛事项目设置

由国际田联举办的主要的正式田径比赛的项目基本相同。

一、奥林匹克运动会项目设置

田径运动分为田赛、径赛、全能三大类，共计 28 个竞赛项目。

（1）田赛：包括 8 个运动项目，分别是跳高、撑竿跳高、跳远、三级跳远、铅球 、铁饼、链球、标枪。

（2）径赛：又可细分为 7 类、18 个运动项目。短距离跑类，含 100 m短跑、200 m短跑、400 m短跑；中距离跑类，含 800 m赛跑、1500 m赛跑、3000 m赛跑；长距离跑类，含 5000 m跑、10000 m跑、马拉松；跨栏跑类，含 110 m栏（男）、100 m栏（女）、400 m栏；接力跑类，含 4×100 m接力、4×400 m接力；障碍跑类，含 400 m障碍、3000 m障碍；竞走类，含 20 km竞走、50 km竞走。

（3）全能类：包括两个运动项目，分别是男子十项全能、女子七项全能。

二、世界室内田径锦标赛

世界室内田径锦标赛共有 26 个比赛项目，其中男子 13 项，女子 13 项。

（1）男子项目：60 m、400 m、800 m、1500 m、3000 m、60 m跳栏、4 × 400 m接力、跳高、撑竿跳高、跳远、三级跳远及推铅球、七项全能。

（2）女子项目：60 m、400 m、800 m、1500 m、3000 m、60 m跳栏、4 × 400 m接力、跳高、撑竿跳高、跳远、三级跳远及推铅球、五项全能。

三、国际田联钻石联赛

根据国际田联钻石联赛的规则，将设立 32 个单项，包括男子女子 100 m、200 m、400 m、800 m、1500 m、5000 m、400 m栏、3000 m障碍、跳高、跳远、三级跳、撑竿跳、铅球、标枪、铁饼，以及男子 110 m栏和女子 100 m栏。上海站将选择其中 16 项（男女各 8 个项目）进行角逐。每年的项目将轮换举办。仅上海站享有的特殊权益：16 个项目中上海站永久保留男子 110 m栏。

表 22-1 为截至 2021 年 12 月 31 日，世界田径各单项世界纪录。

表 22-1　世界田径各单项世界纪录

性别	项目	成绩	创造者	国籍	时间	地点
男	100 m	9 秒 58	博尔特	牙买加	2009 年 8 月 16 日	柏林
男	200 m	19 秒 19	博尔特	牙买加	2009 年 8 月 16 日	柏林
男	400 m	43 秒 03	范尼凯克	南非	2016 年 8 月 14 日	里约热内卢

续表

性别	项目	成绩	创造者	国籍	时间	地点
男	800 m	1 分 40 秒 91	鲁迪沙	肯尼亚	2012 年 8 月 9 日	伦敦
男	1500 m	3 分 26 秒 00	奎罗伊	摩洛哥	1998 年 7 月 14 日	罗马
男	5000 m	12 分 37 秒 35	贝克勒	埃塞俄比亚	2004 年 5 月 31 日	亨厄洛
男	10000 m	26 分 17 秒 53	贝克勒	埃塞俄比亚	2005 年 8 月 26 日	布鲁塞尔
男	3000 m 障碍	7 分 53 秒 63	沙西恩	卡塔尔	2004 年 9 月 3 日	布鲁塞尔
男	马拉松	2 小时 01 分 40 秒 00	埃鲁德・基普乔格	肯尼亚	2018 年 9 月 16 日	柏林
男	110 m栏	12 秒 80	梅里特	美国	2012 年 9 月 7 日	布鲁塞尔
男	400 m栏	46 秒 78	凯文杨	美国	1992 年 8 月 6 日	巴塞罗那
男	100 m接力	36 秒 84	牙买加队	牙买加队	2012 年 8 月 11 日	伦敦
男	400 m接力	2 分 54 秒 29	美国队	美国队	1993 年 8 月 22 日	斯图加特
男	20 km竞走	1 小时 16 分 36 秒 00	铃木雄介	日本	2015 年 3 月 15 日	石川县
男	50 km竞走	3 小时 32 分 33 秒 00	迪尼兹	法国	2014 年 8 月 15 日	苏黎世
男	跳高	2 米 45	索托马约尔	古巴	1993 年 7 月 27 日	萨拉曼卡
男	撑杆跳高	6 米 16	拉维莱涅	法国	2014 年 2 月 16 日	顿涅斯克
男	跳远	8 米 95	鲍威尔	美国	1991 年 8 月 30 日	东京
男	三级跳远	18 米 29	埃德沃兹	英国	1995 年 8 月 7 日	哥德堡
男	铅球	23 米 12	巴恩斯	美国	1990 年 5 月 20 日	洛杉矶
男	铁饼	74 米 08	舒尔特	民主德国	1986 年 6 月 6 日	新勃兰登堡
男	标枪	98 米 48	泽莱兹尼	捷克斯洛伐克	1996 年 5 月 25 日	耶拿
男	链球	86 米 74	谢迪赫	苏联	1986 年 8 月 30 日	斯图加特
男	十项全能	9045 分	阿什顿・伊顿	美国	2015 年 8 月 29 日	北京
女	100 m	10 秒 49	乔伊娜	美国	1988 年 7 月 16 日	印第安纳波利斯
女	200 m	21 秒 34	乔伊娜	美国	1988 年 9 月 29 日	首尔
女	400 m	47 秒 60	科赫	民主德国	1985 年 10 月 6 日	堪培拉
女	800 m	1 分 53 秒 28	克拉维洛娃	捷克斯洛伐克	1983 年 7 月 26 日	慕尼黑

续表

性别	项目	成绩	创造者	国籍	时间	地点
女	1500 m	3 分 50 秒 07	G.迪巴巴	埃塞俄比亚	2015 年 7 月 17 日	摩洛哥
女	5000 m	14 分 11 秒 15	T.迪巴巴	埃塞俄比亚	2008 年 6 月 6 日	奥斯陆
女	10000 m	29 分 17 秒 45	阿亚娜	埃塞俄比亚	2016 年 8 月 12 日	里约热内卢
女	3000 m 障碍	8 分 52 秒 78	杰贝特	巴林	2016 年 8 月 28 日	巴黎
女	马拉松	2 小时 15 分 25 秒 00	拉德克利夫	英国	2003 年 4 月 13 日	伦敦
女	100 m栏	12 秒 20	哈里森	美国	2016 年 7 月 23 日	伦敦
女	400 m栏	52 秒 34	佩强吉娜	俄罗斯	2003 年 8 月 8 日	图拉
女	100 m接力	40 秒 82	美国队	美国队	2012 年 8 月 10 日	伦敦
女	400 m接力	3 分 15 秒 17	苏联队	苏联队	1988 年 10 月 1 日	汉城
女	20 km竞走	1 小时 24 分 38 秒 00	刘虹	中国	2015 年 6 月 6 日	拉科鲁尼亚
女	跳高	2 米 09	科斯塔迪诺娃	保加利亚	1987 年 8 月 30 日	罗马
女	撑杆跳高	5 米 06	伊辛巴耶娃	俄罗斯	2009 年 8 月 28 日	苏黎世
女	跳远	7 米 52	奇斯佳科娃	苏联	1988 年 6 月 10 日	列宁格勒
女	三级跳远	15 米 50	克拉维茨	乌克兰	1995 年 8 月 10 日	哥德堡
女	铅球	22 米 63	利索夫斯卡娅	法国	1987 年 6 月 7 日	莫斯科
女	铁饼	76 米 80	赖因施	民主德国	1988 年 7 月 9 日	新勃兰登堡
女	标枪	72 米 28	斯波塔科娃	捷克	2008 年 9 月 13 日	斯图加特
女	链球	82 米 98	沃达尔奇克	荷兰	2016 年 8 月 28 日	华沙
女	七项全能	7291 分	乔伊娜・克西	美国	1988 年 9 月 24 日	首尔

第三节　田径运动明星

一、国外名将

(一)杰西・欧文斯

杰西・欧文斯，美国人。他是 1936 年柏林奥运会上的英雄人物，在男子短跑及跳远总共四个项目上夺得 4 枚金牌。风光无限的欧文斯在那届奥运会上盖过了纳粹领导人希特勒的风头。

（二）卡尔·刘易斯

卡尔·刘易斯，出生于美国亚拉巴马州伯明翰，美国田径运动员，主攻 100 m 和跳远，被誉为“杰西·欧文斯第二”。他参加了 1984 年、1988 年、1992 年和 1996 年四届奥运会，在男子短跑及跳远项目上总共夺得 10 枚奖牌，其中包括 9 枚金牌（平奥运会夺金纪录）。同时刘易斯还曾经八夺世界冠军并 8 次刷新世界纪录。

（三）布兰克尔斯·科恩

科恩，出生于荷兰阿姆斯特丹，是荷兰女子田径运动员。她堪称世界田径史上最全面的女选手，在长达 20 年的运动生涯中，曾 15 次创造世界纪录。在第 14 届奥运会上，科恩获得 4 枚金牌并被称为“女欧文斯”。

（四）尤塞恩·博尔特

尤塞恩·博尔特，出生于牙买加特里洛尼。三度获得奥运会 100 m、200 m 和 4×100 m 接力三个项目的冠军（2008 年北京奥运会、2012 年伦敦奥运会和 2016 年里约奥运会），保持着男子 100 m（9.58 s）、200 m（19.19 s）世界纪录。

二、中国名将

（一）朱建华

朱建华，出生于上海市，中国男子跳高运动员，前世界纪录保持者，中国田径奥运历史首枚奖牌获得者。

1973 年，开始接受跳高训练。1983 年 6 月到 1984 年 6 月间，连续三次打破男子跳高世界纪录，将其从 2.36 m 提高到 2.39 m。1983 年 6 月，在第五届全运会预赛中跳出 2.37 m，一举打破世界纪录；同年 9 月，在全运会决赛中以 2.38 m 的成绩打破自己保持的世界纪录。1984 年 6 月 10 日，在西德举行的一场跳高比赛中，将世界纪录再次提高到了 2.39 m，这一成绩也是他职业生涯的最好成绩。1986 年，在汉城第十届亚洲运动会上，以 2.31 m 的成绩获男子跳高冠军。1988 年，宣布退役。

（二）陈跃玲

陈跃玲，出生于辽宁铁岭，自幼喜爱爬山玩耍，练就了良好的身体素质，在中小学期间，酷爱中长跑运动。陈跃玲中学期间开始从事竞走运动。1985 年进入铁岭体育中学并入选辽宁省竞走队，同年代表辽宁队参加全国竞走比赛。她是中国首位田径奥运冠军，获得了 1992 年第 25 届巴塞罗那奥运会女子 10 km 竞走金牌。

（三）王军霞

王军霞，出生于吉林省蛟河市，中国女子田径运动员，中国首位获奥运会长跑金牌的运动员，被誉为“东方神鹿”。

1993 年，王军霞在世界田径锦标赛上获得 10000 m 金牌，同年，在第七届全运会上打破了女子 3000 m 和 10000 m 的世界纪录。1996 年，其获得亚特兰大奥运会上女子

5000 m金牌。2012 年 11 月 24 日，王军霞入选国际田联名人堂。

（四）刘翔

刘翔，出生于上海市普陀区，前中国男子田径 110 m栏运动员，绰号“亚洲飞人”。

刘翔是 110 m栏史上第一位同时集奥运会冠军、世锦赛冠军、世界纪录于一身的选手，同时也是中国全运会史上第一个三连冠田径选手。2006 年，他在瑞士洛桑田径超级大奖赛以 12 秒 88 的成绩，打破了保持 13 年的男子 110 m栏世界纪录，后于 2015 年正式退役。

第二十三章　篮球体育赛事及名人

第一节　国际篮球联合会

国际篮球联合会（International Basketball Federation，FIBA），简称“国际篮联”，原名为国际业余篮球联合会，是一个国际性的篮球运动组织，由世界各国的篮球协会组成，1932年在瑞士的日内瓦成立，总部设于瑞士尼永。初期只有八名会员，包括阿根廷、捷克斯洛伐克、希腊、意大利、拉脱维亚、葡萄牙、罗马尼亚和瑞士，而后发展到有213个会员国家。1989年，国际篮联分为五个地区委员会，专责处理该地区篮球事务，五个地区委员会包括非洲地区委员会、美洲地区委员会、亚洲地区委员会、欧洲地区委员会和大洋洲地区委员会。中国篮球协会于1936年加入国际篮联，1958年退出，1974年恢复在国际篮联的会员资格。国际篮球联合会成功争取在1936年于德国柏林和以后举行的奥运会加入篮球这一个项目，进一步推广篮球。FIBA在1950年首次举行世界男子篮球锦标赛，在1953年亦首次举行世界女子篮球锦标赛。两项比赛都是四年举办一次。在1989年，FIBA准许职业篮球运动员参与奥运篮球赛事，例如一些在美国国家篮球协会（NBA）球队效力的美国球员。

国际篮联设有技术委员会、国际竞赛委员会、法律事务与资格委员会、申诉委员会、财政委员会、医务委员会、残疾人篮球委员会和传播媒介委员会。其下属组织还有世界篮球教练员协会（WABC）、国际轮椅篮球联合会（IWBF）和国际篮球文献与研究中心（ICDRB）。为了发展青少年篮球，国际篮联设有国际小篮球运动委员会，与协会会员一道合作发展这项活动，主席由中央局委员担任。小篮球有自己的章程。小篮球委员会全会每4年召开一次。

国际篮联的主要比赛有奥运会篮球赛（包括选拔赛）、世界杯（原世界锦标赛，男、女，每4年一届）、世界男子青年锦标赛（22岁以下）、世界男女少年锦标赛、大洲锦标赛（每两年一届）、国际篮联杯赛和其他重要比赛。

2022年9月，国际篮联（FIBA）更新了新一期男篮和女篮世界排名，中国男篮排名第27位。中国女篮排名不变，依旧是亚洲第二，世界第七。亚洲第一的是澳大利亚女篮，排名世界第三，日本女篮的排名也没有变化，世界第八，亚洲第三。韩国女篮和中国台北女篮世界排名都提升了一位，她们分别排在亚洲第四和第五。排名世界第一的依旧是美国女篮。男篮和女篮最新世界排名见表 23-1。

表 23-1　男篮和女篮世界排名（2022 年 9 月）

男篮		女篮	
国家	排名	国家	排名
美国	1	美国	1
西班牙	2	西班牙	2
澳大利亚	3	澳大利亚	3
阿根廷	4	加拿大	4
法国	5	比利时	5
塞尔维亚	6	法国	6
斯洛文尼亚	7	中国	7
立陶宛	8	日本	8
希腊	9	土耳其	9
意大利	10	塞尔维亚	10
中国	27		

第二节　篮球运动赛事

国际上的重大篮球竞赛活动除奥林匹克运动会篮球赛和篮球世界杯以外，还有传统的欧洲、亚洲、非洲、南美洲、中美洲、欧美运动会等地区性的篮球赛，以及世界大学生、中学生运动会篮球赛，世界军队和世界俱乐部篮球锦标赛等。

一、奥运会篮球比赛

奥运会篮球比赛，历届参加的办法不断变更，到 1980 年的第 22 届奥运会时，规定为 12 个国家参加，产生这 12 个国家的办法：上届奥运会前 3 名；欧洲预选赛和美洲预选赛的前 3 名；亚洲、非洲和大洋洲各 1 名。分两组进行两个阶段的比赛决定名次。每四年举办一次，设男子比赛和女子比赛。1936 年柏林奥运会上，男子篮球比赛第一次被列为奥运会比赛项目。女子篮球直到 1976 年蒙特利尔奥运会上才被正式纳入。我国第一次参加奥运会篮球赛（男子），是 1936 年 8 月在德国柏林举行的第 11 届奥运会。

在过去的 19 届男子篮球和 11 届女子篮球奥运会比赛中，美国男篮获得了 15 次冠军（苏联获得 2 次冠军，南斯拉夫和阿根廷各获得 1 次冠军）；美国女篮获得 8 次冠军（苏联获得 2 次冠军，独联体获得 1 次冠军）。中国男篮在奥运会比赛中最好成绩是第 8 名；中国女篮在奥运会上最好成绩是银牌。历届奥运会男、女篮球比赛成绩如表 23-2 和表 23-3 所示。

表 23-2 历届奥运会男篮比赛前四名统计表

年份	主办地	金牌	银牌	铜牌	第四名
1936 年	柏林	美国	加拿大	墨西哥	波兰
1948 年	伦敦	美国	法国	巴西	墨西哥
1952 年	赫尔辛基	美国	苏联	乌拉圭	阿根廷
1956 年	墨尔本	美国	苏联	乌拉圭	法国
1960 年	罗马	美国	苏联	巴西	意大利
1964 年	东京	美国	苏联	巴西	波多黎各
1968 年	墨西哥城	美国	南斯拉夫	苏联	巴西
1972 年	慕尼黑	苏联	美国	古巴	意大利
1976 年	蒙特利尔	美国	南斯拉夫	苏联	加拿大
1980 年	莫斯科	南斯拉夫	意大利	苏联	西班牙
1984 年	洛杉矶	美国	西班牙	南斯拉夫	加拿大
1988 年	首尔	苏联	南斯拉夫	美国	澳大利亚
1992 年	巴塞罗那	美国	克罗地亚	立陶宛	独联体
1996 年	亚特兰大	美国	南斯拉夫	立陶宛	澳大利亚
2000 年	悉尼	美国	法国	立陶宛	澳大利亚
2004 年	雅典	阿根廷	意大利	美国	立陶宛
2008 年	北京	美国	西班牙	阿根廷	立陶宛
2012 年	伦敦	美国	西班牙	俄罗斯	阿根廷
2016 年	里约热内卢	美国	塞尔维亚	西班牙	澳大利亚
2020 年	东京	美国	法国	澳大利亚	斯洛文尼亚

表 23-3 历届奥运会女篮比赛前四名统计表

年份	主办地	金牌	银牌	铜牌	第四名
1976 年	蒙特利尔	苏联	美国	保加利亚	波兰
1980 年	莫斯科	苏联	保加利亚	南斯拉夫	匈牙利

续表

年份	主办地	金牌	银牌	铜牌	第四名
1984 年	洛杉矶	美国	韩国	中国	加拿大
1988 年	首尔	美国	南斯拉夫	苏联	澳大利亚
1992 年	巴塞罗那	独联体	中国	美国	古巴
1996 年	亚特兰大	美国	巴西	澳大利亚	乌克兰
2000 年	悉尼	美国	澳大利亚	巴西	韩国
2004 年	雅典	美国	澳大利亚	俄罗斯	巴西
2008 年	北京	美国	澳大利亚	俄罗斯	中国
2012 年	伦敦	美国	法国	澳大利亚	俄罗斯
2016 年	里约热内卢	美国	西班牙	塞尔维亚	法国
2020 年	东京	美国	日本	法国	塞尔维亚

二、篮球世界杯

篮球世界杯的前身是“世界男子篮球锦标赛”，即男篮世锦赛。首届于 1950 年在阿根廷的布宜诺斯艾利斯举办，冠军是阿根廷队，此后每四年举办一届。参加比赛的队数和选拔办法经常变更，如 1986 年的第 10 届锦标赛共有 24 个队参加，1990 年的第 11 届锦标赛只有 16 个队参加；女篮比赛始于 1953 年，1967 年后定为每 4 年举行一届，参赛队数为 14 个。2012 年 1 月 28 日国际篮球联合会宣布男篮世锦赛更名为篮球世界杯。国际篮联篮球世界杯是国际篮球联合会（简称“国际篮联”）主办的世界最高水平的国家队级篮球赛事，每四年举办一次。2012 年 11 月 22 日，FIBA 中央局在吉隆坡宣布了 2017 年之后的大赛安排。原定在 2018 年的篮球世界杯将更改到 2019 年，队伍由原先的 24 支扩军至 32 支，2020 年奥运会的参赛资格将通过 2019 年世界杯和 4 个大区预选赛产生。而且 2019 年篮球世界杯预选赛横跨两年，包括夏季和冬季，分为 A 组和 B 组，采取主客场赛制。

2014 年西班牙篮球世界杯是男篮世锦赛更名为“篮球世界杯”后举办的第一届国际篮联篮球世界杯。2015 年 8 月 7 日，在日本东京举行的国际篮联最高议事机构中央局会议上，投票决定了 2019 年篮球世界杯举办地，国际篮联主席穆拉特瑞宣布赛事在中国举办。2019 年 8 月 31 日—9 月 15 日，2019 国际篮联篮球世界杯的比赛分别在北京、广州、南京、上海、武汉、深圳、佛山、东莞八座城市进行。2023 年 8 月 25 日至 9 月 10 日，2023 年国际篮联篮球世界杯将在印度尼西亚、日本及菲律宾举行。历届篮球世锦赛（世界杯）男女篮冠亚季军见表 23-4 和表 23-5。

表 23-4　历届男篮世锦赛（世界杯）比赛前三名统计表

届次	时间	冠军	亚军	季军
第 1 届	1950 年	阿根廷	美国	智利
第 2 届	1954 年	美国	巴西	菲律宾
第 3 届	1959 年	巴西	美国	智利
第 4 届	1963 年	巴西	南斯拉夫	苏联
第 5 届	1967 年	苏联	南斯拉夫	巴西
第 6 届	1970 年	南斯拉夫	巴西	苏联
第 7 届	1974 年	苏联	南斯拉夫	美国
第 8 届	1978 年	南斯拉夫	苏联	巴西
第 9 届	1982 年	苏联	美国	南斯拉夫
第 10 届	1986 年	美国	苏联	南斯拉夫
第 11 届	1990 年	南斯拉夫	苏联	美国
第 12 届	1994 年	美国	俄罗斯	克罗地亚
第 13 届	1998 年	南斯拉夫	俄罗斯	美国
第 14 届	2002 年	南斯拉夫	阿根廷	德国
第 15 届	2006 年	西班牙	希腊	美国
第 16 届	2010 年	美国	土耳其	立陶宛
第 17 届	2014 年	美国	塞尔维亚	法国
第 18 届	2019 年	西班牙	阿根廷	法国

表 23-5　历届女篮世锦赛（世界杯）比赛前三名统计表

届次	时间	冠军	亚军	季军
第 1 届	1953 年	美国	智利	法国
第 2 届	1957 年	美国	苏联	捷克斯洛伐克
第 3 届	1959 年	苏联	保加利亚	捷克斯洛伐克
第 4 届	1964 年	苏联	捷克斯洛伐克	保加利亚
第 5 届	1967 年	苏联	韩国	捷克斯洛伐克
第 6 届	1971 年	苏联	捷克斯洛伐克	巴西
第 7 届	1975 年	苏联	日本	捷克斯洛伐克

续表

届次	时间	冠军	亚军	季军
第 8 届	1979 年	美国	韩国	加拿大
第 9 届	1983 年	苏联	美国	中国
第 10 届	1986 年	美国	苏联	加拿大
第 11 届	1990 年	美国	南斯拉夫	古巴
第 12 届	1994 年	巴西	中国	美国
第 13 届	1998 年	美国	俄罗斯	澳大利亚
第 14 届	2002 年	美国	俄罗斯	澳大利亚
第 15 届	2006 年	澳大利亚	俄罗斯	美国
第 16 届	2010 年	美国	捷克斯洛伐克	西班牙
第 17 届	2014 年	美国	西班牙	澳大利亚
第 18 届	2018 年	美国	澳大利亚	西班牙

三、美国男子篮球职业联赛

美国男子篮球职业联赛（NBA）是当今世界上最具影响力、水平最高的篮球联赛，无论是竞技水平还是市场运作，都居世界单项体育联盟之首。来自全球各地的球员们都想在NBA的赛场上征战，这对他们来说是一种荣誉。NBA一共有 30 支球队，东部分区和西部分区各有 15 支球队。西部分区被划分为西北赛区、太平洋赛区、西南赛区，每个赛区由五支球队组成；东部分区也划分三大赛区：大西洋赛区、东南赛区、中部赛区，每个赛区也由五支球队组成。一个赛季分为常规赛和季后赛，常规赛每支球队共有 82 场比赛，东西部各 8 支球队进入季后赛。东西部联赛八强进入季后赛争夺。淘汰赛持续到东部和西部分别决出一个冠军，然后来自东部和西部的冠军在决赛中竞争，决出一个总冠军。季后赛和决赛都是 7 场 4 胜。常规赛获胜率较高的球队获得一个主场优势。在NBA历史上出现了很多突出的球队和出色的球员。比如迈克尔・乔丹、科比・布莱恩特及沙奎尔・奥尼尔等。中国球员姚明在NBA舞台上有过突出的表现，其他进入NBA的中国球员还有巴特尔、王治郅、孙悦、易建联等。NBA总冠军（奥布莱恩杯）是每一个NBA球员最向往的荣誉。波士顿凯尔特人队与洛杉矶湖人队并列第一，一共 17 次夺得奥布莱恩杯。另外，芝加哥公牛 6 度封王，圣安东尼奥马刺 5 次折桂，值得一提的是，马刺队的 5 次总冠军全部来自蒂姆・邓肯时代。凯尔特人在 20 世纪 50 年代和 60 年代间建立王朝，领军人物比尔・拉塞尔拿到了 11 次总冠军，队友萨姆・琼斯拿到 10 次总冠军，K. C. 琼斯、汤姆・桑德斯和约翰・哈弗利切克各自拿下 8 次总冠军。吉姆・罗斯科托夫和弗兰克・拉姆塞得到 7 次总冠军，传奇巨星鲍勃・库西得到6次总冠军。在非凯尔特人球员里，罗伯特·霍利握有最多的戒指数，他职业生涯一共得到7次总冠军，紧随其后的是迈克尔·乔丹、斯科蒂·皮蓬和卡里姆·阿布杜尔·贾巴尔，他们均获得过6次总冠军。

NBA除了观赏性之外，带来的是巨大的经济效益。无论电视转播权营销、比赛纪念品或相关商品，NBA赛季商家以各种方式获得巨大利润，也使其成为一个完美的商业体系。NBA已发展成为年收入超70亿美元的巨大体育产业。NBA在美国，已超过职业冰球、棒球、橄榄球排在首位，并通过电视转播传向了全世界160多个国家和地区，成为全世界最热门的体育赛事之一。

四、欧洲篮球联赛

欧洲篮球联赛（Euroleague basketball，EL），简称欧篮，拥有欧洲最高水平的篮球比赛阵营，是欧洲最大规模的跨国职业篮球联赛，也是欧洲最高水平的篮球比赛阵营。欧洲篮球联赛将24支球队分为A、B、C、D四组，每组6支球队进行第一阶段小组赛。每组排名前4名的队伍进入第二阶段小组赛，晋级的16支队伍分为E、F两组，每组8支球队进行比赛。每组前4名球队晋级八强赛。八强赛采取5战3胜制，小组赛胜率高的球队获得多一个主场优势，半决赛、三/四名决赛和决赛均采取一场定胜负。

欧洲篮球联赛在全球有1.076亿粉丝（遍布于全球包括中国、法国、德国、西班牙、俄罗斯、意大利、土耳其、希腊及英国等多个国家地区），在全球202个国家和地区进行电视转播，覆盖多达30种语言。欧冠联赛可以说是仅次于NBA的全球第二大篮球联赛，所有欧洲的高水平球员都聚集于此，为各自的俱乐部争得荣誉。许多不是来自欧洲的球员也经常来此征战。

五、中国男子篮球职业联赛

中国男子篮球职业联赛（Chinese Basketball Association ，CBA），简称中职篮，是由中国篮球协会所主办的跨年度主客场制篮球联赛，中国最高等级的篮球联赛，其中诞生了如姚明、王治郅、易建联、朱芳雨等球星。1995年，中国篮球协会正式推出了甲A联赛。联赛在2005年正式更名为中国男子篮球职业联赛。CBA球队数量共计20支。CBA设立季前赛、常规赛与季后赛，大致举办时间为每年10月至次年4月，CBA总决赛胜出球队获得当赛季CBA总冠军。截至2020—2021赛季，总共有7支球队夺得过总冠军（广东宏远华南虎俱乐部十一次夺冠，八一男子篮球队八次夺冠，北京首钢篮球俱乐部三次夺冠，辽宁沈阳三生飞豹篮球俱乐部、新疆广汇飞虎俱乐部、上海东方大鲨鱼俱乐部、四川金强蓝鲸俱乐部各夺冠一次）。中国的篮球联赛一直吸引着很多人的目光。许多在NBA效力过的球员都来到中国打球，比如马布里、麦迪和威尔斯等人。

六、中国大学生篮球联赛

中国大学生篮球联赛（Chinese University Basketball Association，CUBA），是由中国大学生体育协会主办，教育部官方认可的中国大学生五人制篮球联赛。联赛1996年开始酝酿，1997年建立章程，1998年首届正式推行，男女组分设一级联赛、二级联赛、三级联赛，三个级别每年总计有1600多支队伍参赛，覆盖中国32个省市自治区。CUBA无论从赛事规模、竞赛水平、人才孵化等层面都是中国体育界顶级的业余联赛，联赛不断透过赛事沉淀着中国大学生体育文化氛围。如今的CUBA已经成为全国4000多万大学生心目中的篮球圣殿，每年都有超过10亿人次通过电视、网络收看比赛直播，现场观赛观众也超过了200万人次，其影响力仅次于中国男子篮球职业联赛。

2019年，第22届中国大学生篮球联赛推出全新赛事口号："放胆上场"，创造属于你的荣耀时刻。主张大学生享受篮球，享受挑战，以阳光健康的心态放胆热爱，积极行动，在赛场上拼出实力，不负青春。随着联赛受关注程度的大幅提升，更多学生热爱并参与到篮球运动中，感受篮球运动带来的积极向上的能量，重塑年轻人的运动快乐。CUBA联赛在赛制创新、人才培养、包装运营上不断完善，竞赛水平也随之大幅提升，它是中国篮球人才最重要的输送通道之一，韩德君、曾令旭、刘子秋、郭凯、王洪等诸多球员均从CUBA成功登陆CBA联赛。仅2019年一年总计就有10名CUBA球员成功登陆CBA，数量是历史之最，其中北京大学CUBA球员王少杰更是以选秀状元签被选中，正式成为CBA球员。

七、NBA发展联盟

NBA发展联盟是美国职业篮球联赛的二级联赛，于2001年建立，2017年起，NBA发展联盟正式更名为NBA佳得乐联赛（NBA Gatorade League ，NBA G League），简称NBAG联赛。效力于NBA发展联盟的球员多为参加过NBA选秀或季前赛的球员，NBA的任何球队都可以在发展联盟里选球员进入NBA，也可以将自己队中的球员下放到发展联盟锻炼。2004年11月7日，中国球员巴特尔被发展联盟NBDL的亨茨维尔飞翔队以第三轮第四顺位选中。

中国的孙悦2007年选秀在第40顺位被湖人队挑中，但2008年奥运会之后他才与湖人队签订了一份为期两年的合约，之后湖人队将孙悦下放至NBDL，他在湖人队的附属球队洛杉矶防御者队效力。2012年，易建联完成了加盟达拉斯独行侠下属NBDL球队得克萨斯传奇队后的首演。2015年唐子豪正式加盟NBA发展联盟球队艾奥瓦能量（Iowa Energy）。2017年NBA火箭队将周琦下放到发展联盟附属球队里奥格兰德河谷毒蛇队。

八、美国大学生篮球联赛

美国大学生篮球联赛（NCAA）可以追溯到1939年，已经有约80年的历史，而全球最为著名的篮球赛事美职篮（NBA）则创立于1946年。因此NCAA篮球联赛的历史更为悠久。NCAA篮球联赛分为一级、二级和三级赛事。一级联赛共有300多所学校参加，而著名的“疯狂三月”是一级联赛的淘汰赛部分，即单场淘汰制，有点类似于NBA的季后赛阶段，由于比赛大多在每年三月进行，因此得名“疯狂三月。“疯狂三月”在美国体育赛事里的吸金力和影响力，除了美国人的“春晚”橄榄球超级碗，几乎无人能出其右。在NCAA决赛日当天，NBA都会休战一天，为NCAA让步。

NCAA是NBA重要的人才输送地，每年6月下旬，NBA都会进行选秀，参加选秀的大多是在校大学生，有篮球天赋的大学生从此途径走进自己的职业生涯。这一联赛培养出了许许多多的NBA球星，以发掘大学生篮球潜力为主要目标。其中不乏培养出NBA超级巨星的名校，比如杜克大学、肯塔基大学、加州大学及北卡罗来纳大学等。

第三节 篮球运动明星

一、迈克尔·乔丹

迈克尔·乔丹，美国NBA前职业篮球运动员，司职得分后卫/小前锋，现为夏洛特黄蜂队老板，被称为“空中飞人”。1996年入选NBA五十大巨星。他在篮球职业生涯中创造了不胜枚举的纪录：乔丹职业生涯荣膺10次NBA得分王及5次常规赛MVP，乔丹的职业生涯共14次入选NBA全明星阵容，并3次当选NBA全明星MVP，10次入选NBA最佳阵容一阵，1985年入选NBA最佳阵容二阵，1988年荣膺NBA年度最佳防守球员，3次荣膺NBA抢断王，2次夺得NBA全明星扣篮大赛冠军，并且以2个三连冠获得6次NBA总冠军，1984年及1992年夺得奥运会金牌。在2009年9月正式入选奈·史密斯篮球名人纪念堂，被多数人认为是全世界最伟大的篮球运动员，也是NBA历史上第一位拥有“世纪运动员”称号的巨星。

二、科比·布莱恩特

科比·布莱恩特，美国已故职业篮球运动员，NBA史上最伟大的球员之一，21世纪最伟大的世纪球员，拥有全世界最多的球迷。自1996年起效力于NBA洛杉矶湖人队，司职得分后卫。共获得5次NBA总冠军、1次NBA常规赛MVP、2次NBA总决赛MVP、4次NBA全明星赛MVP、2次NBA赛季得分王；共入选NBA全明星首发阵容18次、NBA最佳阵容15次（其中一阵11次、二阵2次、三阵2次）、NBA最佳防守阵容12次（其中一阵9次、二阵3次），单场得分最高纪录为81分。科比于2007年首次入选美国国家男子篮球队，先后帮助美国队获得了2007年美洲男篮锦标赛金牌、2008年北京奥运会男子篮球金牌和2012年伦敦奥运会男子篮球金牌。2016年4月，科比·布莱恩特正式退役。2020年1月科比因直升机事故遇难。2020年4月，科比入选奈·史密斯篮球名人纪念堂。

三、姚明

姚明，前中国篮球运动员。17 岁入选国家青年队。曾效力于中国篮球职业联赛（CBA）上海大鲨鱼篮球俱乐部和美国国家篮球协会（NBA）休斯敦火箭队，是美国 NBA 及世界篮球巨星，中国篮球史上里程碑式人物。姚明 7 次入选 NBA 全明星阵容，被美国《时代》周刊列入“世界最具影响力 100 人”。被国家体育总局授予“体育运动荣誉奖章”“中国篮球杰出贡献奖”。2011 年，姚明宣布退役。2015 年 2 月担任中国男篮国家队和国奥队顾问。2015 年 3 月，姚明入选美国《财富》杂志评选出的全球 50 位最杰出领袖人物。2015 年获得劳伦斯世界体育奖体育精神奖。2017 年开始任中国篮球协会主席。

四、刘玉栋

刘玉栋，1990 年入选八一男篮，1992 年入选国家队，帮助八一队夺得四次全运会冠军，八次进总决赛拿下七次冠军，CBA 历史上唯一一位单赛季独揽“联赛最有价值球员”“常规赛最有价值球员”和“得分王”三项殊荣的运动员，被评为 CBA 十年最佳球员。在代表国家队出战期间，刘玉栋帮助中国队夺得过四次亚洲男子篮球锦标赛冠军、两次亚运会冠军，并在 1994 年帮助中国队拿到了世界男子篮球锦标赛第八名的历史最好成绩，又在 1996 年帮助中国队首次挺进奥运会八强，不仅是中国男篮“黄金一代”的代表人物之一，还是国内第一位连任两届奥运会旗手的标志性运动员。

第二十四章　排球体育赛事及名人

第一节　排球运动赛事

一、世界排球大赛

（一）世界排球锦标赛

该项比赛是世界上最早、规模最大的一项赛事。1949 年，第一届世界男子排球锦标赛在布拉格举行。1952 年，世界女子排球锦标赛在莫斯科举行。以后每隔 4 年举行一次，与奥运会排球赛穿插进行。截至 2014 年，男排举行了 18 届，女排举行了 17 届。世界锦标赛不受洲际队数限制，各国各地区都可以申请参加，但从 1986 年起，国际排联限定参加世界锦标赛的队数最多不能超过 16 支。参赛队的确定方法是东道国代表队和上届锦标赛的前 7 名为直接参赛队，其余的队自五大洲锦标赛的冠军队（如果洲冠军队已获直接参赛资格，则按名次顺序递补）。另外 3 个名额则在国际排联组织的资格赛中产生。女排仍是 16 个参赛队，其参赛资格也在预赛中产生。

（二）排球世界杯赛

世界杯赛原为欧、亚、美三大洲的排球赛，1984 年，国际排联将此项比赛扩大成世界性比赛，并称其为世界杯赛。1965 年，在华沙举行了第一届男排世界杯赛，1978 年，在蒙得维的亚举行了第一届女排世界杯赛。以后每隔 4 年举行一次。经国际排联批准，从 1977 年开始，举办的地点固定在日本。世界杯赛的参赛队最多不超过 12 支，一般由东道国代表队及各洲锦标赛的前两名构成。

（三）奥运会排球赛、沙滩排球赛、残奥会坐式排球赛

1964 年在日本东京举行的第 8 届奥运会上，排球比赛被正式列为奥运会比赛项目。奥运会排球赛的参赛队一般男子为 12 ～ 16 支队，女子为 8 ～ 12 支队、具备参赛资格的是东道国队、上一届奥运冠军队、上一届世界杯冠军队和五大洲锦标赛的冠军队。在 1996 年亚特兰大第 26 届奥运会上沙滩排球被列为正式比赛项目，男、女各 24 支队

参加比赛，每队两名运动员，每个协会最多两个队（男、女各一个队）。1980 年在莫斯科举行的第 6 届残奥会上，男子坐式排球第一次成为正式比赛项目；2004 年在雅典举行的第 12 届残奥会，首次将女子坐式排球列为正式比赛项目，中国队夺得冠军。

（四）世界男排联赛和世界女排大奖赛

这两项比赛都是国际排联举办的商业性大赛。世界男排联赛始于 1990 年，以后每年举行一次，该项比赛采用主客场制。世界女排大奖赛始于 1998 年，以后也是每年举行一次，该项比赛采用巡回赛的方法进行。以上两种比赛商业色彩很浓，所以凡申请参赛的队，都要通过国际排联规定的“专门硬件”资格的审查：其一，申请报名参赛队的主场所在地必须具备能容纳 5000 人以上观众的体育馆，而且场地内必须具备新闻通讯设施。其二，主场所在地必须具有能通过卫星向世界转播和向全国转播的电视台，并能保证每天提供有关比赛的电视节目，同时还必须保证能向国际排联提供每场比赛的录像。其三，主场所在地必须设有国际机场，或是仅距国际机场两小时以内路程的地方。除此之外，申报参赛队还必须向国际排联交纳 50 万美金的报名费。因此，这两项比赛每年的参赛资格及参赛队数的多少，都是赛前由国际排联组织专门机构进行研究后商定的。

（五）世界沙滩排球锦标（巡回）赛

世界沙滩排球锦标（巡回）赛始于 1989 年，最初称为沙滩排球大奖赛，首届比赛分 4 站在巴西、意大利、日本和美国进行。1997 年改为世界沙滩排球锦标（巡回）赛。该项比赛一般分为 8 ～ 12 站（根据参赛人数多少而定），最多可以有 40 对选手获得参赛资格，最后有 24 名选手进入排名榜。若报名选手超过 40 对，就要先进行资格赛。选手报名时，要同时选定比赛站数，只有打满 4 ～ 5 站以上的选手才可参加排名。名次的排列根据赛后总得分的顺序，达到规定的积分即可参加下一年度的比赛而不用参加资格赛。沙滩排球锦标（巡回）赛是每年沙滩排球的常规赛事。

（六）世界青年排球锦标赛

第一届世界青年排球锦标赛始于 1977 年，在巴西的里约热内卢举行。最初每 4 年举行一次，以后改为每两年举行一次。世界青年排球锦标赛规定，参赛队年龄不能超过 20 岁。参赛队一般由东道国代表队、上届冠军队和各洲青年锦标赛的前 2 ～ 3 名构成。

（七）世界少年排球锦标赛

世界少年排球锦标赛始于 1989 年，第一届世界少年男排锦标赛在阿联酋举行，女排在巴西举行，以后每两年举行一次。该项比赛规定，参赛队员年龄不得超过 18 岁。

二、国内大型排球比赛

（一）全国运动会排球赛

1959 年，在北京举办了第一届全国运动会排球赛，至今已举办过多届，是我国最重要的排球赛事。

（二）中国大学生排球联赛

中国大学生排球联赛（CUVA）是由中国大学生体育协会批准，中国大学生体育协会排球分会主办，参赛高校承办，特步（中国）有限公司等企业协办，北京中体联合体育文化发展有限公司独家推广运营，为在校大学生提供排球交流的赛事平台。

（三）中国排球联赛（主客场制）

自1996年开始，中国排球联赛截至2021年已举办25届，是我国影响最大、水平最高的排球赛事，2017—2018赛季更名为中国排球超级联赛。参加比赛的运动队为各个省市俱乐部的顶级球队。

（四）全国排球锦标赛

由中国排球协会主办，自1980年开始，每年举办一次，是参赛选手最多、规模最大的赛事之一，水平仅次于全国排球超级联赛。

第二节　中国男女排赛事成绩

一、中国男排主要成绩

随着1954年国际排球联合会正式承认并接纳中国排球协会为正式会员，中国男排参加世界大赛的序幕也随之拉开。1956年的第三届世界男排锦标赛是中国男排参加的第一次世界大赛，中国男排首次参加世界大赛便表现不俗，在参赛的24支球队中最终获得第九名。

中国男排真正的崛起始于1977年男排世界杯，在该届世界杯上，中国队力压巴西、美国等世界强队，并最终获得第五名。中国男排被国人所熟知是源于“团结起来，振兴中华”的口号。中国女排缔造的女排精神众人皆知，而“振兴中华”这4个字并非来自中国女排，而是来自40年前的中国男排。1981年男排世界杯预选赛，中国队反败为胜战胜韩国队，从而进军该届世界杯。消息传到北京，北大学子喊起“团结起来，振兴中华”的时代最强音。随后，该口号传遍大江南北，为我国20世纪80年代的改革开放事业注入强大的号召力。（表24-1）

表24-1　中国男排各项世界大赛成绩表现

时间	地点	赛事	排名
1981年	东京	世界杯	第五名
1982年	布宜诺斯艾利斯	世锦赛	第七名
1984年	洛杉矶	奥运会	第八名

续表

时间	地点	赛事	排名
1997 年	多哈	亚锦赛	第一名
1999 年	德黑兰	亚锦赛	第一名
2008 年	北京	奥运会	第五名

二、中国女排主要成绩

中国女排是一支具有光荣历史的队伍，20 世纪 80 年代袁伟民教练带领中国女排创造辉煌的“五连冠”：1981 年和 1985 年世界杯冠军；1982 年和 1986 年世界锦标赛冠军；1984 年奥运会冠军。90 年代，中国女排曾一度陷入低谷，各项世界大赛中都未能问鼎冠军，但也在 1994 年和 1998 年世界锦标赛、1991 年世界杯、1996 年奥运会上 4 次获得亚军。中国女排以技术全面、快速多变、攻防平衡的特点立足于世界强队之列。2001 年，中国女排在陈忠和教练的带领下，逐步走出低谷，在 2001 年世界大冠军杯赛上获得冠军，时隔 15 年后再次获得世界冠军。而后中国女排一路披荆斩棘，又分别获得 2003 年第九届世界杯冠军，2004 年雅典奥运会冠军，2008 年北京奥运会季军的优异成绩。随着黄金一代的相继退役，中国女排成绩又出现了一定的起伏，直到郎平教练接任教鞭后，中国女排姑娘再次焕发青春，分别在 2015 年女排世界杯及 2016 年里约奥运会问鼎世界冠军。（表 24-2）

表 24-2　中国女排世界大赛夺冠成绩一览

时间	地点	赛事	成绩
1981 年	东京	世界杯	冠军
1982 年	秘鲁利马	世锦赛	冠军
1984 年	洛杉矶	奥运会	冠军
1985 年	东京	世界杯	冠军
1986 年	捷克普拉哈	世锦赛	冠军
2003 年	东京	世界杯	冠军
2004 年	雅典	奥运会	冠军
2015 年	东京	世界杯	冠军
2016 年	里约热内卢	奥运会	冠军
2019 年	东京	世界杯	冠军

第三节 排球运动名人

一、国外排球名人

（一）威廉 · G. 摩根

威廉 · G. 摩根，美国马萨诸塞州霍利沃克城基督教青年会干事。1895 年，摩根萌生了一个大胆的想法：创造一种游戏，而这种游戏必须避免像篮球那样的肢体接触。为此，摩根在篮球场上架起了网球网，以篮球胆为球，让人们像打网球一样用手隔网来回托传球，由于篮球胆太轻，在空中飘忽不定，玩起来很不方便，于是他联合司堡尔丁体育用品公司定制了外表为皮制、内装橡皮球胆的球。经试验，此球效果非常理想，这就是第一代排球的雏形，排球这项运动也正式诞生了。1896 年，摩根制定了世界上第一个排球竞赛规则，同年，春田专科学校举行了首次排球表演赛，这也是世界上最早的排球赛。

（二）大松博文

大松博文，日本香川县人。东方排球界的传奇人物，在当时世界排球推崇攻势打法的时候，强调防守制胜，采用大强度、高密度的"魔鬼训练法"，结合新创的勾手发飘球、双手垫击、滚翻防守、小抡臂扣球等新技术，将一群工厂普通女工训练成东洋魔女，使日本女排先后在 1962 年世界杯排球赛和 1964 年奥运会排球赛中获冠军，并创造了排球运动史上连胜 175 场的奇迹。1964 年 10 月，在日本举行的第十八届奥运会上，排球被列为正式比赛项目。在大松博文的带领下，日本夺得了奥运会女排赛的第一枚金牌。

二、中国排球名人

（一）袁伟民

袁伟民，1939 年 7 月出生于江苏苏州，前中国排球运动员，曾任中国女排主教练、国家体育总局局长。1974 年宣布退役后，袁伟民出任国家女子排球队主教练，指挥中国女排，分别于 1981、1982 和 1984 年取得第 3 届世界杯女子排球赛、第 9 届世界女子排球锦标赛、第 23 届洛杉矶奥运会女子排球比赛冠军，使中国女排在世界排坛上首次取得"三连冠"的历史性突破。在第三届世界杯女子排球赛上袁伟民获最佳教练员奖。1984 年起，袁伟民历任国家体委副主任、全国体总副主席、中国奥委会副主席、国家体育总局局长、中国奥委会主席、中国排协主席、中国奥委会反兴奋剂委员会主任。2004 年 12 月，65 岁的袁伟民从国家体育总局局长的位置上退休。2007 年 10 月 13 日，袁伟民被美国的排球名人堂授予优秀教练员奖，成为第二个被选入排球名人堂的中国人。

（二）郎平

郎平，著名女子排球运动员、教练员。运动员时期凭借强劲而精确的扣杀而赢得“铁榔头”绰号。郎平与美国名将弗罗拉·海曼、古巴名将米雷亚·路易斯并称为20世纪80年代世界女排“三大主攻手”。女排五连冠功勋成员，1982年荣膺世界女子排球锦标赛“MVP”。1996年获得国际排联颁发的“世界最佳教练”。2002年10月，正式入选排球名人堂，成为亚洲排球运动员中获此殊荣的第一人。2013年4月25日，被任命为中国女排国家队主教练。2015年2月1日，获2014 CCTV体坛风云人物最佳教练奖，2月14日，荣膺感动中国2015年度人物。2015年率领中国女排夺得女排世界杯冠军。2016年率队赢得里约奥运会冠军，荣获2016中国十佳劳伦斯冠军奖最佳教练员奖。2017年1月15日，获得2016 CCTV体坛风云人物年度最佳教练奖。2019年9月率队夺得2019年女排世界杯冠军。

第二十五章　足球体育赛事及名人

第一节　足球运动赛事

一、国际足联

国际足联，是由比利时、法国、丹麦、西班牙、瑞典、荷兰和瑞士倡议，于 1904 年 5 月 21 日在法国巴黎成立。现有协会会员 209 个。国际足联是国际单项体育联合会总会成员。国际足联下设欧洲，亚洲，非洲，中北美和加勒比地区，南美洲，大洋洲 6 个地区性组织。“亚洲球王”李惠堂是在世界足坛获得最高职务者的中国人，20 世纪 60 年代，他曾当选为国际足联副主席。（表 25-1）

表 25-1　历届国际足联主席

界别	姓名	国籍	任期
1	罗伯特·格林	法国	1904 年 5 月—1906 年 6 月
2	丹尼尔·伯雷·伍尔福尔	英国	1906 年 6 月—1918 年 10 月
3	米尔斯·雷米特	法国	1921 年 4 月—1954 年 6 月
4	威廉·塞尔德拉耶	比利时	1954 年 7 月—1955 年 10 月
5	亚瑟·德鲁里	英国	1956 年 6 月—1961 年 3 月
6	斯坦利·劳斯	英国	1961 年 6 月—1974 年 6 月
7	若奥·阿维兰热	巴西	1974 年 6 月—1998 年 6 月
8	布拉特	瑞士	1998 年 6 月—2015 年 6 月
9	詹尼·因凡蒂诺	瑞士	2016 年 2 月起

二、国际赛事

（一）世界杯

国际足联世界杯，简称世界杯，是由国际足联统一领导和组织的世界性的足球比赛。每届比赛从预赛到决赛前后历时 4 年，它是世界上规模最大、影响最大、水平最高的国家队足球比赛，与奥运会、F1 锦标赛并称为世界三大顶级赛事。夺冠次数最多的为巴西国家足球队，共夺得五次世界杯冠军。

（二）欧洲杯

欧洲足球锦标赛，简称欧洲杯或欧锦赛，是一项由欧洲足联成员国参加的最高级别国家级足球赛事，于 1960 年举行第一届，其后每四年举行一届，是与世界杯齐名的国家队国际赛事，奖金高于世界杯，仅次于欧洲冠军联赛，是国家队层面上的奖金最高赛事。夺冠次数最多的为德国国家足球队和西班牙国家足球队，分别夺得三次欧洲杯冠军。

（三）美洲杯

美洲杯足球赛，简称美洲杯，诞生于 1916 年，是全世界历史最悠久的足球赛，比赛由南美足协主办，开始时每年举办一次，1927 年后不定期举行，到 1959 年改为每 4 年举办一次。至 2020 年，美洲杯比赛共举行过 46 次。历史上成绩最好的是乌拉圭队，共获得 15 次美洲杯冠军；其次是阿根廷队，14 次夺冠。

（四）亚洲杯

亚洲杯足球赛，简称亚洲杯，由亚洲足球联合会举办的亚洲地区最高级别的国家队赛事，每四年举办一届。亚洲杯是除了美洲杯以外历史最悠久的洲际国家队比赛，诞生于 1956 年。

（五）奥运会足球赛

1986 年第 1 届奥运会至 1908 年第 4 届奥运会，足球比赛是表演项目，1912 年第 5 届奥运会起，足球被列为正式比赛项目。1993 年开始，参加奥运会足球比赛的运动员年龄限制在 23 岁以下，每队允许有 3 名超龄球员。

（六）国际足联 U20 世界杯

国际足联 U20 世界杯，简称世青赛或世青杯，是国际足联所举行的国际 20 岁以下男子青年足球锦标赛。比赛每两年举办一届，首届比赛举办时间为 1977 年。

（七）国际足联 U-17 世界杯

国际足联 17 岁以下青年足球锦标赛，又名国际足联 U-17 世界杯。单数年举行，简称世少赛，是由 17 岁以下国家队参加的男子足球锦标赛。首届赛事于 1985 年在中国举行，由洲际少年比赛选出 24 个优秀球队参赛，每两年举行一届。

三、国内赛事

中国足球甲级联赛始于1957年，前两年参加甲级联赛的都有12个队。1959年因举办第一届全国运动会，甲级联赛取消（举办了全国足球锦标赛）。1960—1963年参加全国甲级联赛的多达29至39个队，1964—1966年则都为12队（1966年没能赛完）。1978年起恢复了甲级联赛，每年一届，春季开始角逐，年末结束，由16支球队组成。比赛采用双循环（分阶段）集中比赛赛制，按积分依次排列席位，排名最后的4个队降为乙级队，同时乙级前4名晋升甲级行列。1983年召开第5届全运会，当年甲级联赛分南、北两区，采用主客场双循环赛制，且没有实行升降级。1984年我国举办了首届足协杯赛，当年甲级联赛的升降级是获得足协杯赛前16名的队伍保留甲级席位，第17至24名的队参加次年的乙级联赛。

1994年，中国足球甲A联赛正式开幕，拉开了中国足球职业化改革的新篇章。中国足球真正开始有了职业性质的联赛。

2006年4月，为进一步完善中国足球产业的市场化进程，中国足球协会与所有中超联赛参赛俱乐部共同出资成立了中超联赛有限责任公司（简称中超公司）。中国足球协会超级联赛，由中国足球协会组织，简称为中超联赛。

第二节　足球运动奖项

一、世界足球先生

国际足联世界足球先生，是国际足联对在该年度有突出表现的球员所颁发的一个奖项，该奖项面向的范围是全世界男子足球运动员。

国际足联世界足球先生的前身是国际足球联合会与国际足球历史和统计联合会联合举办的世界最佳球员。1991年，国际足联开始独立举办，并将原有奖项合并后更名为世界足球先生。2010年，国际足联将世界足球先生与《法国足球》杂志创办的金球奖合并为国际足球联合会金球奖。奖项合并后共产生六届，2016年9月，国际足联宣布世界足球先生与金球奖取消合并，各奖项开始独立颁发。（表25-2）

表25-2　历届世界足球先生

年份	球员	国籍
世界足球先生（2016—2021）		
2021	莱万多夫斯基	波　兰
2020	莱万多夫斯基	波　兰

续表

年份	球员	国籍
2019	梅　西	阿根廷
2018	莫德里奇	克罗地亚
2017	C. 罗纳尔多	葡萄牙
2016	C. 罗纳尔多	葡萄牙
世界足球先生与金球奖并称国际足联金球奖（2010—2015）		
2015	梅　西	阿根廷
2014	C. 罗纳尔多	葡萄牙
2013	C. 罗纳尔多	葡萄牙
2012	梅　西	阿根廷
2011	梅　西	阿根廷
2010	梅　西	阿根廷
世界足球先生（1991—2009）		
2009	梅　西	阿根廷
2008	C. 罗纳尔多	葡萄牙
2007	卡　卡	巴　西
2006	卡纳瓦罗	意大利
2005	罗纳尔迪尼奥	巴　西
2004	罗纳尔迪尼奥	巴　西
2003	齐达内	法　国
2002	罗纳尔多	巴　西
2001	菲　戈	葡萄牙
2000	齐达内	法　国
1999	里瓦尔多	巴　西
1998	齐达内	法　国
1997	罗纳尔多	巴　西
1996	罗纳尔多	巴　西

续表

年份	球员	国籍
1995	维　阿	利比里亚
1994	罗马里奥	巴　西
1993	罗伯特·巴乔	意大利
1992	范巴斯滕	荷　兰
1991	马特乌斯	德　国

二、金球奖

金球奖是由法国《队报》旗下杂志《法国足球》自 1956 年起举办的授予每年度最优秀的欧洲足球运动员的奖项，也是世界足坛上最负盛名、影响力最大的足球奖项评选之一。金球奖 1994 年之前评选对象限定为拥有欧洲国籍的球员；1995 年开始，评选对象放宽为效力欧洲足球协会联盟成员国所属的足球俱乐部的球员；2007 年开始，评选范围扩展为全球所有职业足球运动员，故 2007 年前的金球奖获得者也常被称为欧洲足球先生。（表 25-3）

表 25-3　历届金球奖得主

年份	球员	国家
金球奖（2016—2021）		
2021	梅　西	阿根廷
2020	未评选	
2019	梅　西	阿根廷
2018	莫德里奇	克罗地亚
2017	C. 罗纳尔多	葡萄牙
2016	C. 罗纳尔多	葡萄牙
世界足球先生与金球奖合并称国际足联金球奖（2010—2015）		
2015	梅　西	阿根廷
2014	C. 罗纳尔多	葡萄牙
2013	C. 罗纳尔多	葡萄牙
2012	梅　西	阿根廷
2011	梅　西	阿根廷

续表

年份	球员	国家
2010	梅　西	阿根廷
金球奖（1956—2009）		
2009	梅　西	阿根廷
2008	C. 罗纳尔多	葡萄牙
2007	卡　卡	巴　西
2006	卡纳瓦罗	意大利
2005	罗纳尔迪尼奥	巴　西
2004	舍甫琴科	乌克兰
2003	内德维德	捷　克
2002	罗纳尔多	巴　西
2001	欧　文	英格兰
2000	菲　戈	葡萄牙
1999	里瓦尔多	巴　西
1998	齐达内	法　国
1997	罗纳尔多	巴　西
1996	萨默尔	德　国
1995	维　阿	利比里亚
1994	斯托伊奇科夫	保加利亚
1993	罗伯特・巴乔	意大利
1992	范巴斯滕	荷　兰
1991	帕　潘	法　国
1990	马特乌斯	德　国
1989	范巴斯滕	荷　兰
1988	范巴斯滕	荷　兰
1987	古利特	荷　兰
1986	比拉洛夫	苏　联

续表

年份	球员	国家
1985	普拉蒂尼	法　国
1984	普拉蒂尼	法　国
1983	普拉蒂尼	法　国
1982	罗　西	意大利
1981	鲁梅尼格	德　国
1980	鲁梅尼格	德　国

三、亚洲足球先生

亚洲足球先生，是亚洲足球联合会自 1984 年开始，对在该年度有突出表现的亚洲足球运动员所颁发的一个奖项。（表 25-4）

表 25-4　历届亚洲足球先生

年份	球员	国家
2020	未评选	
2019	阿克拉姆·阿菲夫	卡塔尔
2018	阿卜杜勒卡里姆·哈桑	卡塔尔
2017	奥马尔·赫里宾	叙利亚
2016	奥马尔	阿联酋
2015	艾哈迈德·哈利勒·塞瓦·杰奈比	阿联酋
2014	沙姆拉尼	沙特阿拉伯
2013	郑　智	中　国
2012	李根镐	韩　国
2011	塞维尔·杰帕罗夫	乌兹别克斯坦
2010	萨沙·奥格内诺夫斯基	澳大利亚
2009	远藤保仁	日　本
2008	塞维尔·杰帕罗夫	乌兹别克斯坦
2007	亚瑟尔·卡赫塔尼	沙特阿拉伯

续表

年份	球员	国家
2006	卡尔范·易卜拉欣	卡塔尔
2005	哈马德·阿尔·蒙塔沙里	沙特阿拉伯
2004	阿里·卡利米	伊　朗
2003	梅赫迪·马达维基亚	伊　朗
2002	小野伸二	日　本
2001	范志毅	中　国
2000	纳瓦夫·蒂姆亚特	沙特阿拉伯
1999	阿里·代伊	伊　朗
1998	中田英寿	日　本
1997	中田英寿	日　本
1996	霍达德·阿齐兹	伊　朗
1995	井原正巳	日　本
1994	赛义德·奥维兰	沙特阿拉伯
1993	三浦知良	日　本
1992	三浦知良	日　本
1991	金铸成	韩　国
1990	金铸成	韩　国
1989	金铸成	韩　国
1988	艾哈迈德·拉迪	伊拉克
1987	艾哈迈德·拉迪	伊拉克
1986	李泰镐	韩　国
1985	崔淳镐	韩　国
1984	马吉德	沙特阿拉伯

四、历届世界杯成绩

表 25-5 历届世界杯成绩

届数	年份	举办地	参赛球队数	冠军	亚军	季军
12	1982	西班牙	24	意大利	联邦德国	波 兰
13	1986	墨西哥	24	阿根廷	联邦德国	法 国
14	1990	意大利	24	联邦德国	阿根廷	意大利
15	1994	美 国	24	巴 西	意大利	瑞 典
16	1998	法 国	32	法 国	巴 西	克罗地亚
17	2002	韩国、日本	32	巴 西	德 国	土耳其
18	2006	德 国	32	意大利	法 国	德 国
19	2010	南 非	32	西班牙	荷 兰	德 国
20	2014	巴 西	32	德 国	阿根廷	荷 兰
21	2018	俄罗斯	32	法 国	克罗地亚	比利时

第三节 足球运动名人

一、贝利

德松·阿兰特斯·多·纳西门托，又名贝利，出生于巴西特雷斯科拉松伊斯，巴西著名足球运动员，司职前锋，曾被国际足联誉为“球王”。1980年，贝利被法国《队报》联合多家报社评为“20世纪最佳运动员”，1999年被国际奥委会评为“20世纪最佳运动员之一”，2000年获首届劳伦斯终身成就奖，2001年被国际足联评为“20世纪最佳球员之一”。同年《法国足球》组织30位金球奖得主将其选为最佳球员，亦被《时代》周刊列入20世纪最具影响力的100个人物。2012年，贝利被金足奖官方授予“史上最佳球员”称号。2013年，获得首届荣誉金球奖。

二、马拉多纳

迭戈·阿曼多·马拉多纳，出生于阿根廷布宜诺斯艾利斯，阿根廷足球运动员，司职中前场。1979年获足球世青赛冠军，1986年获世界杯冠军和金球奖。1986年世界杯上演“上帝之手”和“世纪进球”成为永恒的经典。2001年被评为“20世纪最佳球员”，被认为是20世纪最伟大的足球运动员。

三、约翰·克鲁伊夫

约翰·克鲁伊夫，出生于荷兰阿姆斯特丹，荷兰足球运动员，司职前腰、中锋，技术全面、擅于组织、视野开阔，创造了“全攻全守”足球战术体系。曾3次荣获“欧洲足球先生”，2007年4月，荣膺劳伦斯终身成就奖，2011年入选FIFA名人堂，2016年荣获劳伦斯体育精神奖。

四、李惠堂

李惠堂出生于中国香港，中国近代体育史上著名的足球运动员，司职前锋，被称为“亚洲球王”。

五、年维泗

年维泗，出生于北京，中国足球运动员、教练员。1963年到1986年，在23年中先后5次出任中国国家队主教练。1988年4月出任中国足协主席。2009年，获“光耀60年”最具影响力新中国体育人物奖，被称为“中国足球教父”。

六、孙雯

孙雯，1973年出生于上海，中国职业女子足球运动员，场上司职前锋，曾效力于上海SVA女足俱乐部和美国女足大联盟（WUSA）的亚特兰大撞击队。1985年，孙雯开始球员生涯。1990年入选中国国家女子足球队，并成为1999年女子世界杯足球赛上的最佳射手，获金球奖和金靴奖。其顽强的作风和拼搏的精神被誉为“铿锵玫瑰”。2000年12月，孙雯和美国老将阿克斯同享“世纪足球小姐”的殊荣。2003年10月，孙雯退役。2019年8月，当选中国足协副主席。

第二十六章　乒乓球赛事及名人

第一节　乒乓球主要赛事

一、中国队参与的乒乓球主要国际赛事

（一）奥运会乒乓球比赛

奥林匹克运动会（简称奥运会）是国际奥林匹克委员会主办的包含多种体育运动项目的国际性运动会，每四年举行一次，夏季举行。其中的乒乓球项目设有男单、女单、男团、女团。2020 年东京奥运会增设了混双项目。

（二）世界乒乓球锦标赛

国际乒乓球联合会主办的世界乒乓球锦标赛，任何会员协会均可派运动员参加，是世界上较大规模的乒乓球赛事，世乒赛共设有 7 个正式比赛项目，每一项目都设有专门奖杯，并来自不同的国度，各项奖杯都是以捐赠者的姓名或国名命名的，每四年举办一次。

（三）乒乓球世界杯赛

乒乓球世界杯赛，是国际乒联主办的世界性高水平乒乓球比赛。分男子单打、女子单打和男子团体、女子团体 4 个项目，分别在不同年份进行，每两年举办一次。乒乓球世界杯、世界乒乓球锦标赛与奥运会并称为“乒乓球运动的三大赛事”。

（四）世界青年乒乓球锦标赛

由国际乒联主办，比赛设男单、女单、男双、女双、混双、男团、女团 7 个比赛项目。从 2003 年开始举办，一年一次。

（五）亚洲运动会乒乓球比赛

这是由亚洲运动联合会举办的亚洲地区最大的综合性运动会。亚运会的比赛项目主要为奥运会项目，但不像奥运会那样有太严格的规定。

（六）亚洲杯乒乓球锦标赛

这是由参加亚乒联盟的亚洲各国家、地区各委员协会的乒乓球选手参加的锦标赛。其比赛项目与世界锦标赛一致。从1972年至今每两年举行一届。

（七）世界乒乓球职业大联盟（WTT）系列赛事

世界乒乓球职业大联盟是由国际乒联于2019年8月创立，成立使命是对目前国际乒联赛事进行升级与改革，以商业和赛事为核心，以提升乒乓球运动职业化与商业化，鼓励更多人参与乒乓球运动，从而提高乒乓球在全球的影响力。其全年赛事包括大满贯赛和WTT系列赛。

1. 大满贯赛

大满贯赛代替了之前的国际乒联职业巡回赛。大满贯赛每年举办4站，只设有单打比赛，正赛共有男女各64位选手参加。选手参赛资格是世界排名前58（或前50+8名资格赛选手），3个东道主名额，3个外卡邀请名额。

2. WTT世界杯赛

WTT世界杯赛是国际乒联年度赛事的收官战，每年举办2站（男女分开举办）。WTT世界杯赛在目前世界杯单打上新增了双打项目，正赛共有男女各16名选手参加单打比赛（东道主1个名额），共有男女各8对组合参加双打比赛（东道主1个名额）。

3. WTT冠军赛

冠军赛属于WTT一等级赛事，每年举办8站，每站比赛为期6天。WTT冠军赛只设有单打比赛，正赛共有男女各32位选手参加，选手参赛资格是世界排名前28，2个东道主名额，2个外卡邀请名额。

4. WTT球星挑战赛

球星挑战赛属于WTT二等级赛事，每年举办6站，每站比赛为期7～8天，比赛分为资格赛（2～3天）和正赛（5天）。WTT球星挑战赛设有男女单打、男女双打和混双共5个项目。球星挑战赛正赛共有男女各48位选手参加，参赛资格是世界排名前31，1个东道主名额，16个资格赛名额；共有男双女双混双各16对组合参加，参赛资格是世界排名前7，1个东道主名额，8个资格赛名额。

5. WTT普通挑战赛

普通挑战赛属于WTT三等级赛事，每年举办14站，每站比赛为期6～7天，包括2～3天资格赛（单打及双打）和4天正赛，共设有5个比赛项目，分别是男女单打（各32名选手）、男女双打（各16对组合）和混双（8对组合）。

二、乒乓球国内主要赛事

（1）全国运动会乒乓球比赛：全国运动会乒乓球比赛简称“全运会乒乓球比赛”，是全国规模的乒乓球比赛，以省、市、自治区和中国人民解放军为竞赛单位，比赛项目为男女团体和5个单项，共计7项比赛。

（2）全国乒乓球锦标赛：全国乒乓球锦标赛是中国国家体育运动委员会和中国乒乓球协会联合举办的全国规模的比赛，每年举行一次，是我国历史最悠久、规模最大、竞技水平最高且最具影响力的乒乓球正规传统赛事。素有“小世锦赛”之称。以省、市、自治区和中国人民解放军为竞赛单位。全国乒乓球锦标赛设男、女团体和男单、女单、男双、女双、混双共 7 项比赛。

（3）全国青年运动会乒乓球比赛：中华人民共和国青年运动会，简称“全国青年运动会”。它是由国家体育总局主办的全国综合性体育运动会，每四年举办一届，其前身是“中华人民共和国城市运动会”，其中包括乒乓球项目。

（4）中国乒乓球俱乐部超级联赛：有超级联赛、甲级联赛、乙级联赛。其中超级联赛是由中国乒乓球协会与中央电视台联合主办的精品赛事，每年举行一届，比赛项目有男子团体、女子团体，在国内外有较大影响力。

（5）全民健身系列赛事：非专业乒乓球运动员参与的比赛。

此外还有针对不同人群的国家级赛事，如各类学生群体、行业协会等。

第二节　中国乒乓球战绩

自容国团 1959 年赢得第一个世界冠军至今，中国乒乓球队四十多年来为祖国夺取了 124.5 个世界冠军。

一、中国乒乓球队的奥运金牌数

截至 2021 年，中国乒乓球队参加奥运会共获得了 32 枚金牌。（表 26-1）

表 26-1　奥运会乒乓球赛中国队金牌表（从 2000 年起）

项目 时间	男单冠军	女单冠军	男双冠军	女双冠军	男子团体冠军	女子团体冠军	混合双打冠军
2000 年悉尼奥运会	孔令辉	王楠	王励勤/闫森	王楠/李菊			
2004 年雅典奥运会		张怡宁	马琳/陈玘	王楠/张怡宁			
2008 年北京奥运会	马琳	张怡宁			马琳、王皓、王励勤	张怡宁、王楠、郭跃	
2012 年伦敦奥运会	张继科	李晓霞			张继科、王皓、马龙	李晓霞、丁宁、郭跃	

续表

项目 时间	男单冠军	女单冠军	男双冠军	女双冠军	男子团体冠军	女子团体冠军	混合双打冠军
2016 年里约热内卢奥运会	马龙	丁宁			张继科、马龙、许昕	李晓霞、丁宁、刘诗雯	
2021 年东京奥运会	马龙	陈梦			马龙/许昕/樊振东	陈梦/孙颖莎/王曼昱	

注：2008 年后原来的男双和女双取消，取而代之的是男子团体和女子团体，2021 年东京奥运会新增混合双打。

二、中国乒乓球队的世界杯乒乓球赛冠军数

中国乒乓球队共获得了 10 枚男子单打金牌、10 枚女子单打金牌、10 枚男子团体金牌、11 枚女子团体金牌。（表 26-2、26-3）

表 26-2　历届世界杯乒乓球单项比赛中国队冠军榜

时间	男子单打冠军	女子单打冠军
2010 年	王皓	郭焱
2011 年	张继科	丁宁
2012 年	马龙	刘诗雯
2013 年	许昕	刘诗雯
2014 年	张继科	丁宁
2015 年	马龙	刘诗雯
2016 年	樊振东	
2017 年		朱雨玲
2018 年	樊振东	丁宁
2019 年	樊振东	刘诗雯
2020 年	樊振东	陈梦

表 26-3　历届世界杯乒乓球团体赛中国队金牌表

时间	男子团体冠军	女子团体冠军
1990 年		邓亚萍/乔红/高军/陈子荷
1991 年	马文革/王涛/王浩/张雷/谢超杰	邓亚萍/乔红/刘伟/陈子荷

续表

时间	男子团体冠军	女子团体冠军
1994 年	刘国梁/丁松/林志刚/王浩/秦志戬	
1995 年		杨影/乔红/刘伟/乔云萍/邓亚萍
2007 年	马琳/王皓/王励勤/陈玘	张怡宁/郭跃/李晓霞/王楠
2009 年	马龙/张继科/许昕/邱贻可	郭跃/李晓霞/刘诗雯/丁宁
2010 年	马龙/王皓/张继科/许昕/郝帅	郭跃/李晓霞/郭焱/刘诗雯/丁宁
2011 年	马龙/王皓/许昕/马琳/王励勤	郭跃/李晓霞/郭焱/丁宁/范瑛
2013 年	张继科/马龙/许昕/王皓/王励勤	李晓霞/丁宁/刘诗雯/常晨晨/武杨
2015 年	张继科/马龙/许昕/樊振东/方博	李晓霞/丁宁/刘诗雯/朱雨玲/陈梦
2018 年	马龙/樊振东/许昕/林高远/于子洋	丁宁/刘诗雯/朱雨玲/陈幸同/王曼昱
2019 年	马龙/樊振东/许昕/林高远/梁靖崑	丁宁/刘诗雯/孙颖莎/陈梦/王曼昱

三、中国乒乓球队乒乓球世界锦标赛金牌数

表 26-4 乒乓球世锦赛中国队金牌榜（从 2000 年起）

时间	男子团体	女子团体	男子单打	女子单打	男子双打	女子双打	混合双打
2000 年		王楠/李菊/孙晋/王辉/张怡宁					
2001 年	孔令辉/刘国梁/刘国正/王励勤/马琳	王楠/李菊/孙晋/杨影/张怡宁	王励勤	王楠	王励勤/闫森	王楠/李菊	秦志戟/杨影
2003 年				王楠	王励勤/闫森	王楠/张怡宁	王楠/马琳
2004 年	孔令辉/刘国梁/刘国正/王励勤/马琳/王皓	王楠/李菊/张怡宁/牛剑锋/郭跃					
2005 年			王励勤	张怡宁	孔令辉/王皓	王楠/张怡宁	王励勤/郭跃

续表

时间	男子团体	女子团体	男子单打	女子单打	男子双打	女子双打	混合双打
2006 年	王励勤/马琳/王皓/陈玘/马龙	王楠/张怡宁/郭跃/郭焱/李晓霞					
2007 年			王励勤	郭跃	马琳/陈玘	王楠/张怡宁	王励勤/郭跃
2008 年	王励勤/马琳/王皓/陈玘/马龙	王楠/张怡宁/郭跃/郭焱/李晓霞					
2009 年			王皓	张怡宁	陈玘/王皓	郭跃/李晓霞	李平/曹臻
2010 年	马琳/王皓/马龙/张继科/许昕						
2011 年			张继科	丁宁	马龙/许昕	郭跃/李晓霞	张超/曹臻
2012 年	马琳/王皓/马龙/张继科/许昕	郭跃/郭焱/李晓霞/丁宁/刘诗雯					
2013 年			张继科	李晓霞	陈建安/庄智渊（中华台北）	郭跃/李晓霞	
2014 年	王皓/马龙/张继科/许昕/樊振东	李晓霞/丁宁/刘诗雯/陈梦/朱雨玲					
2015 年			马龙	丁宁	张继科/许昕	刘诗雯/朱雨玲	许昕/梁夏银（韩国）
2016 年	马龙/张继科/许昕/樊振东/方博	李晓霞/丁宁/刘诗雯/陈梦/朱雨玲					

续表

时间	男子团体	女子团体	男子单打	女子单打	男子双打	女子双打	混合双打
2017 年			马龙	丁宁	许昕/樊振东	丁宁/刘诗雯	
2018 年	马龙/许昕/樊振东/林高远/王楚钦	丁宁/刘诗雯/朱雨玲/陈梦/王曼昱					
2019 年			马龙	刘诗雯	马龙/王楚钦	王曼昱/孙颖莎	许昕/刘诗雯
2021 年			樊振东	王曼昱		王曼昱/孙颖莎	王楚钦/孙颖莎

第三节　乒乓球运动名人

中国的乒乓球运动发展水平极高，涌现出了许多优秀的运动员，正是一代又一代中国乒乓球运动员奋勇拼搏，才使得中国乒乓球在世界乒坛屹立常青。由于数量较多，本书选取两名特别有代表性的人物及“大满贯”获得者进行介绍。

一、中国乒乓球名人

（一）代表性人物

1. 容国团

容国团，1937 年生于中国香港。1957 年 2 月，他参加香港埠际乒乓球赛，一举获得男子团体、男子双打和男子单打三项冠军。出于对祖国的强烈感情，同年 11 月，他从香港返回内地，进入广州体育学院学习。1959 年，他在联邦德国多特蒙德举行的第 25 届世界乒乓球锦标赛上夺得男单冠军，为新中国夺得世界体育比赛中的第一个世界冠军。1961 年，第 26 届世界乒乓球锦标赛，包括容国团在内的中国队以 5:3 击败日本队，首获男团世界冠军。1964 年后担任中国乒乓球女队教练，带队获得第 28 届世界乒乓球锦标赛女子团体冠军。容国团为中国乒乓球称雄世界做出了杰出贡献。其格言“人生能有几回搏，此时不搏，更待何时”成为中国广大体育健儿的座右铭。

2. 庄则栋

庄则栋，江苏扬州人，他是“乒乓外交”的关键人物，是中美两国关系破冰的先驱。庄则栋自幼喜爱乒乓球运动，14 岁加入北京市少年宫业余体校乒乓球小组。1957 年，入选北京市乒乓球队，同年参加全国比赛。1959 年，入选中国青年乒乓球队。庄则栋曾获得第26—28届世乒赛男子单打冠军，是20世纪六七十年代中国男子乒乓球队主力队员之一。1971年4月，在日本名古屋参加第31届世乒赛期间，冒着风险，结交美国运动员Glenn Cowan，打开了中美两国友好的大门，开启乒乓外交。曾任国家体委主任，中共十届中央委员，第三、四届全国人大代表。1999年入选国际乒联名人堂。

（二）乒乓球大满贯获得者

乒乓球大满贯得主是对夺得过奥运会、世乒赛和世界杯三大赛单打冠军运动员的美称，1992年以来乒坛先后涌现出10名男女大满贯，分别是瓦尔德内尔（瑞典）、邓亚萍、刘国梁、孔令辉、王楠、张怡宁、张继科、李晓霞、丁宁、马龙。这10位中的9位都是中国选手。

1. 邓亚萍

邓亚萍，1973年出生于河南郑州，原中国女子乒乓球队运动员，奥运冠军，乒乓球大满贯得主。邓亚萍从两岁多开始接触乒乓球，5岁起跟随父亲学打乒乓球。1988年，邓亚萍正式进入国家队。1989年，年仅16岁的邓亚萍首次参加世乒赛就夺得女双冠军。1992年，巴塞罗那奥运会，邓亚萍作为中国队的绝对主力，夺得女子单、双打两枚金牌。1996年，亚特兰大奥运会上，邓亚萍复制了四年前的奇迹，她成为中国奥运历史上第一个夺得四枚奥运金牌的人。邓亚萍在14年的运动生涯中，共拿到18个世界冠军，她在乒坛排名连续8年保持世界第一，是乒乓球史上排名“世界第一”时间最长的女运动员。2003年，邓亚萍入选国际乒联名人堂。

2. 刘国梁

刘国梁，1976年出生于河南新乡封丘县，奥运冠军，原中国乒乓球队著名运动员，曾任中国乒乓球队总教练，现任中国乒乓球协会主席、世界乒乓球职业大联盟理事会主席、WTT世界乒联首任董事会主席、国际乒联第一副主席。1982年开始学习乒乓球，1989年入选国家青年队，1991年破格入选国家乒乓球队。刘国梁是中国第一位世乒赛、世界杯和奥运会男单“大满贯”得主，多次获得男子单打冠军，并和孔令辉一起获得男子双打冠军，与邬娜一起获得过混合双打冠军，作为主力队员多次与队友一起获得男子团体冠军，得到过乒乓球运动员所能拿到的所有冠军。此外，他还是首位在正式比赛中采取直拍横打技术并取得成功的乒乓球手。2003年，刘国梁正式退役，随后担任中国乒乓球男队主教练。2005年入选国际乒联名人堂。2013年，正式担任中国乒乓球队总教练。2017年6月任中国乒乓球协会副主席，不再担任国家乒乓球队总教练职务；9月，刘国梁担任中国乒乓球协会换届领导小组组长，同年12月，当选新一届中国乒乓球协会主席。2022年，刘国梁当选WTT世界乒联首任董事会主席、国际乒联第一副主席。

3.孔令辉

孔令辉，黑龙江省哈尔滨人，有“乒乓王子”之称。受到乒乓球运动员的父亲影响，孔令辉6岁开始学习乒乓球，12岁入选国家队。孔令辉以其横拍快攻结合欧洲横拍进攻型打法，开始了他作为运动员的璀璨生涯，在历年国际乒联公布的世界男单排名中位居前列，是世乒赛、世界杯和奥运会乒乓球男子单打“大满贯”得主。2006 年正式宣布退役，任中国女子乒乓球队教练。2011 年入选国际乒联名人堂。2013 年正式担任中国女子乒乓球队主教练，2017 年连任国家女子乒乓球队主教练。

4.王楠

王楠，辽宁抚顺人。7 岁开始打球，1989 年进入辽宁省队，1993 年入选国家队。2000 年悉尼奥运会单打、双打冠军。2003 年入选国际乒联名人堂。2006 年世乒赛夺得女团冠军后，王楠以 19 个冠军头衔超越邓亚萍，成为中国夺得世界冠军最多的乒乓球选手。2008 年北京奥运会单打亚军、团体冠军，随后退役。王楠在退役前获得的世界冠军已达到 24 个。

5.张怡宁

张怡宁，1981 年 10 月生于北京。6 岁时开始打球，1991 年进入北京队，1993 年进入国家队。2000 年，在第 45 届世乒赛上获得女团冠军与女单亚军。2001 年获得第 46 届世乒赛女团冠军，同年还拿下世界杯女单冠军和九运会女团冠军。 2004 年，张怡宁在雅典奥运会上与王楠合作获得女子双打冠军，并夺得女单冠军。2005 年，夺得第 48 届世乒赛女单冠军，实现了个人世锦赛、奥运会和世界杯的大满贯，同年入选国际乒联名人堂。2006 年德国世乒赛，张怡宁率领中国队第 16 次捧起考比伦杯。2008 年北京奥运会上，张怡宁与郭跃、王楠合作夺得女团冠军，随后在女单决赛中击败王楠成功卫冕，四年后再度夺得双料冠军。张怡宁在三大赛中一共获得了 19 个世界冠军，超越了前辈邓亚萍。2011 年 3 月 31 日，张怡宁正式对外宣布退役。缘于她实力强劲，是中国女乒史上的又一个传奇，由于她在国内外赛场上的出色表现，所以被人称为“大魔王”。

6.张继科

张继科，1988 年生于山东青岛。2000 年进入山东鲁能乒乓球队，2003 年进入国家队。2010 年张继科在广州与搭档王皓夺得亚运会乒乓球双打冠军。2011 年 5 月，在世乒赛男单决赛中击败王皓，赢得职业生涯首个世乒赛男单冠军。2011 年 11 月乒乓球男子世界杯赛，获得职业生涯首度加冕世界杯赛冠军。2012 年世界乒乓球团体锦标赛冠军。2012 年伦敦奥运会获得乒乓球男单金牌和乒乓球男子团体赛冠军。2013 年世乒赛成功卫冕，同年入选国际乒联名人堂。2014 年 10 月，韩国仁川亚运会乒乓球男双决赛中，和马龙夺取男子双打冠军，连续第二届亚运会拿到男双金牌。2016 年 8 月，张继科获得里约奥运会乒乓球男单亚军，同年 12 月，张继科荣获 2016 中国十佳劳伦斯冠军奖最受欢迎男运动员奖。2017 年 1 月，张继科荣获《2016 中国运动员影响指数排行榜》第一名。

7.李晓霞

李晓霞，1988 年生于辽宁省鞍山市。1998 年入选山东体工队，2001 年进入国家二队，2002 年进入国家一队。2008 年获得世界杯女单冠军，收获了职业生涯中第一个单打世界冠军。2010 年获得亚运会女子单打冠军。2012 年伦敦奥运会获得女子单打冠军、女子团体冠军。2013 年第 52 届世界乒乓球锦标赛女子单打冠军，成为邓亚萍、王楠、张怡宁之后的又一位大满贯得主。2013 年 9 月，李晓霞在第 12 届全运会乒乓球比赛女单决赛中战胜队友陈梦拿到冠军，成为又一位全满贯得主。2013 年 12 月，当选为中国女子乒乓球队队长，同年入选国际乒联名人堂。2014 年 11 月 7 日，获国际奥协首届大奖“2012 年伦敦奥运会最佳女运动员奖”。2016 年 3 月，获得第 53 届乒乓球团体世锦赛女团冠军，并被评为最有价值球员。2016 年 8 月，获得里约奥运会女子乒乓球团体赛金牌，之后宣布从国家队退役。

8. 丁宁

丁宁，1990 年出生于黑龙江省大庆市。6 岁时开始练习乒乓球，2003 年进入国家青年队，2005 年进入国家一队。2009 年，丁宁获得职业生涯首个世界冠军，跻身主力。2011 年 5 月，获得鹿特丹世乒赛女单冠军，成为国乒历史上第 13 位吉・盖斯特杯得主。2012 年伦敦奥运会上，与李晓霞、郭跃携手在乒乓球女子团体赛中夺得冠军。2016 年 8 月夺得里约奥运会女子乒乓球单打冠军，同年入选国际乒联名人堂。2017 年 9 月，夺得第 13 届全运会乒乓球女单冠军。自此，丁宁成为中国乒坛第六位包揽奥运会、世乒赛、世界杯、全运会的“全满贯”选手。2017 年 12 月当选中国十佳劳伦斯冠军奖最佳女运动员奖。2019 年 10 月 6 日，获乒乓球瑞典公开赛女双第一。2021 年 9 月 6 日，丁宁到北大报到入学，也正式宣布退役。

9. 马龙

马龙，1988 年出生于辽宁省鞍山市，现任中国乒乓男队队长。1993 年开始学习打乒乓球，2003 年进入国家队。2012 年在乒乓球世界杯比赛中获得的第一个男子单打世界冠军。2014 年，亚洲杯上马龙夺得了个人第四个亚洲杯冠军，再度成为夺得亚洲杯冠军最多的选手，被称“亚洲第一人”，同年入选国际乒联名人堂。2016 年 8 月，马龙获得里约奥运会乒乓球男单冠军。2017 年 1 月，获得 2016 年 CCTV 体坛风云人物最佳男运动员奖。2018 年 3 月夺得 2018 国际乒联巡回赛德国公开赛冠军，成为历史上首位五夺德国公开赛男单冠军的球员。2019 年 4 月战胜瑞典黑马法尔克，实现世乒赛三连冠。同年 6 月，夺得中国乒乓球公开赛男单冠军，这也是马龙收获的第 28 个公开赛单打冠军，因此成功超越萨姆索诺夫，独占历史第一。2019 年 12 月，马龙任中国乒乓球协会运动员委员会主任。2021 年 7 月，马龙夺得东京奥运会乒乓球男子单打决赛金牌。

二、国外乒乓球名人

乒乓球运动风靡世界，国外也有许多知名乒坛名将，他们为乒乓球在全球的传播和发展起着重要的推动作用。

（一）亚洲乒乓球名人

亚洲的乒乓球水平一直处于世界一流，日本、韩国、新加坡等国都有世界知名的乒乓球运动员。20 世纪，日本乒乓球曾经一度引导了世界乒乓球发展的潮流，涌现出了一大批名声显赫的顶尖高手，中日对抗成为那个时代的主旋律，而近年日本的一些选手对中国乒乓球也产生了一些威胁。

1. 福原爱

福原爱，日本乒乓球运动员，生于日本宫城县仙台市。2000 年进入日本国家队，成为日本历史上年龄最小的国家队成员。在之后的雅典奥运会上，她又成为日本历史上参加奥运会年龄最小的选手。2007 年 10 月参加 ITTF 奥地利公开赛，与平野早矢香获得双打冠军；2012 年伦敦奥运会，福原爱率领日本队获得女子团体亚军，创造了日本乒乓球历史；2016 年参加第 53 届世乒赛团体赛，获得女子乒乓球团体亚军；同年，获得里约奥运会乒乓球女单第 4 名；2018 年 10 月，福原爱宣布退役，同年，日本乒乓球协会理事会宣布为其授予“特别功劳者表彰”。

2. 柳承敏

柳承敏，韩国男子乒乓球运动员，现任国际奥委会委员、韩国乒协主席、国际奥委会运动员委员会副主席。

柳承敏 9 岁开始打乒乓球，右手直握球拍，是韩国传统的直拍单面拉打法，正手力量大，线路开，旋转强。2004 年雅典奥运会夺得男单金牌。他曾经在中国打球，代表四川队参加乒超联赛，汶川地震发生后，柳承敏向中国红十字会汇出了 1000 万韩元。

（二）欧洲乒乓球名人

1. 瓦尔德内尔

简・诺瓦・瓦尔德内尔，瑞典乒乓球运动员。瓦尔德内尔是世界上第一位集奥运会、世乒赛、世界杯、欧锦赛冠军于一身的乒乓球大满贯获得者。他也是瑞典的英雄，获得瑞典历史上第一枚乒乓球奥运会金牌。

瓦尔德内尔多次代表瑞典乒乓球队征战世乒赛，和中国的几代选手进行过较量，抗衡了 20 多年，是世界乒坛一位标志性人物。自 1980 年受邀来上海交流 3 个月，瓦尔德内尔也与中国结缘，在国内粉丝众多，被中国的观众亲切地称为“老瓦”；由于打球极具艺术性和多变性，又被称为“乒坛莫扎特”“乒坛常青树”及“游击队长”。2016 年 2 月 11 日，瓦尔德内尔宣布正式退役。

2. 约尔根・佩尔森

佩尔森，出生于瑞典哈尔姆斯塔德，世界著名乒乓球运动员，瑞典国家队队员。曾获得 1991 年世乒赛、1991 年世界杯单打冠军，参加过六届奥运会的比赛，有“世界第一反手”之称。2008 年，国际乒联授予佩尔森“特别贡献奖”。

佩尔森的乒乓球生涯是 5 岁时从厨房的餐桌上开始的。他右手横握球拍，两面反胶、弧圈结合快攻打法，中远台相持能力强，反手能拉能弹，大力敲击，又快又狠。

1986 年，18 岁的佩尔森成为欧洲历史上最年轻的男子单打冠军，并在团体比赛中保持不败。佩尔森的成功秘诀是“快”和“狠”，敢于起板，一上来就攻，尤其是他的反手进攻凶狠无比，令对手无法招架，是名副其实的“世界第一反手”。

第二十七章　羽毛球体育赛事及名人

第一节　羽毛球主要赛事

一、汤姆斯杯

汤姆斯杯即世界男子团体羽毛球锦标赛，1948 年举行首届比赛，现为两年一届，在偶数年举行。比赛由三场单打、两场双打组成。历史上夺得汤姆斯杯冠军最多的国家是印度尼西亚队，共 13 次。

二、尤伯杯

尤伯杯即世界女子团体羽毛球锦标赛，1956 年举行首届比赛，两年一届，在偶数年举行。比赛由三场单打、两场双打组成。历史上夺得尤伯杯冠军最多的国家是中国队，共 12 次。

三、世界锦标赛

世界锦标赛即世界羽毛球单项锦标赛。设有男女单打、双打和混合双打五个比赛项目。1977 年起改为三年一届，1983 年改为两年一届，在奇数年进行。2005 年改为每年一届，但奥运年不举办。

四、苏迪曼杯

苏迪曼杯即世界羽毛球混合团体比赛。1989 年开始举办，两年一届，在奇数年举行，比赛由男女单打、双打和混合双打 5 个项目组成。

五、世界杯赛

世界杯赛属于邀请性比赛，由国际羽联邀请当年成绩优异的选手参加。创办于

1981 年，1997 年世界杯停办，2005、2006 年世界杯恢复举办，中国益阳市承办最后两届世界杯，2006 年后世界杯羽毛球赛正式停办。

六、中国公开赛

2007 年，世界羽联推出级别仅次于奥运会、汤姆斯杯、尤伯杯、苏迪曼杯及世锦赛的超级系列赛，中国公开赛被列为超级系列赛十二站中的重要一站，其成绩计入世界排名和奥运参赛积分，总奖金高达 25 万美元，每届比赛均吸引到当今世界羽坛众多的顶尖高手前来参赛。

七、全英锦标赛

全英锦标赛由英格兰羽毛球协会于 1899 年创办，是世界历史上最悠久的羽毛球赛事。最初由英国和英联邦国家选手参加，现已成为全球性的羽坛大会战。

八、奥运会比赛

羽毛球 1992 年成为奥运会正式比赛项目，只设 4 个单项比赛，无混双比赛。1996 年亚特兰大奥运会起增设混双项目，奥运会羽毛球赛冠军是世界羽坛的至高荣誉。

九、羽毛球国际系列大奖赛

羽毛球国际系列大奖赛由世界羽联参照世界网球大奖赛办法组织的。始于 1983 年，由在全年不同时间和不同国家举办的六个级别的系列赛组成，主要包括超级赛和大奖赛。2011 年提出 5 站超级顶级大满贯赛，在 12 站超级赛中获得积分最高的前 8 名/对选手参加年终举办的世界羽联超级系列赛总决赛，但在任一单项比赛中每个下属协会最多每队两名选手报名参加。

第二节　羽毛球运动名人

（一）中国羽毛球运动名人

1. 汤仙虎

汤仙虎，出生于印度尼西亚，是中国羽毛球队首批国手。汤仙虎在 1960 年初回国，把印尼的羽毛球技术带回国，并加以发展，形成了自己独特的技术风格。他创造性地发展了快速下压后上网控制网前的进攻技术，拥有出色的头顶扣杀动作和快速灵活的步法，成为中国羽毛球队一位叱咤风云的人物。

1963 年新兴力量运动会男单冠军；1965 年第 2 届全运会羽毛球男单、团体冠军；1966 年亚新会团体、男双和男单冠军；1974 年参加第 7 届亚运会羽毛球比赛，与队友合作获男子团体第一名，已经32岁的他在决赛中，战胜印尼名将林水镜，为中国队夺冠立下大功；1975年第3届全运会羽毛球男单、团体冠军；1978年曼谷第8届亚运会混双冠军（搭档张爱玲）。

2. 李玲蔚

李玲蔚，浙江丽水人，中国著名女子羽毛球运动员，世界冠军。1977年入选浙江羽毛球队，1980年被选入国家羽毛球集训队，1989年退役。在她运动生涯中共获得38枚重大国际比赛金牌，其中世界冠军13枚，成为中国获世界冠军最多的女运动员。她是世界羽毛球史上第一个集世界锦标赛、世界杯赛、全英锦标赛和世界系列大奖赛总决赛金牌于一身的女子单打羽毛球运动员，被世界羽坛誉为“羽坛皇后”“一代羽毛球女王”。2016年12月28日，当选为中国奥委会副主席 。现任国际奥委会委员、中国奥委会副主席。

（二）国外羽毛球运动名人

1. 伊萨克·苏吉亚托

苏吉亚托出生在印尼中爪哇风光秀丽的梭罗河畔的梭罗。与丹麦的弗罗斯特、中国的杨阳和赵剑华一起被誉为当时世界羽坛的“四大天王”。1983年获得世界杯赛男单第三名和第三届世界锦标赛男单冠军，成为继梁海量之后第二个赢得世界冠军称号的印尼羽毛球运动员。1985年，他不仅蝉联了泰国公开赛男单冠军，而且在第五届世界杯赛决赛中力克丹麦的“常胜将军”弗罗斯特，夺得男单冠军。他扣球凶狠，打法独特而又全面，网前贴地救球和网前吊球令人叫绝，后场控球能力较强，特别是手腕爆发力好，甩腕击球出色，他那刚中带柔的球技与昔日球王梁海量相似。

2. 摩丹·弗罗斯特

摩丹·弗罗斯特，前欧洲球王，他和杨阳、赵剑华及印尼的苏吉亚托并称20世纪80年代“四大天王”，他的粉丝和媒体称他为“羽毛球先生”。他在1985年和1987年的世锦赛决赛上两度输给我国球员而获得银牌，职业生涯几乎赢得了除世锦赛以外的所有国际顶级比赛冠军头衔。他在1982年、1984年、1986年和1987年四次获得全英羽毛球公开赛冠军头衔，在1980年到1986年间连续七次赢得丹麦公开赛冠军。

他基本技术全面，步法灵活，体力充沛，力量大，落点刁，平时训练刻苦，场上作风顽强，善于采用拉底线控制对方，擅长扣杀直线和中路。

三、近七届奥运会羽毛球比赛奖牌获得者

（一）东京奥运会

表27-1 2020年东京奥运会羽毛球比赛奖牌获得者

项目	金牌	银牌	铜牌
男子单打	安赛龙（丹麦）	谌龙（中国）	金廷（印尼）

续表

项目	金牌	银牌	铜牌
女子单打	陈雨菲（中国）	戴资颖（中国台湾）	辛杜（印度）
男子双打	李洋/王齐麟（中国台湾）	李俊慧/刘雨辰（中国）	谢定峰/苏伟译（马来西亚）
女子双打	波莉/拉哈尤（印尼）	贾一凡/陈清晨（中国）	孔熙容/金昭映（韩国）
混合双打	王懿律/黄东萍（中国）	郑思维/黄雅琼（中国）	渡边勇大/东野有纱（日本）

（二）里约奥运会

表 27-2　2016 年里约奥运会羽毛球比赛奖牌获得者

项目	金牌	银牌	铜牌
男子单打	谌龙（中国）	李宗伟（马来西亚）	安赛龙（丹麦）
女子单打	马琳（西班牙）	辛杜（印度）	奥原希望（日本）
男子双打	张楠/傅海峰（中国）	吴蔚昇/陈伟强（马来西亚）	埃利斯/朗格里奇（英国）
女子双打	松友美佐纪/高桥礼华（日本）	佩德森/朱尔（丹麦）	郑景银/申升瓒（韩国）
混合双打	阿玛德/纳西尔（印尼）	陈炳顺/吴柳萤（马来西亚）	张楠/赵芸蕾（中国）

（三）伦敦奥运会

表 27-3　2012 年伦敦奥运会羽毛球比赛奖牌获得者

项目	金牌	银牌	铜牌
男子单打	林丹（中国）	李宗伟（马来西亚）	谌龙（中国）
女子单打	李雪芮（中国）	王仪涵（中国）	内瓦尔（印度）
男子双打	蔡赟/傅海峰（中国）	鲍伊/摩根森（丹麦）	郑在成/李龙大（韩国）
女子双打	田卿/赵芸蕾（中国）	藤井瑞希/垣岩令佳（日本）	索罗基娜/维斯洛娃（俄罗斯）
混合双打	张楠/赵芸蕾（中国）	徐晨/马晋（中国）	菲舍尔/彼得森（丹麦）

（四）北京奥运会

表 27-4　2008 年北京奥运会羽毛球比赛奖牌获得者

项目	金牌	银牌	铜牌
男子单打	林丹（中国）	李宗伟（马来西亚）	陈金（中国）
女子单打	张宁（中国）	谢杏芳（中国）	玛丽亚・克丽斯廷・尤利安蒂（印尼）

续表

项目	金牌	银牌	铜牌
男子双打	马尔基斯·基多/亨德拉·塞蒂亚万（印度尼西亚）	傅海峰/蔡赟（中国）	李在珍/黄智万（韩国）
女子双打	于洋/杜婧（中国）	李孝贞/李敬元（韩国）	张亚雯/魏轶力（中国）
混合双打	李龙大/李孝贞（韩国）	诺瓦·维迪安托/利利亚纳（印尼）	何汉斌/于洋（中国）

（五）雅典奥运会

表 27-5　2004 年雅典奥运会羽毛球比赛奖牌获得者

项目	金牌	银牌	铜牌
男子单打	陶菲克（印尼）	孙升模（韩国）	索尼（印尼）
女子单打	张宁（中国）	张海丽（荷兰）	周蜜（中国）
男子双打	金东文/河泰权（韩国）	李东秀/柳镛成（韩国）	林培雷/徐永贤（印尼）
女子双打	杨维/张洁雯（中国）	高崚/黄穗（中国）	罗景民/李敬元（韩国）
混合双打	张军/高崚（中国）	罗伯特森/埃姆斯（英）	埃里克森/美蒂（丹麦）

（六）悉尼奥运会

表 27-6　2000 年悉尼奥运会羽毛球比赛奖牌获得者

项目	金牌	银牌	铜牌
男子单打	吉新鹏（中国）	叶诚万（印尼）	夏煊泽（中国）
女子单打	龚智超（中国）	马丁（丹麦）	叶钊颖（中国）
男子双打	吴俊明/陈甲亮（印尼）	李东秀/柳镛成（韩国）	金东文/河泰权（韩国）
女子双打	葛菲/顾俊（中国）	杨维/黄楠雁（中国）	秦艺源/高崚（中国）
混合双打	张军/高崚（中国）	特里古斯/许一敏（印尼）	阿彻/古德（英格兰）

（七）亚特兰大奥运会

表 27-7　亚特兰大奥运会羽毛球比赛奖牌获得者

项目	金牌	银牌	铜牌
男子单打	拉尔森（丹麦）	董 炯（中国）	拉·西德克（马来西亚）
女子单打	方铢贤（韩国）	张海丽（印尼）	王莲香（印尼）
男子双打	里奇/雷西（印尼）	谢顺吉/叶锦福（马来西亚）	苏明强/陈金和（马来西亚）

续表

项目	金牌	银牌	铜牌
女子双打	葛菲/顾俊（中国）	吉永雅/张惠玉（韩国）	秦艺源/唐永淑（中国）
混合双打	金东文/吉永雅（韩国）	朴柱奉/罗景民（韩国）	刘坚军/孙曼（中国）

第二十八章　网球体育赛事及名人

第一节　国际网球赛事

一、四大满贯（2000 分）

公开赛时代开始于 1968 年，当时的四大满贯达成协议，允许职业选手参加比赛，和非职业选手共同竞争。自此，通过打网球来获得收入成为可能，第一届成为公开赛的大满贯比赛是 1968 年的法国网球公开赛。

四大满贯是网球运动中的顶级赛事，运动员把获得大满贯冠军视作最高荣誉。按一年中开赛的顺序分别为：澳大利亚网球公开赛（1 月的最后两个星期）、法国网球公开赛（5 月至 6 月）、英国温布尔登网球公开赛（6 月或 7 月）和美国网球公开赛（8 月底至 9 月初），比赛时间为两周，每年的开赛时间略有不同。选手能在同一赛季中（一年），赢得澳网、法网、温网和美网四大满贯赛事中其中一项或几项冠军，便获得“大满贯”优胜者的荣誉；赢得四大赛称为全满贯；全满贯加上奥运金牌被赞美成金满贯，这是不可思议的成就。（表 28-1）

表 28-1　国际四大公开赛

名称	简称	举办国家	简介
澳大利亚网球公开赛（Australian Open）	澳网	澳大利亚	每年 1 月的最后两个星期举办；在澳大利亚第二大城市墨尔本（硬地）
法国网球公开赛（French Open）	法网	法国	每年 5 月至 6 月举办（红土）
温布尔登网球公开赛（Wimbledon Championships）	温网	英国	每年 6 月或 7 月举办；网球运动最古老和最具声望的赛事（草场）
美国网球公开赛（US. Open）	美网	美国	每年 8 月底至 9 月初举办（硬地）

二、ATP世界巡回赛1000大师赛（1000分）

ATP世界巡回赛1000大师赛（ATP World Tour Masters 1000）是ATP下辖的ATP世界巡回赛的一个系列，又简称为“ATP 1000大师赛”或“ATP大师赛”。该系列比赛共包含了9个站的大师赛，比赛地分别位于欧洲、北美洲和亚洲（2009年后）。这一系列比赛对顶尖的男子网球选手来说极为重要，其重要程度仅次于网球四大满贯和ATP年终总决赛。（表28-2）

表28-2 ATP世界巡回赛

赛事名称	场地
印第安维尔斯大师赛	室外 硬地
迈阿密大师赛	室外 硬地
蒙特卡洛大师赛	室外 红土
马德里大师赛	室外 红土
罗马大师赛	室外 红土
辛辛那提大师赛	室外 硬地
加拿大大师赛	室外 硬地
上海大师赛	室外 硬地
巴黎大师赛	室外 硬地

三、WTA皇冠明珠赛（1000分）

WTA皇冠明珠赛（Premier Mandatory）是由国际女子网球协会管理的一系列女子职业网球比赛。该系列比赛又被称为“WTA超强赛”，一共包含了分布在欧洲、亚洲和北美洲的四项女子网球比赛。这些比赛对于职业女子网球运动员来说极为重要，重要程度仅次于网球四大满贯和WTA年终总决赛。（表28-3）

表28-3 WTA皇冠明珠赛

名称	国家	场地
印第安维尔斯大师赛	美国	硬地
迈阿密大师赛	美国	硬地
马德里大师赛	西班牙	红土
中国网球公开赛	中国	硬地

四、WTA超五巡回赛（900分）

WTA超五巡回赛是由国际女子职业网球联合会（WTA）主办的世界顶级网球赛事，共设5站比赛，在全球影响力巨大。5站比赛原设在多哈、罗马、辛辛那提、多伦多/蒙特利尔和东京。作为2011年法网冠军李娜的故乡，2012年12月25日，国际女子职业网联董事会正式核准“WTA超五巡回赛”2014—2028年在武汉举办，武汉国际网球公开赛取代了已举办30年的东京公开赛。

五、ATP/WTA年终总决赛

ATP世界巡回赛总决赛（ATP World Tour Finals），旧称网球大师杯赛，是一项网球锦标赛，在每年的年底举行，参赛者是当年男子网球ATP冠军排名（ATP Champion Race）前八的选手。但是根据大师杯赛的规则，在ATP冠军排名第八位的选手并不一定能有资格参赛。如果一名选手是当年四大满贯赛事冠军之一且排名在前20名以内（但排名在第八名以外），那他就可取代排名第八的选手进入大师杯赛，但如果超过一名球员符合上述条件，以冠军排名较高者为优先。

WTA年终总决赛是国际女子网联在每年末定期举办的一项国际顶尖女子网球赛事。其参赛者都是每年WTA巡回赛中成绩前列的选手。

第二节　网球运动名人

一、国外网坛名人

（一）网球“三巨头”

有人这样评价这三位伟大的运动员，费德勒代表着很多人内心的网球，德约科维奇是网球的得分机器，纳达尔是网球场上的斗士。

在赢下2022年澳网冠军之后，纳达尔的大赛冠军总数来到了58座，其中包含了21座大满贯冠军、36座大师赛冠军和1枚奥运会的金牌。纳达尔大满贯冠军数量位列三人之首，大师赛冠军数量比德约少1座，奥运会金牌则是其他两人所没有的。2022年澳网是纳达尔职业生涯第63次参加大满贯赛事，在63次参赛中他拿到了21座冠军，平均每3次参加大满贯比赛就可以夺得一冠。

德约科维奇大赛冠军数量为62座，在这62座大赛冠军当中，包含了20座大满贯冠军、37座大师赛冠军和5次年终总决赛冠军。德约科维奇的大师赛冠军数量是三人中最多的，而且他的大赛冠军总数量也是三人中最多的。

费德勒职业生涯至今总共有54座大赛冠军，其中有20座大满贯冠军、28座大师赛冠军和6座年终总决赛冠军。费德勒在年终总决赛冠军数量上领先其他两人，另外几项数据都已经不占优势。随着年龄的增长，费德勒想要再夺大赛冠军已经越来越难。

（二）网球名人堂

1. 张德培

张德培，出生于美国新泽西州霍博肯，美籍华裔网球运动员，祖籍广东揭阳白塔古沟乡。他在比赛中积极采用正手平抽技术，有着全力以赴、永不放弃的战斗精神及步伐灵活、攻击强劲的技战术特点。

张德培在1989年的法网大赛上捧起了冠军奖杯，成为美国男子网坛34年来第一个夺得法网冠军的选手，并创造了男子单打最年轻大满贯赛冠军的年龄纪录，职业生涯世界排名最高时到达第2。2017年10月，国际网球名人堂副主席戴安娜·海斯宣布，张德培将出任网球名人堂全球大使。

2. 莱顿·休伊特

莱顿·休伊特，出生于澳大利亚阿德莱德，澳大利亚网球运动员。1998年，休伊特转入职业赛场。2001年，休伊特在美国网球公开赛决赛中击败桑普拉斯，首次捧起了大满贯冠军奖杯。同年10月23日，20岁零8个月的休伊特成为ATP历史上最年轻的世界第一。2002年，休伊特在温布尔登网球锦标赛中获得个人第二个大满贯冠军头衔。2016年澳大利亚网球公开赛第二轮结束后，休伊特宣布退役，就此结束了长达20年的单打职业生涯。在其职业生涯中，休伊特拥有30个ATP单打冠军头衔和3个ATP双打冠军头衔。

3. 尼克·波力泰利尼

尼克·波力泰利尼，著名网球教练，在世界网坛最具影响力的人之一，已经超越了这项运动的一个传奇。创办了尼克·波力泰利尼网球学校，培养的知名球员包括安德烈·阿加西、吉姆·考瑞尔、莫妮卡·塞莱斯、玛丽·皮尔斯。短期受训的球员包括鲍里斯·贝克尔、大威廉姆斯、小威廉姆斯、玛蒂娜·辛吉斯、安娜·库尔尼科娃、玛丽亚·莎拉波娃等。

4. 玛蒂娜·辛吉斯

玛蒂娜·辛吉斯，生于捷克斯洛伐克的科希策，瑞士职业网球运动员。她曾在1997年、1999年和2000年三度成为WTA单打年终世界排名第一位的球员，并荣获5次四大网球公开赛女子单打冠军、11次大满贯女子双打冠军、4次大满贯混双冠军、2016里约奥运会女双银牌、2006年劳伦斯世界体育奖年度最佳复出奖。

二、中国网球名将

（一）中国网球五朵金花

1. 李娜

李娜，出生于湖北省武汉市，中国女子网球运动员。她具有底线凶狠、快速灵活、力量大的打法特点。在 15 年的职业生涯里，21 次打入 WTA 女单赛事决赛，并获得了 2 个大满贯赛事冠军，9 个 WTA 和 19 个 ITF 单打冠军，职业生涯总战绩为 503 胜 188 负，最高的排名为世界第二，并以排名世界第六的身份退役。2019 年 1 月 21 日，李娜成为首位正式入选名人堂的亚洲球员。

2. 张帅

张帅，1989 年出生于天津，中国女子网球运动员。1995 年张帅开始学习打网球，2006 年开始转入职业赛场。2008 年，张帅在美网从资格赛突围第一次闯进大满贯级别的女单正赛。2011 年 10 月，搭档日本选手伊达公子获得 WTA 大阪赛冠军，这是其职业生涯第一个 WTA 赛事的双打冠军。2013 年 9 月，获得 WTA 广州网球公开赛女单冠军，是其职业生涯首个 WTA 赛事的单打冠军，也成为中国第五位获得 WTA 单打冠军的运动员。2016 年初的澳大利亚网球公开赛，张帅不仅在首轮击败世界第二的哈勒普，打破了 14 次大满贯正赛不胜魔咒，而且历史地闯入澳网女单 8 强。2019 年 1 月澳大利亚网球公开赛，张帅与斯托瑟的跨国组合首次携手夺得大满贯冠军。 2021 年 9 月，与斯托瑟获得美国网球公开赛女双冠军。2022 年 3 月，张帅夺得 WTA250 里昂公开赛女单冠军。

3. 郑洁

郑洁，1983 年出生于四川省成都市，中国著名女子网球运动员。1990 年开始练习网球，2001 年选调进入国家集训队，2003 年开始转入职业网坛。2004 年，郑洁成为中国第一位杀入大满贯 16 强的运动员；2006 年，和晏紫搭档摘下了澳网和温网的女子双打冠军。2008 年北京奥运会，郑洁与晏紫搭档上摘得女双的铜牌。截至 2014 年底，郑洁个人职业生涯共获得 4 个 WTA 巡回赛单打冠军，15 个网球女子双打冠军。

4. 晏紫

晏紫，1984 年出生于四川省成都市，中国著名女子网球运动员。1990 年开始练习网球，2001 年选调进入国家集训队。2006 年，和郑洁搭档摘下了澳网和温网的女子双打冠军，成为中国第一对获得大满贯女双冠军的组合，也是中国女子网球双打第一对进入年终总决赛的组合，她的职业生涯共捧得 17 座 WTA 双打冠军奖杯。2008 年北京奥运会，与郑洁搭档上摘得女双的铜牌。

5. 彭帅

彭帅，1986 年出生于湖南，中国网球女子名将、中国网球五朵金花之一。她 8 岁就开始练习网球，球技出众，从国内比赛到国际大赛，都曾取得过非常卓越的成绩。2009 年第十一届全运会网球项目上，彭帅获得女团、混双、女双、女单四枚金牌；2013 年第十二届全运会上，女团、混双、女双、女单四个项目全部实现卫冕。2013 年 7 月获得温网女双冠军，这也是彭帅职业生涯的首个大满贯冠军，同年 10 月夺得年终总决赛女双冠军，创造了亚洲历史。2014 年 2 月，彭帅正式登上女双世界第一的宝座。2014 年 6 月，夺得法网女双冠军，这是她的第二座大满贯冠军头衔。

（二）中国男子网球名将

1. 潘兵

潘兵，前中国男子单打网球名将，可以说是中国男子网坛的历史第一人。在全运会历史上，潘兵包揽了第七届和第八届的男单、男双冠军；在1990年和1994年亚运会网球比赛中，潘兵实现单打金牌卫冕，是20世纪90年代当之无愧的亚洲一哥，曾长期代表着中国男单选手乃至亚洲选手的最高水平。在中国男网的发展史上，潘兵是第一位参加四大满贯单打资格赛的选手，这也是开创性成就。

退役之后，来自武汉的潘兵回到了武汉教省队，后来亦短暂地执掌过国家女子网球队。在2000年到2004年期间，潘兵曾经带过李娜、李婷等金花。可以说，无论球员时代还是教练时代，这位男子单打名将都为中国网球做出了众多贡献。

2. 吴迪

2009年，18岁的吴迪在十一届全运会一战成名，拿下了男单冠军。在2013年和2017年的全运会中，吴迪再拿冠军，完成了国内三连霸的壮举。2016年，吴迪突围澳网成功，拿到了一个正赛席位；同年，吴迪把自己的世界排名提升到144名。

第二十九章　游泳赛事及名人

第一节　游泳运动主要赛事

一、世界游泳锦标赛

世界游泳锦标赛（FINA World Championships），是由国际泳联总会主办的最高级别的大型国际性游泳赛事，主办机构是国际泳联总会。

第一届世界游泳锦标赛于 1973 年举行，1978—1998 年间举办间隔年数屡有变化，自 2001 年起恢复每 2 年举行一届。

世界游泳锦标赛游泳共设 22 个项目，分别为：

（1）男、女自由泳：50 m、100 m、200 m、400 m、800 m、1500 m；

（2）男、女仰泳：50 m、100 m、200 m；

（3）男、女蛙泳：50 m、100 m、200 m；

（4）男、女蝶泳：50 m、100 m、200 m；

（5）男、女个人混合泳：200 m、400 m；

（6）男、女自由泳接力：4×100 m、4×200 m；

（7）男、女混合泳接力：4×100 m；

（8）男、女公开水域 5 km、公开水域 10 km。

二、奥运会游泳比赛

奥运会游泳比赛起源于 3000 多年前的埃及，后相继在地中海沿岸国家传播。公元前第 23 届古希腊奥运会将其列为竞技项目。奥运会游泳比赛共设 34 个项目，是仅次于田径运动的金牌大户。跳水、水球和花样游泳等项目都是游泳大类里的。古代奥运会没有游泳项目。按照现代奥运会创始人顾拜旦提出的所有运动项目都拥有平等权利的原则，游泳项目于 1896 年进入了现代奥运会。

跳水项目起源于游泳运动的发展过程中。1951 年，跳水才成为规则完整的奥运会正式比赛项目。目前，奥运会跳水比赛共设有 8 枚金牌。

奥运会游泳比赛项目，分别为：

（1）男、女自由泳：50 m、100 m、200 m、400 m、800 m（女子）、1500 m（男子）；

（2）男、女仰泳：100 m、200 m；

（3）男、女蛙泳：100 m、200 m；

（4）男、女蝶泳：100 m、200 m；

（5）男、女个人混合泳：200 m、400 m；

（6）男、女自由泳接力：4×100 m、4×200 m；

（7）男、女混合泳接力：4×100 m；

（8）男、女公开水域 10 km（马拉松游泳）；

（9）男、女单双人 3 m跳板、单双人 10 m跳台；

（10）男、女水球；

（11）花样游泳（女子）。

三、世界短池游泳锦标赛

世界短池游泳锦标赛（FINA Short Course World Championships），是国际游泳联合会主办的在 25 m游泳池里进行的世界锦标赛，每两年举办一次。与世界游泳锦标赛包括全部五种水上项目不同的是，短池游泳锦标赛只设游泳比赛。

四、世界杯短池游泳赛

世界杯短池游泳赛（FINA Swimming World Cup）是一个国际系列短池（25 m）游泳比赛，由国际游泳联合会主办，参加成员是国际泳联会员。

该系列比赛于 1989 年开始，每年举行分站的比赛，最终获得前三名的运动员可以获得奖金。

五、跳水世界杯

跳水世界杯创办于 1979 年，是国际泳联举办的世界最高级别的跳水单项赛事，与世界游泳锦标赛和奥运会并称“世界跳水三大赛”，每两年举办一次，其中奥运年一般都与奥运测试赛合并。

该赛事影响大，水平高，参加国家和地区的运动员众多，是国际跳水界的一次盛会，也是一次检验各国跳水训练水平的重大赛事。世界杯跳水赛一般历时 5 天至一周，设置男女 3 m板、10 m台单双人共 8 个项目。

第二节　游泳运动名人

一、世界泳坛名将

（一）迈克尔 · 菲尔普斯

世界十大游泳健将之一，被赞誉为“飞鱼”的他堪称世界泳坛的奇迹，是奥运史上获得奖牌数最多的运动员（共 26 枚），在世锦赛中一共获得了 26 金 6 银 1 铜。

（二）亚历山大 · 波波夫

20 世纪 90 年代的短距离游泳之王，有着“冰人”和“俄罗斯火箭”之称。在四届奥运会中共夺得 4 枚金牌，5 枚银牌，是名副其实的国际泳坛名将。

（三）瑞安 · 罗切特

美国全能游泳运动员，也是名副其实的世界泳坛名将。男子 100 m、200 m 和 400 m 混合泳的世界纪录保持者，同时也是男子 4×200 m 自由泳的世界纪录保持者，曾在奥运会上获得 5 金 3 银 3 铜的成绩，在世锦赛上取得了 18 金 5 银 4 铜的成绩。

（四）马克 · 施皮茨

美国游泳运动员。先后 35 次打破了自由泳和蝶泳的世界纪录，是国际奥委会授予的五名“世界最佳运动员”之一。在他参加的两次奥运会中，共打破了 27 项世界纪录，荣获 9 枚金牌、1 枚银牌和 1 枚铜牌。

（五）伊恩 · 詹姆斯 · 索普

索普被誉为“鱼雷”，曾经在 48 小时内 3 次刷新世界纪录。他也是迄今为止获得金牌数最多的澳大利亚运动员，在他的职业生涯里，总共获得了 5 枚奥运金牌、3 枚银牌、1 枚铜牌。

二、中国泳坛名将

（一）中国泳坛“五朵金花”

1992 年，第 25 届巴塞罗那奥运会，中国游泳队一共获得 4 枚金牌，分别为女子 50 m 自由泳杨文意、女子 100 m 自由泳庄泳、女子 100 m 蝶泳钱红、女子 200 m 个人混合泳林莉，王晓红则收获 200 m 蝶泳银牌。她们让世界看到了中国游泳健儿的风采，被称为中国泳坛的“五朵金花”。

（二）罗雪娟

罗雪娟，1984 年出生于浙江省杭州市，中国女子游泳运动员，世界冠军，奥运冠军。2001 年 5 月，在日本福冈举行的世界游泳锦标赛上，17 岁的罗雪娟一举夺得蛙泳 50 m、100 m 两枚金牌，200 m 蛙泳、4×100 m 混合泳接力第三名。2003 年 7 月，罗雪娟在世锦赛女子 100 m 蛙泳赛中，以 1 分 06 秒 80 为中国游泳队夺得金牌，成为世锦赛历史上第一位在该项目上成功卫冕的选手，同时罗雪娟又连夺 50 m、4×100 m混合泳接力金牌。在雅典奥运会上罗雪娟以 1 分 06 秒 64 的成绩夺得女子 100 m蛙泳冠军，并刷新该项目奥运会纪录，是中国当之无愧的“蛙后”。

（三）叶诗文

叶诗文，1996 年生于浙江省杭州市，中国女子游泳队运动员，女子 200 m混合泳奥运会纪录保持者。2011 年第 14 届游泳世锦赛女子 200 m个人混合泳冠军。2012 年伦敦奥运会女子 200 m个人混合泳，16 岁的叶诗文以 2 分 07 秒 57 获得冠军并打破奥运会纪录。2012 年土耳其伊斯坦布尔短池游泳世锦赛女子 200 m个人混合泳，叶诗文以 2 分 04 秒 64 获得冠军并打破赛会纪录和亚洲纪录。叶诗文是中国泳坛首位集奥运会、长池世锦赛、短池世锦赛、游泳世界杯、亚运会、全运会冠军于一身的运动员，成为中国泳坛首个金满贯。

（四）孙杨

孙杨，1991 年生于浙江杭州，男子 1500 m 自由泳世界纪录保持者，男子 400 m 自由泳奥运会纪录保持者。2012 年伦敦奥运会男子 400 m 自由泳、男子 1500 m 自由泳冠军；2016 年里约奥运会男子 200 m 自由泳冠军。孙杨是世界泳坛历史上唯一一位男子 200 m 自由泳、男子 400 m 自由泳、男子 1500 m 自由泳的奥运会、世锦赛大满贯冠军得主，唯一一位男子 400 m 自由泳世锦赛四连冠，唯一一位男子 800 m 自由泳世锦赛三连冠。男子自由泳个人单项金牌数居世界第一。孙杨是亚洲唯一一位男子 200 m 自由泳奥运会及世锦赛金牌得主，亚洲唯一一位获得世锦赛MVP的游泳运动员。2015 年，孙杨成为继菲尔普斯之后历史上第二位蝉联世锦赛MVP的男子游泳运动员。

三、中国跳水“梦之队”

（一）周继红

周继红，1965 年出生于湖北省武汉市，原中国跳水运动员。1984 年洛杉矶奥运会，周继红获得女子 10 m台冠军，为中国跳水赢得了历史上的第一枚奥运金牌。退役后，周继红担任中国国家跳水队教练，多次带领中国队取得优异成绩。2020 年 1 月，任中国跳水协会主席。2021 年 6 月，周继红当选国际泳联副主席，成为国际泳联历史上的第一位女性副主席。1994 年入选国际游泳名人堂，成为中国第一位进入该名人堂的运动员。

（二）高敏

高敏，1970 年出生于四川省自贡市，中国跳水运动员，世界冠军，奥运冠军。高敏 4 岁开始练习游泳，9 岁开始接受跳水训练，1980 年入选四川省跳水队。1985 年 11 月进入国家跳水少年集训组。1986 年在第 5 届世界游泳锦标赛上夺得跳板跳水冠军，并与队友合作夺得女团冠军。1988 年在第 24 届奥运会上获得跳板跳水金牌，成为中国第一位奥运会跳板跳水金牌获得者。1992 年在第 25 届奥运会上，蝉联女子 3 m跳板冠军，同年退役。1998 年入选国际游泳名人堂。高敏在跳板跳水职业生涯中共斩获 70 余枚金牌，创造了亚运会、世界大学生运动会、世界杯、世锦赛、奥运会 7 年全胜的纪录。

（三）熊倪

熊倪，1974 年出生于湖南长沙，中国跳水运动员，世界冠军，奥运冠军，中国第一位奥运会男子 3 m跳板跳水金牌的获得者。1981 年开始练跳水，1982 年进入省队，1986 年参加全国跳水冠军赛夺得四项冠军，随即被选入中国国家跳水队。1996 年获第 26 届亚特兰大奥运会 3 m跳板金牌，成为中国第一位奥运会男子 3 m跳板跳水金牌的获得者。此外，他还参加了三届奥运会，获得了 1988 年汉城奥运会银牌、1992 年巴塞罗那奥运会铜牌，以及 2000 年悉尼奥运会的男子 3 m板单人和双人冠军。2006 年，熊倪入选国际游泳名人堂。

（四）伏明霞

伏明霞，1978 年 8 月 16 日生于湖北武汉，前中国跳水运动员，世界冠军，奥运冠军。1987 年进入湖北省跳水队，1990 年入选中国跳水队。1992 年获得了巴塞罗那奥运会女子 10 m跳台金牌，成为当时奥运会历史上最年轻的冠军。1996 年亚特兰大奥运会上，伏明霞同时获得了女子 10 m跳台与女子 3 m板的冠军，她成为中国奥运跳水史上的第一个板台双冠王。 2000 年悉尼奥运会上，伏明霞卫冕了奥运会女子单人 3 m板的金牌。 悉尼奥运会结束之后，伏明霞正式退役。

（五）郭晶晶

郭晶晶，1981 年生于河北省保定市，前中国跳水队运动员，世界冠军，奥运冠军。1988 年在河北保定开始了跳水训练，1993 年入选国家跳水队。1996 年首次参加奥运会，2000 年获得悉尼奥运会 3 m板单人亚军、双人亚军；2004 年获得雅典奥运会 3 m板单人冠军、双人冠军；2008 年获得北京奥运会 3 m板单人冠军、双人冠军。奥运会、世锦赛、世界杯、亚运会等一系列国际性大赛上的成就，使她成为中国跳水的领军人物，她被誉为“跳水女皇”，并入选国际游泳名人堂。

（六）吴敏霞

吴敏霞，1985 年出生于中国上海，中国女子跳水运动员，中国历史上首位女性奥运“五金”冠军，奥运全球个人成绩榜排名第一位的中国运动员。1991 年开始在上海接受训练；1998 年入选中国国家队。25 年的跳水训练，18 年的国家队生涯。从 2001 年福冈世锦赛赢得 3 m板双人冠军开始，2012 年伦敦奥运会先后斩获女子单双人 3 m板金牌完成大满贯，个人奥运会金牌数累计达到 4 枚，追平中国跳水队金牌纪录，再到 2016 年里约奥运会成就五金传奇，始终保持世界超一流水平的巅峰竞技状态。

参考文献

[1] 王震. 大学体育与健康[M]. 武汉：武汉大学出版社，2012.

[2] 钱北军. 体育与健康[M]. 天津：南开大学出版社，2012.

[3] 潘绍伟，于可红. 学校体育学[M]. 北京：高等教育出版社，2008.

[4] 季浏，殷恒婵，严军. 体育心理学[M]. 北京：高等教育出版社，2010.

[5] 邓树勋，王健，乔德才. 运动生理学[M]. 北京：高等教育出版社，2009.

[6] 厉丽玉. 户外运动与拓展训练[M]. 浙江：浙江大学出版社，2012.

[7] 董立. 大学生户外运动[M]. 成都：西南交通大学出版社，2010.

[8] 李鸿江. 田径[M]. 2 版. 北京：高等教育出版社，2011.

[9] 刘建国，范秦海. 田径[M]. 3 版. 北京：高等教育出版社，2016.

[10] 杨世勇. 体能训练[M]. 北京：高等教育出版社，2013.

[11] 陈上越. 体育运动与健康[M]. 厦门：厦门大学出版社，2013.

[12] 中国田径协会. 田径竞赛规则：2018—2019[M]. 北京：人民体育出版社，2018.

[13] 王家宏. 球类运动：篮球[M]. 北京：高等教育出版社，2015.

[14] 苏仕君. 新编大学体育实用教程[M]. 西安：西北大学出版社，2014.

[15] 中国篮球协会. 篮球规则[M]. 北京：北京体育大学出版社，2021.

[16] 黄汉升. 球类运动：排球[M]. 3 版. 北京：高等教育出版社，2015.

[17] 许瑞勋. 排球运动文化导论[M]. 北京：人民体育出版社，2014.

[18] 中国排球协会. 排球竞赛规则[M]. 北京：人民体育出版社，2017.

[19] 刘江. 排球裁判员手册[M]. 北京：北京体育大学出版社，2017.

[20] 王崇喜. 球类运动：足球[M]. 3 版. 北京：高等教育出版社，2014.

[21] 中国足球协会. 足球竞赛规则 2019—2020[M]. 北京：人民体育出版社，2019.

[22] 中国乒乓球协会. 乒乓球竞赛规则：2016 版[M]. 北京：人民体育出版社，2017.

[23] 武东海. 羽毛球健身理论与实践[M]. 广州：暨南大学出版社，2013.

[24] 肖杰. 羽毛球运动理论与实践[M]. 北京：人民体育出版社，2011.

[25] 国家体育总局职业技能鉴定指导中心. 网球[M]. 北京：高等教育出版社，2011.

[26] 唐小林. 网球运动教学与训练[M]. 北京：人民体育出版社，2009.

[27] 马文友. 中国武术审美文化[M]. 北京：中国大百科全书出版社，2016.

[28] 戴国斌. 武术的文化生产[M]. 上海：上海人民出版社，2015.

[29] 王鹏. 武术教学中传承中国传统文化的优化路径[J]. 当代体育科技，2021.

[30] 黄宽柔，李佐惠.健美操[M].北京：高等教育出版社，2016.

[31] 张瑞林.健美操[M]. 2版. 北京：高等教育出版社，2010.

[32] 周野. 校园体育文化探析[J]. 科技信息，2007(32)：369.

[33] 马鸿韬. 啦啦操运动[M]. 2版. 北京：高等教育出版社，2017.

[34] 刘仁辉，戴登文. 速度轮滑[M]. 北京：人民体育出版社，2003.

[35] 韦凡凡，丁旭. 轮滑技巧图解[M]. 北京：北京体育大学出版社，2006.